M&A取引等のための金融商品取引法

弁護士 中村直人 著

商事法務

はしがき

　本書は、金融商品取引法の内、大量保有報告制度、公開買付制度、インサイダー取引等不公正取引規制及び委任状勧誘規制について述べたものである。それ以外の開示規制や業規制等については触れていない。

　したがってM&Aをはじめとする株式取引に係るルールの部分ということになる。友好的又は敵対的なM&A、株取引に伴う諸届けやインサイダー取引規制など、M&A関係者や、総務・株式部署などの方に参考になればと思う。

　筆書は弁護士であるが、以前は金商法に係る相談というのはあまり多くなかった。しかしここ10年くらい非常に増加している。会社法から金商法へ重要性がシフトしてきているように感じる。金商法は、監督官庁がある法律であり、以前は弁護士がなんと言おうと「お役所がこう言った」となればそれで決まりであった。したがって、弁護士に相談するより監督官庁に相談に行く方が早かった。

　最近は事後規制の時代になり、監督官庁も「自分で考えろ」と言うことが多い。最終的に訴訟等になれば有権解釈をするのは裁判所であって、監督官庁ではない。そこで企業は自分で考えて解釈の有り様やリスクの大きさを測らなければならない

　しかし金商法はわかりにくい。政省令も多すぎるし、字面を読んでも何を意味しているのか日本語的に理解しがたい。

　本書は、実務書であり、学説書ではない。しかも実例や政省令の内容なども一部掲載している。筆者は、日常法律相談を受けているとき、分厚い解説書や論文ファイル、証券関係の六法などをあれこれひっくり返すのも大変なので、ある程度のことがまとまっているハンドブックのようなものがあれば便利では

はしがき

ないかと思っていた。そこでそのようなコンパクトなものを目指した次第である。また各制度がどういう考え方で作られているのか、といったこともなるべく記述した。詳細な文言解釈をしているとき、そういう理念のようなものを確認できると腑に落ちると思ったからである。文献の引用は、解釈のポイントになるようなものだけをあげている。その意味で引用文献の網羅性はないが、学術論文ではないのでその方が読みやすいかと思う。突っ込んだ議論が必要なときは、そこから各論文等に当たることができる。

「株券等」って何だっけ、とか、「特別関係者」の範囲はどうだったか、などと思ったとき、さっと該当箇所を開くと法律や政省令と重要な文献があれば分かる、というようにご利用いただけたらと思う。自分でもそうしようと思っている。

また筆者が関心を持っている部分は論述が厚く、そうでない部分は薄くなっている。バランスは悪いのであるが、薄い部分はそういうものと思って軽く読んで頂ければと思う。

本書の出版に当たっては、株式会社商事法務の大林譲氏に多大なご支援を頂いた。ここに厚く御礼申し上げる次第である。

2008 年 10 月

弁護士　中村直人

目　次

はしがき

Ⅰ　金融商品取引法の立法経緯と趣旨……………………………………1
　一　金商法制定の経緯と課題………………………………………1
　二　金商法の性格……………………………………………………5

Ⅱ　大量保有報告制度（法27条の23〜27条の30）…………………9
　一　導入の背景………………………………………………………9
　二　一般報告制度……………………………………………………12
　　1　条文の構造（12）
　　2　発行者の限定（13）
　　　⑴　「株券関連有価証券」（14）
　　　⑵　上場等（15）
　　3　株券等とその保有者（15）
　　　⑴　「株券等」（15）
　　　⑵　「保有者」（17）
　　4　「株券等保有割合」（22）
　　5　届出義務と報告書の内容（一般報告）（27）
　　　⑴　届出義務（27）
　　　⑵　大量保有報告書の記載内容（28）
　　6　変更報告書（46）
　　7　特例報告（47）
　　　⑴　趣旨（47）
　　　⑵　適用される株券等（47）
　　　⑶　特例報告の方法（51）
　　8　報告書の公衆縦覧（54）
　　9　報告の聴取と検査（55）
　　10　罰則等（55）

目　次

Ⅲ　**公開買付制度**……………………………………………………………57
　一　公開買付制度の趣旨……………………………………………………57
　　1　公開買付制度の経緯（57）
　　2　義務的公開買付制度と公開買付規制の目的（58）
　二　どういう場合に公開買付けをしなければならないか………………64
　　1　公開買付制度における三つの取引と新規発行取得（64）
　　2　公開買付けをしなければならない場合1　～多数の者からの買付け等（67）
　　3　公開買付けをしなければならない場合2　～3分の1ルール（68）
　　4　公開買付けをしなければならない場合3　～特定売買等による3分の1ルール（69）
　　5　公開買付けをしなければならない場合4　～急速な買付け（70）
　　6　公開買付けをしなければならない場合5　～対抗公開買付け（74）
　　7　公開買付けをしなければならない場合6　～政令で定める場合（76）
　三　用語の意味………………………………………………………………77
　　1　「株券等」（77）
　　2　「買付け等」（78）
　　3　「所有」（79）
　　4　「株券等所有割合」（81）
　　5　「特別関係者」（83）
　四　適用除外…………………………………………………………………85
　　1　新株予約権の行使（85）
　　2　特別関係者からの買付け等（85）
　　3　その他政令で定める場合（政令6条の2）（85）
　五　公開買付けの規制………………………………………………………88
　　1　公開買付期間（88）
　　2　買付け等の価格（90）
　　3　買付け予定の株券等の数（93）
　六　公開買付け開始公告及び公開買付届出書の記載事項等……………95
　七　禁止事項…………………………………………………………………152
　八　公開買付けの撤回と株主による応募の解除…………………………154
　　1　株主による応募の解除（154）
　　2　公開買付者による撤回（156）
　九　対象会社の対応…………………………………………………………162

  1 意見表明義務（162）
  2 質問権と公開買付期間延長請求権（165）
  3 意見表明報告書の記載事項（167）
  4 公開買付ルールと事前警告型買収防衛策の関係（185）
 一〇 MBO 等の特例 …………………………………………………185
 一一 公開買付けの終了 ………………………………………………186
 一二 自己株公開買付けの場合の特例 ………………………………187
 一三 罰則 ………………………………………………………………188
 一四 課徴金 ……………………………………………………………189
 一五 損害賠償責任の特則 ……………………………………………189

Ⅳ 委任状勧誘規制 ………………………………………………………191
 一 委任状勧誘規制の経緯 …………………………………………191
 二 委任状勧誘規制の目的と機能 …………………………………195
 三 委任状勧誘行為の法律構成 ……………………………………197
 四 適用の要件 ………………………………………………………198
  1 勧誘者の範囲（198）
  2 株式の範囲（198）
  3 「勧誘」の範囲（199）
  4 適用除外（200）
 五 委任状勧誘規制の具体的な内容 ………………………………201
  1 参考書類の交付（201）
  2 委任状用紙の交付（201）
  3 届出（202）
  4 虚偽記載書類の利用禁止（202）
  5 参考書類請求権（202）
 六 委任状勧誘に関する問題点 ……………………………………203
  1 一部の議題のみの委任の有効性（203）
  2 一部の株主に対してのみの勧誘（203）
  3 委任状勧誘規制の違反と委任の効力（205）
  4 委任指示に違反した議決権行使の効果（205）
  5 委任状勧誘規制の違反と決議の効力（206）
 七 違反の場合の措置 ………………………………………………206

目　次

Ⅴ　インサイダー取引規制 …………………………………………… 207
  一　インサイダー取引規制の経緯 ……………………………………… 207
  二　インサイダー取引規制の趣旨・目的 ……………………………… 209
  三　要件 ………………………………………………………………… 215
    1　主体と情報入手方法（217）
      (1)　役員等（218）
      (2)　株主等（220）
      (3)　法令に基づく権限を有する者等（220）
      (4)　契約締結者・交渉者（220）
      (5)　法人の他の役員等（221）
      (6)　元会社関係者（222）
      (7)　第一次情報受領者（222）
    2　重要事実（223）
      (1)　総論（223）
      (2)　決定事実（224）
      (3)　発生事実（230）
      (4)　決算情報（232）
      (5)　バスケット条項（233）
      (6)　子会社情報（234）
    3　禁止される行為（241）
      (1)　特定有価証券等（241）
      (2)　売買等（242）
      (3)　公表（244）
    4　適用除外（245）
  四　公開買付け等関係者によるインサイダー取引規制 ……………… 251
    1　趣旨（251）
    2　主体（252）
    3　公開買付け等（253）
    4　禁止行為（254）
  五　罰則・課徴金・没収 ……………………………………………… 255

Ⅵ　その他の不公正な取引の規制 ………………………………… 257
  一　不公正な取引方法（法157条）……………………………………… 257

二　相場操縦等 …………………………………………………………259
　　1　相場操縦罪の趣旨（259）
　　2　仮装取引による相場操縦の罪（260）
　　3　現実取引による相場操縦の罪（263）
　　4　表示による相場操縦の罪（266）
　　5　罰則（266）
　三　風説の流布 ……………………………………………………………267
　四　その他の不公正な取引規制 …………………………………………268
　　1　空売り等の規制（268）
　　2　虚偽の相場の公示等の禁止（法168条）（269）
　　3　意見表示の制限（269）
　　4　有利買付け等の表示の禁止（270）
　　5　一定の配当等の表示の禁止（271）

I　金融商品取引法の立法経緯と趣旨

一　金商法制定の経緯と課題

　金融商品取引法（平成18年改正証券取引法）は、平成19年9月30日から本格施行された。同時に改正された事項には、公開買付規制や大量保有報告制度の改正なども含まれているが、これはニッポン放送事件等の一連の敵対的M＆A事件を契機に急遽追加的に手当をしたものであって、その改正の本体の部分は「投資サービス法」と言われていた部分である。

　金商法の発想の原点は、平成9年7月に設置された「新しい金融の流れに関する懇談会」（「流れ懇」）が平成10年6月にまとめた「論点整理」にある。ここで多様な金融商品を横断的・包括的に規制する日本版金融サービス法が指向された。その後平成12年6月に金融審議会が「21世紀を支える金融の新しい枠組みについて」と題する答申をまとめ、平成14年9月には同じく金融審議会が「中期的に展望した我が国金融システムの将来ビジョン」と題する答申をまとめた。平成14年12月には金融審議会第1部会が「証券市場の改革促進」と題する報告を出し、続いて平成15年12月には「市場機能を中核とする金融システムに向けて」と題する報告をまとめた。

　そして平成17年7月に公表された同部会の「中間整理」を経て、同年12月に「投資サービス法（仮称）にむけて」と題する報告を提出した。これが新しい金商法のベースとなった。

　この一連の経緯は何を目指したものか。背景には二つの要因があったのではないかと思われる。まず一つは、バブル崩壊前はニューヨーク市場を時価総額で遥かに凌駕していた東京市場が、バブル崩壊後には見る影もなくなっており、

Ⅰ　金融商品取引法の立法経緯と趣旨

再びニューヨーク市場やロンドン市場と並ぶ世界的な金融市場を構築したいという願いである。

　もう一つは、日本の資金の流れを変えることである。バブル崩壊後の金融システムの危機を教訓に、銀行がすべてのリスクを背負い込むモデルには限界があることが明白となった。投資リスクは資金の最終の出し手である家計に分散して負担させていかなければならない。個人金融資産の過半を占めている預貯金を株式その他の投資商品に向けさせなければならないという事情である。

　金融・資本市場の国際競争力を回復するためには、金融技術の進展に対応し、それを促進する態勢となっていることが必要である。そのためには縦割り行政では対応困難である。何か新しい金融商品を開発するたびに、それにどの法律が適用になるのか、どの官庁の主管となるのか延々と議論が続くようでは、新商品の開発は覚束ない。複合型の商品ではなおさら混沌とする。また従来は金融商品の法律構成の違いに基づいて分類した規制となっており、そのため同じような経済実態を持つものに異なる規制がなされるといった事態になっていた。しかし同じ経済的な効用があるものに対しては同じルールを適用しないと商品間の公正な競争が実現できない。全面的に見直してファンクショナルな規制体系にかえる必要がある。金融イノベーションを促進し、公正な競争で効率化を図るためには、横断的、包括的な規制が不可欠である。

　バブル崩壊後の住専処理や三洋証券・山一証券・拓銀等の破綻処理などの経験は、行政による指導の限界を突きつけるものだった。護送船団方式のような事前規制型の行政では時代の流れに対応できないのであって、市場原理を徹底し、行政は事後規制型に移行しなければならない。銀行、証券、保険などといった業者の区分ごとの行政ではなく、市場という視点あるいは一般投資家という視点のルール作りが必要である。

　一方銀行等にリスクを抱えさせないで分散化しようとする流れが「貯蓄から投資へ」というスローガンである。これまで預貯金しかしたことのない日本国

民に株式その他の金融商品に投資させようとすると、当然十分な保護が必要になる。ここでいう一般投資家の保護は、業者に必要な説明をさせることや不適切な勧誘行為をさせないこと、あるいはそのための業者規制などということであって、投資のリスクとリターンは投資家に帰属する。リスクとリターンの帰属において一般投資家を優遇するという意味ではない。また安心して投資できる環境を提供するためには、市場で不公正な取引が行われていては信頼を失うことになる。そこで不公正な行為を禁止するとともに、それを実現させるために十分な市場ルールの整備が必要になる。それが課徴金その他の複線型といわれるエンフォースメントとなっている。また縦割り行政のままでは、新しい金融商品が開発されたとき、どこにもそれを規制する法律がないという事態になりかねない。その保護の隙間を作らないという観点からも横断的、包括的な規制に移行する必要がある。

　以上のように、市場原理を大幅に取り入れ、自由な競争の中で金融イノベーションを促進し、市場の効率化、資金配分の適正化を達成することと、一般投資家の保護という二つの要請が金商法の背景になったということができる。

　市場原理というのは、突き詰めれば価格形成機能のことである。金商法１条の目的には、「資本市場の機能の十全な発揮による金融商品等の公正な価格形成等を図り」という文言が明記されたことは象徴的なことである。

　金融ビッグバン改革に始まり、この10年ほどの間、「貯蓄から投資へ」とのかけ声の下、諸策を講じてきているのであるが、しかしやはり個人の金融資産の大半は預貯金のままである。資金の流れは変わっていない。日本では古来、株は博打の一つであった。相場商品に手を出すということは倫理的に憚られる風潮がある。また日本人は相場変動リスクを嫌う性向がある。法制度の器は作っても、なかなか国民はそこにきてはくれない。

　また市場原理の導入による効率化も大きな抵抗に遭っている。金融・資本市

Ⅰ　金融商品取引法の立法経緯と趣旨

場の投資家は利益を上げることが直接かつ唯一の目標であるから、市場原理の徹底によって利益を上げたいと考える。彼らは、利益を上げたということは、社会にそれだけ貢献したという証拠であるという。しかし事業会社は必ずしもそうではない。会社には、商品やサービスを提供して国民の生活を豊かにし、雇用の機会を創出し、国民が生活していく場を整備する意味がある。単純に金銭的な利得を直接の目的とするのではなく、顧客の喜びが直接的な目的であり、それが売上に繋がり最終的に利益に反映すると考える経営者が多い。利益至上主義に対しては、拝金主義であるなどという批判がなされる。日本人は、お金儲けをすることよりも、社会のお役に立て、という価値観を持つ者が多い。

　金融・資本市場は、純粋に投資の世界であり、利益の追求以外の目的はあり得ない。そして金融・資本市場の国際的な競争力を獲得しようとすれば、市場原理を導入して規制を緩和するほかない。しかし金融・資本市場の枠を超えて、事業会社や労働市場その他の経済全般に市場原理を波及させようとするときには、国民の価値観の変更を迫ることになってしまう。「会社は誰のものか」論争や、敵対的企業買収の是非論、コーポレート・ガバナンス論など、金融・資本市場と事業会社の接点となる場で大きな議論が巻き起こっている。また効率性を高めようと労働市場の規制緩和をすれば、それは終身雇用制の崩壊や、ワーキング・プアの問題と衝突する。競争原理は、当然勝者と敗者を作り出す。競争原理を望む者は自分は勝つと思っている者である。しかし日本人の多くは自分が成功するとは思っていない。これではなかなか競争原理を導入しようとはならない。小泉改革の後も、地方の疲弊や格差問題ばかりが取り上げられている。結局、日本はどうすべきなのか、国民的なコンセンサスは得られていない[1]。官主導、金融市場主導では限界があり、経済全体が必要性を認識して改

1）　高橋康二「株主重視の経営を支持しているのは誰か」日本労働研究雑誌 565 号 61 頁
　によると、日本で株主重視の経営を支持しているのは全体の 2 割に満たないという。

革を求めるようにならなければ浸透しないかも知れない。

二　金商法の性格

　金商法は、性格の異なるいくつかの規制を含んでいる。まず市場ルールとして、情報開示規制や不公正取引規制などがある。そして業者規制として、各種金融商品取引業者の登録等の規制がある。また取引ルールとしては、一般投資家と業者の間の説明義務等の行為規制がある。公法なのか私法なのか、取締法規なのか効力法規なのか、議論がなされる所以である。

　金商法の目的は、基本的には市場のルールを定めることである。効率的で競争力のある金融サービス基本法を定め、効率的な資金の配分を実現しようということである。そのために投資家を保護し、不公正な取引を抑制しようということである。したがって、金商法は、市場法である[2]。

　最近金商法と会社法の境界が急速に曖昧になりつつある。金商法のうち、業者規制や行為規制の部分は、もちろん会社法との違いは明白である。しかし情報開示規制の部分において、特に最近会社法との融合ないし連続性が生じている。古くから、委任状勧誘規制などは、議決権行使の公正性を確保するものであって、会社法的な規制であるという指摘がなされていた。最近では、例えば公開買付規制において、3分の1ルールといわれる強制的公開買付制度や3分の2以上となる場合の全部買付義務などは、支配株主と少数株主の間のコントロールプレミアムの配分の問題であり、会社法的な規制である。会社法の審議過程においても、スクイーズ・アウト法制の導入の是非が議論されていた。また公開買付制度においては、敵対的な公開買付けにおける取締役の意見表明義

---

[2]　松尾直彦「金融商品取引法制の制定過程における主要論点と今後の課題〔Ⅲ完〕」旬刊商事法務 1825 号 30 頁は金商法の目的と体系について諸説を整理している。

務等の制度を設けたが、これは敵対的買収に際しての取締役の行為規範となるものであって、これも会社法的な規制である。最近導入された内部統制報告書とその監査の制度は、名目はあくまでも情報開示規制であり、しかも有価証券報告書の信頼性を確認するための補助的な開示制度に過ぎないが、しかしその実質は会社に内部統制の構築を義務づけるのに等しく、会社の経営の仕方に関する規制であって、やはり会社法的な規制となっている。

　このように、最近特に金商法が会社法の領域に実質的に立ち入る現象が生じてきているように思われるが、それは何故か。

　まずもともと金商法と会社法は、本質的に非常に近い性格を持っており、金商法も広い意味の会社法であると考えられていたことがある。

　しかし最近の特徴をみると、いずれも敵対的買収の対応であるとか、内部統制システムの構築義務など、広い意味での株主（投資家）から会社（経営者）に対する要求事項である。株式の持ち合いが崩壊し、株主が出現するとともに株主から会社（経営者）に対する発言は増加し、それはコーポレート・ガバナンスとして一大潮流となっている。この株主から経営者に対する要求は、会社法の制度として構築することも可能であるし、市場からの要請として発行会社に義務づける制度として構築することも可能である。例えば内部統制システムの構築に関しては、金商法とともに、会社法においても定められた。

　そのため、両者の境界が曖昧になりつつあるのである。

　ただし、両者の違いはやはり存在し、例えば金商法は監督官庁のある取締法規の面を有しており、例えば各種の届出や許認可であるとか、監督とか、監督官庁による公衆縦覧とか、そのような事項については金商法において定めるほかない。また金商法が直接会社のあり方を定めることは困難であるから、例えば内部統制規制のように情報開示規制の形をとるなどという制約が生じる。もちろん所管官庁も会社法は法務省であり、金商法は金融庁であるという厳然とした違いもある。

さらに、金商法は株式（株券）以外にも多種の投資商品を対象としており、金商法から見ると、会社法は、その対象商品の一つである株券についての「仕組み法」に過ぎない。金商法は会社法の特別法や補完法ではなく、会社法と対等の法であるということになる[3]。

　金商法は市場の基本法であるから、その基本的な考え方は市場原理に基づくものである。例えば公開買付規制において、公開買付けの成否は公開買付者と経営者の間の議論を踏まえて株主の応募の有無によって決すべしという姿勢をとっている。いずれがより優れた提案ができるか競争によって決めるのである。また最近では、ただ自由に競争できる場を提供するという中立的な姿勢ではなく、より踏み込んで積極的に市場が活性化するのを促進しようという意図も見える。例えば敵対的買収ももっとたくさん発生する方が経済の効率化に資すると考えているように思われる。

　新しい会社法も規制緩和の方向に流れており、これは法と経済学の潮流であるから、同じ市場原理の方向に向かいつつあるということがいえそうである。

3）　松尾・前掲24頁

II　大量保有報告制度（法 27 条の 23～27 条の 30）

一　導入の背景

　大量保有報告制度は、いわゆる 5％ルールと呼ばれるものである。株券等の大量保有の状況について、その保有者に情報開示の義務を定めるものである。

　この制度は、平成 2 年証取法改正（平成 2 年法律第 43 号）で導入された。当時、バブルの膨張を背景に多数の株買占事件が発生した。当時の買占事件は、反社会的勢力の関与が疑われ、高値買い戻し狙いのものが多かった。グリーンメーラーである。そのとき経済界側では誰がどれだけ買っているのかわからず、その対応に苦慮した。そこで保有状況の開示の制度が要請されたのである。そのため、この 5％ルールの制度は、経営者側に早期に株式の買集め状況等を察知させ、警戒措置をとらせる効果を有している。ただし、これはあくまでも立法の経緯に過ぎない。金商法としては、経営者側に買収防衛策などをとらせることが法の目的であるわけではない。

　大量保有報告制度創設の契機となったのは、証券取引審議会の「株式等の大量の保有状況に関する情報開示制度の在り方について」（平成元年 5 月 31 日・旬刊商事法務 1183 号 42 頁）と題する報告である。現在の大量保有報告制度は、平成元年に創設されて以来、平成 18 年の金商法の改正（平成 18 年法律第 65 号）まで、ほとんど重要な改正は行われていなかった。そのため、この最初の制度創設のときの考え方は、今も条文の中にたくさん生きている。したがって、この報告書は、現行の制度の解釈をする実務家のためにも重要性を失っていない。

Ⅱ 大量保有報告制度

　この報告書は、大量保有報告制度導入の理由として、二つの理由を挙げている。一つは、大量の株式等の保有状況は、会社の経営支配に影響を及ぼす重要な投資情報であるということである。「保有」による「経営支配」の視点である。もう一つは、株式等の買集め、あるいはその肩代わり等による処分は、市場の需給に大きな変動をもたらし、価格の急激な変動の要因となるということである。「取得・保有・処分」による「株価変動要因」という視点である。

　そしてその制度の目的は、あくまでも「投資者保護」であるとする。上記の通り、この制度は買収防衛策としての一定の副次的効果を持ち、またそれを経済界側も期待しているのであるが、同報告書は、「証券行政は、公正かつ円滑な証券取引を確保し、投資者保護に資することを目的とするものと考えられるので、証券行政にこうした企業防衛、産業政策的視点を持ち込むことは適切でない」と述べている。

　当時は、企業防衛をどうするか、というのは、会社法制あるいは産業政策の問題であり、証券取引法は、それら実体法制によって所与とされた有価証券について、その流通上の制度を設けるものという棲み分けがあったものと考えられる。

　しかしこのような棲み分け論は徐々にその線引きが曖昧になってきている。昨今の敵対的買収防衛策の是非論は、会社法、金商法の双方に跨っており、むしろ株式公開買付制度や大量保有報告制度は、敵対的買収のルールを定めるものといってもよいくらいである。金商法は、単純に投資者保護のための流通市場のあり方だけを対象にした法律ではなく、会社法制や産業政策的要素を取り込んだ、公開会社法制になりつつあると思われる。

　大量保有報告制度は、株券等の保有者に情報開示義務を課すものである。株券等の発行者に有価証券報告書等の開示義務を定めるのは、それによって発行

者も資金の調達というメリットを享受しているのであるから当然だと説明される。それでは何故株券等を購入した者がその情報を開示しなければならないのであろうか。自分がどこの株券をどれだけ買ったかなどということは個人の問題であって、それを開示しろというのは余計なお世話とはならないのであろうか。

　従来、無意識のうちに金商法を発行者の立場から見ており、だから有価証券の募集をするためには情報開示をしなければならないなどという形の、発行者から見た損得のような視点で金商法の制度を説明していたように思われる。

　しかし発行者ではなく「市場」の立場から見たらどうであろうか。「市場」の立場から見ると、市場の最も重要な機能は、価格によって需給を調節することにある。公正な価格形成機能が、商品である資金の最も効率的な配分を可能にする。そして金融商品という無形の権利の売買を公正にするためには、その価値の評価に必要な情報が漏れなくかつ正しく提供されている必要がある。その情報が発行者の有している情報であろうと、投資者が有している情報であろうと、違いはない。発行者以外の者が有している情報であっても、それが株券等の価値評価のために必要な情報であれば、それを開示させる必要性はある。また市場にまったく関係のない者が有している情報であればともかく、発行者や投資者などの市場利用者の有している情報であればそれを開示させることは不合理でない。このように考えると、発行者以外の市場関係者が金商法によっていろいろな義務を負担することについても、納得がいくように思われる。「市場」の立場から考えればよいのである。

　大量保有報告制度の骨格は、アメリカの法制に倣ったものとなっている。5％を基準とすることや、1％変動ごとに変更報告を提出させること、一般報告と特例報告の二本立ての制度など、いずれもアメリカの法制を参考にしている。

Ⅱ　大量保有報告制度

二　一般報告制度

　大量保有報告には、原則的な一般報告制度（法 27 条の 23、同 27 条の 25）と金融商品取引業者等の保有する一定の株券等に適用される特例報告制度（法 27 条の 26）がある。

1　条文の構造

　まず一般報告の骨組みであるが、金商法 27 条の 23 第 1 項の規定から、カッコ書きとなっている部分を取り除いた文章とその注釈という形で示すのがわかりやすいかと思う。

条　文　の　骨　組　み	注　釈　等
株券、新株予約権付社債券、その他の政令で定める有価証券で	政令：14 条の 4 第 1 項 有価証券＝「株券関連有価証券」
金融商品取引所に上場されているものの	準ずるものとして政令で定めるものを含む 政令：14 条の 4 第 2 項
発行者である法人が	金商法で「会社」から「法人」に拡大
発行者である対象有価証券の	対象有価証券：同条 2 項、政令 14 条の 5 の 2 当該対象有価証券に係るオプション（買主となるものに限る）を表示する 2 条 1 項 19 号に掲げる有価証券その他の政令で定めるものを含む 政令：14 条の 4 の 2 ＝「株券等」
保有者で	保有者：同条 3 項
当該株券等に係るその株券等保有割合が	株券等保有割合：同条 4 項
百分の五を超えるものは、	超えるもの＝大量保有者
内閣府令に定めるところにより、	内閣府令：府令 2 条、19 条

株券等保有割合に関する事項、取得資金に関する事項、保有の目的その他の内閣府令で定める事項を記載した報告書を	内閣府令：府令2条 報告書＝大量保有報告書
大量保有者となった日から五日以内に、	政令で定める日は算入しない 政令14条の5
内閣総理大臣に提出しなければならない。	府令19条
ただし、第四項に規定する保有株権等の総数に増加がない場合その他の内閣府令で定める場合については、この限りでない。	内閣府令：府令3条

この条文から報告義務の生じる要件を拾うと以下の通りとなる。

①発行者が上場されている株券関連有価証券の発行者であること

②保有するものが①の発行者の発行する株券等であること

③保有者であること

④株券等保有割合が100分の5を超えること

2　発行者の限定

　まず発行者の限定がある。発行者が上場等されている株券関連有価証券の発行者であることが必要である。大量保有報告制度は、経営支配に関する投資情報となること及び市場での価格の変動要因となることから設けられている制度であるから、議決権のある株券等で（経営支配の観点）、かつ上場している発行者（価格変動要因の観点）についてのみ適用すべきだからである[1]。

---

1)　規制の対象は、公開買付規制の対象より狭い。過去に募集・売出しを行ったことや、株主数の外形基準により継続開示会社となった会社は対象とならない。

Ⅱ　大量保有報告制度

(1)　「株券関連有価証券」

「株券関連有価証券」とは、以下のものをいう（政令14条の4第1項）。

①株券、新株予約権証券及び新株予約権付社債

②外国の者の発行する証券または証書で①に掲げる有価証券の性質を有するもの

③投資証券等

④有価証券信託受益証券で、受託有価証券が前3号に掲げる有価証券であるもの

⑤法2条1項20号に掲げる有価証券で、1号から3号までに掲げる有価証券に係る権利を表示するもの（預託証券）

③の「投資証券等」は、政令1条の4第1号に定義があり、「投資信託及び投資法人に関する法律に規定する投資証券及び外国投資証券で投資証券に類する証券」をいう。例えばリートである。投資証券も、投資主総会で議決権を有している（投信法77条2項3号）。そこで投資法人の支配権の獲得につながる有価証券であるということで平成18年の改正で追加された[2]。しかし投資法人の支配権というのがどれだけ重要性があるか異論もある[3]。

④は、①から③の有価証券の信託に係る有価証券信託受益証券である。なお、有価証券信託受益証券とは、法2条1項14号に掲げる有価証券のうち同項各号に掲げる有価証券を信託財産とするものであって、当該信託財産である有価証券に係る権利の内容が当該信託の受益権の内容に含まれる旨その他内閣府令で定める事項が、当該信託に係る信託行為において定められているものをいう

---

[2]　大来志郎「大量保有報告制度の見直しに係る政令・内閣府令の一部改正の概要」旬刊商事法務1787号13頁

[3]　森田章（発言）「平成17年・18年の証券取引法等の改正」別冊商事法務299号146頁

（政令14条の4第4号、同2条の3第3号、開示府令1条の2）。要するに、信託の法律構成をとって、預託証券と同様の効果を得ようとする場合を指している。

⑤は、①から③の有価証券の預託証券である。

④と⑤は、いずれも実質的に株券などと同様の効果があるものである。これらの場合、発行者は、原券の発行者となる（大量保有府令1条の2）。

(2) 上場等

発行者は、その発行する株券関連有価証券を上場している者であることが必要である。

上場は、金融商品取引所に上場されていることである。またこれに準ずるものとして、店頭売買有価証券も含まれる（政令14条の4第2項。店頭売買有価証券の定義は政令1条の10第1号、法2条8項10号ハ）。

その発行する株券を上場している場合、その発行する新株予約権を上場していなくても、新株予約権の保有者は届出の対象となりうる。

3　株券等とその保有者

(1) 「株券等」

届出が必要となりうる株券等は、以下の通りである（法27条の23第1項、第2項、政令14条の5の2、政令14条の4の2）。

　①株券（議決権のない株式として内閣府令で定めるものに係る株券を除く）

　　　大量保有府令3条の2によると、(i)議決権のない株式で、かつ(ii)当該株式を発行する会社が当該株式の取得と引換えに議決権のある株式を交付する旨の定款の定めのない株式と定められている。

　　　「議決権のない株式」については、政令6条1項が、「株主総会において決議をすることができる事項の全部につき議決権を行使することができない株式をいう」と定義している。

　　　(ii)は、株主に請求権のある取得請求権付株式と発行会社に請求権のあ

Ⅱ　大量保有報告制度

　　る取得条項付株式の双方を含む趣旨と考えられる[4]。
②新株予約権証券及び新株予約権付社債券（新株予約権として議決権のない株式のみを取得する権利のみを付与されているものを除く）
③投資証券等
④外国の者の発行する証券又は証書で①から③に掲げる有価証券の性質を有するもの
⑤対象有価証券カバードワラント（法2条1項19号に掲げる有価証券で、対象有価証券の売買に係るオプション（当該オプションの行使により当該行使をした者が当該売買において買主としての地位を取得するものに限る）を表示するもの）
⑥有価証券信託受益証券で、対象有価証券（①から④）を受託有価証券とするもの（株券信託受益証券、株券関連信託受益証券）
⑦①から④の有価証券に係る権利を表示する預託証券（法2条1項20号に掲げる有価証券で、対象有価証券に係る権利を表示するもの。株券預託証券、株券関連預託証券）
⑧他社株転換債（EB債）（社債券（新株予約権付社債券を除く）で対象有価証券（当該社債券の発行会社以外の会社が発行したものに限る）により償還することができる旨の特約が付されているもの（社債券を保有する者が当該社債券の発行会社に対して対象有価証券による償還をさせることができる権利を有しているものに限る。対象有価証券償還社債））
⑨外国の者の発行する証券又は証書で⑧に掲げる有価証券の性質を有するもの

4）　金商法の府令は、個別に取得請求権付株式又は取得条項付株式を指す場合と両者を包含する場合で用語を使い分けているようである（公開買付府令2条1号、同8条1項2号参照）。

以上のうち、①から④が「対象有価証券」であり（法27条の23第2項、政令14条の5の2）、それに⑤から⑨を加えたものが「株券等」である。

　大量保有府令第1号様式第2、1⑷①【保有株券等の数】の欄では、上記の他、「他社株等転換株券」という項目が追加されている。これは、同記載上の注意⑿jでは、現在は発行者以外の者が発行する株券等であっても、取得請求の結果、対価として交付される株券等が対象者の発行する株券等である旨の定めがなされている場合をいうものとされている。これは上記政令14条の4の2または同14条の5の2のいずれにも定められておらず、立法担当官の解説でも「株券等」として列挙されていない[5]。金商法上は引渡請求権を有する者（法27条の23第3項）に該当するという趣旨であろう。

　①に関しては、無配の場合などに議決権が復活する定めがある無議決権株式の取扱いが問題となるが、実務では株券等に含めている例がある[6]。

　自己株式及び相互保有株式は、議決権は停止しているが、株券の需給情報として有用性があるため、対象から除かれていない[7]。無議決権株式は、株式の内容として議決権がないものを意味している[8]。

⑵　「保有者」

　大量保有報告書を提出する義務を負担するのは「保有者」である。

　「保有者」というのは、次の通りである（法27条の23第3項）。

　　①自己又は他人（仮設人を含む）の名義をもって株券等を所有する者

5）　池田唯一ほか「新しい公開買付制度と大量保有報告制度」（商事法務、2007）165頁
6）　金融庁「提出されたコメントの概要とコメントに対する金融庁の考え方」（平成18年12月13日）104項参照
7）　吉田英都「株券等の大量保有の状況に関する開示制度の概要（上）」旬刊商事法務1239号4頁
8）　金融庁「提出されたコメントの概要とコメントに対する金融庁の考え方」（平成18年12月13日）93項

Ⅱ　大量保有報告制度

②売買その他の契約に基づき株券等の引渡請求権を有する者
③これに準ずる者として政令で定める者（政令14条の6）
　　③－1　株券等の売買の一方の予約（当該売買を完結する権利を有し、かつ、当該権利の行使により買主としての地位を取得する場合に限る）を行っている者
　　③－2　株券等の売買に係るオプションの取得（当該オプションの行使により当該行使をした者が当該売買において買主としての地位を取得するものに限る）をしている者
④金銭の信託契約その他の契約又は法律の規定に基づき、株券等の発行者の株主としての議決権その他の権利を行使することができる権限又は当該議決権その他の権利の行使について指図を行うことができる権限を有する者であって、当該発行者の事業活動を支配する目的を有する者
⑤投資一任契約その他の契約または法律の規定に基づき、株券等に投資をするのに必要な権限を有する者

　①には、計算の帰属が本人にある限り、他人の口座で他人を通じて買い付けた場合も含まれる。②については、信用取引で買い建てている者などが含まれる。

　④には、ファンド・トラストの委託者などが該当しうるとされている[9]。平成18年改正前の法27条の26第1項には「会社の事業活動を支配すること」という文言があり、同改正で「発行者の事業活動に重大な変更を加え、又は重大な影響を及ぼす行為」（重要提案行為等）と変更されたが、④は「事業活動を支配する目的」のまま変更されなかった[10]。

---

[9] 堀本修「株券等大量保有に関する開示制度の導入」旬刊商事法務1219号12頁
[10] 立法担当官の解説では、重要提案行為等の改正は、規定の明確化であると位置づけられているので（大来・前掲11頁）、同様に解する可能性もある。

⑤には、投資一任契約に基づいて投資権限を有している投資顧問会社や特定金銭信託の委託者などが該当しうるとされている[11]。

非居住者も保有者となる。

①から③が「本文」であり、④が「1 号」、⑤が「2 号」である。

大量保有報告書の様式においても、第 1 号様式第 2、1 ⑷①【保有株権等の数】の欄は、「法 27 条の 23 第 3 項本文」、「法 27 条の 23 第 3 項第 1 号」、「法 27 条の 23 第 3 項第 2 号」の三つの欄に区分けして記載することになっている。

この三つの分類には意味がある。「本文」のところは、「所有」による開示である。「第 1 号」の部分は、「議決権」を有することによる開示である。「第 2 号」の部分は、「投資権限」を有することによる開示である。

本章の冒頭で述べたとおり、大量保有報告書の制度は、経営の支配又は売買による株価変動要因となりうるという理由で設けられたものである。したがって、重要なのは、議決権を有していて経営支配に影響を及ぼすものを開示することと、大量の株券等を売り買いして株価変動要因となりうるものを開示させることにある。そこで、大量保有報告の対象となるのは、単純に形式的又は実質的に株式を保有している場合とは違ってくるので、その点注意が必要である。

まず完全に所有している場合は、議決権等の権限も有しているし、売買等をする投資権限も有しているから当然開示させる。

一方、所有はしていないけれども、議決権を有しているならば、経営支配に関係するのであって、それも開示させる必要がある。1 号はこれである。1 号の要件の中に、議決権又はそれを指図する権限を有していることだけでなく、「発行者の事業活動を支配する目的を有する」場合という要件を付加しているのは、上記の経営支配に影響のないものであれば、開示させる必要がないこと

---

[11] 堀本・前掲 12 頁

Ⅱ 大量保有報告制度

に対応している。完全に所有していればこの要件は不要であるが、議決権のみを有していて、投資権限を有していないので、支配目的を有する場合にのみ保有者とすることとした[12]。「事業活動を支配する」というのは、種々の関係から事業に影響を及ぼすことがあれば、これに該当すると考えられる[13]。事業活動の支配目的という主観的な要件の有無で提出義務の有無が決まるのは、ルールとしては曖昧さが残る。なお、平成18年改正前は、1号は「株券」のみの規定であったが、同改正によって「株券等」とされている。「議決権を行使することができる権限」も「議決権その他の権利を行使することができる権限」と改正された。投資証券等が追加されたことに伴うものであろう。

また所有はしていないけれども、売買（処分）をする権限、すなわち投資権限を有しているのであれば、やはり開示させるべきである。そこで2号が定められている。

この3分類は、重複して該当する場合には、「本文」、「2号」、「1号」の順で最初に該当するものとして取り扱う。

このうち1号に該当する場合は、議決権は有しているが、投資権限は有していないことから、この保有者は自分がいつその株券等を保有するに至ったかわからないことがある。そのため、投資権限を有する者は、議決権を有する者に、毎月1回以上、株券等の保有状況について通知することとされている（法27条の24、大量保有府令7条）。そして1号に該当する者は、その権限があることを知った日に、保有者となったものとみなされる（法27条の23第3項ただし書き）。

民法上の組合で株券等を保有している場合、誰が保有者なのか問題になる。組合員なのか、業務執行者なのかという点である。民法理論では、組合財産は

---

12) 堀本・前掲12頁
13) 中央信託銀行証券部編「五パーセント・ルールに関する質疑応答」旬刊商事法務1233号18頁

組合員の共有であるから、各組合員がそれぞれ保有株券の全部について所有権を有している。そのため各組合員が保有者になりそうに思われるが、大量保有府令様式第1号記載上の注意(9)【提出者の概要】では、「組合又は社団等の場合には、当該組合又は社団等を保有者として提出せず、株券等を所有し、又は法27条の23第3項各号に規定する者に該当する業務執行組合員等（明示又は黙示の合意又は契約に基づき、形式的な業務執行組合員等とは別に当該株券等に係る処分権限を有する者がいる場合には当該者を含む）を保有者として提出すること」とされている。業務執行組合員等は、議決権または投資権限を有しているということであろう。しかしその結果、真の所有者は明らかにされないことになる[14]。

なお、共有の場合の「株券等」の数に関して、同記載上の注意(12)【上記提出者の保有株権等の内訳】mは、「株券等を共有により保有する場合は、共有持分を自分の所有として記載すること」としている。ただし、共有者は、原則として共同保有者ともなるとしている。また共有により保有する株券等について、議決権の行使権限もしくはその指図権限又は投資権限を委任されている場合は、自己保有分となる。

信託財産に属する株券等の保有者が誰になるかについては、投資権限と議決権等の権限の帰属によって分けて考える。委託者が運用指図権を有する特定金銭信託では、投資決定権が委託者にあるので、委託者が2号に該当する。受託者はいずれにも該当しない。従業員持株信託も同様である。

投資一任契約付きの特定金銭信託の場合は、投資決定権は投資顧問会社にあるので、投資顧問会社が2号に該当することになる。委託者が議決権の指図権を有し、かつ事業活動支配目的を有する場合には、委託者は1号に該当することになる。

---

14) インベストメント45巻6号13頁参照

Ⅱ　大量保有報告制度

　ファンド・トラストの場合には、受託者に投資決定権があるので、受託者が 2 号に該当する。委託者は、事業活動支配目的がある場合には 1 号に該当する。

　貸付信託や合同運用指定金銭信託、適格退職年金信託等は、受託者が 2 号に該当し、委託者はいずれにも該当しない[15]。

4　「株券等保有割合」

　保有者は、株券等保有割合が 5％を超える場合には、大量保有報告書を提出しなければならない。「株券等保有割合」は、法 27 条の 23 第 4 項から 6 項が定めている。

　「株券等保有割合」は、まず分子は、①保有者の保有する株券等の数の合計から、②その保有者が信用取引により譲渡したことによって引渡義務を有するものの数を控除した数に、③共同保有者の保有株券等の数を加算した数である。

　①の「保有」には、当然前項で述べた「1 号」と「2 号」の場合も含む。株券以外の場合には、大量保有府令 5 条に従って、株式に換算する（平成 20 年改正により、「換算した数」が「定める数」に変更された。）。

　「株券等」からは、同府令 4 条に定めるものは除かれる。例えば、信託業者が信託財産として保有する株券等（信託業者が議決権又は投資権限を有しない場合に限る）である。同府令 4 条は以下の通りであるが、いずれも一時的、形式的な保有の場合や従業員持株会など、開示の必要性が乏しい場合である。例えば 9 号で、法人の代表者が除外されている。これは除外しなければ代表者が「保有」していると解される（所有は法人であるが、議決権と投資権限を有しているということ）ということであって興味深い（各号を除外する趣旨については、吉田英都「株券等の大量保有の状況に関する開示制度の概要（下）」旬刊商事法務 1240 号 8 頁以下参照）。

---

[15]　池田ほか・前掲 174 頁

府令4条（保有の態様その他の事情を勘案し保有する株券等から除外するもの）
　一　信託業を営む者が信託財産として保有する株券等（その者が当該株券等について法第27条の23第3項各号に掲げる者に該当しない場合に限る。）
　二　有価証券関連業を行う者が引受け又は売出しを行う業務により保有する株券等（引受けの場合にあっては当該株券等の払込期日の翌日以後、売出しの場合にあっては当該株券等の受渡期日の翌日以後保有するものを除く。）
　三　金融商品取引業者が法156条の24第1項に規定する信用取引により保有する株券等
　四　法156条の24第1項に規定する業務を営む者が当該業務として保有する株券等
　五　売付けの約定をして受渡しを了していない株券等（約定日から五日（日曜日及び令第十四条の五に規定する休日の日数は、算入しない。）以内に受渡しを行うものに限り、次号に掲げる取引により売付けの約定をした株券を除く。）
　六　金融商品取引所で行われる銘柄の異なる複数の株券の集合体を対象とする先物取引を行ったことにより保有する株券（当該先物取引の売買取引最終日の翌日以後保有するものを除く。）
　七　厚生年金基金、企業年金連合会又は年金積立金管理運用独立行政法人が保有する株券等（株券を除く。）
　八　独立行政法人郵便貯金・簡易生命保険管理機構法10条に規定する簡易生命保険資産の運用として保有する株券等（株券を除く。）
　九　法人の代表権を有する者又は支配人が当該代表権又はその有する代理権に基づき保有する株券等
　十　会社の役員（取締役、執行役、会計参与（会計参与が法人である場合は、その職務を行うべき社員を含む。）、監査役又はこれらに類する役職にある者をいう。以下この号において同じ。）又は従業員が当該会社の他の役員又は従業員と共同して当該会社の株券等の取得（一定の計画に従い、個別の投資判

Ⅱ 大量保有報告制度

　　　断に基づかず、継続的に行われ、各役員又は従業員の一回当たりの拠出金額が百万円に満たないものに限る。）をした場合（当該会社が会社法 156 条第 1 項（同法 165 条第 3 項の規定により読み替えて適用する場合を含む。）の規定に基づき買付けていた株券以外の株券等を買付けたときは、証券会社に委託して行った場合に限る。）において当該取得をした株券等を信託された者が保有する当該株券等（当該信託された者が当該株券等について法 27 条の 23 第 3 項各号に掲げる者に該当しない場合に限る。）

　信用取引の買付け約定については、約定時点で保有株券等の数に加算する。信用取引の売付け約定については約定時点で保有株券等の総数から除く。

　担保に差し入れている株券等については、通常は担保権設定者側で保有株券等に加え、担保権者側では含めない。ただし、譲渡担保で所有権が移転する方法の場合には、担保権者が保有者と見られることも考えられる。

　株券等の貸借取引については、通常の消費貸借である場合には、所有権は借り主に移転するから、貸し主側では引渡請求権があり、借り主側では所有権があるということになる（両方とも算入）。もちろん借り主が借株を処分すれば所有権はなくなる。賃貸借の場合には、所有権は移転しないので、貸し主が保有したままであり、借り主は保有に加えない[16]。

　③の共同保有者の保有株券等の数からは、保有者と共同保有者の間で引渡請求権が存するものなどは除く（法 27 条の 23 第 4 項、政令 14 条の 6 の 2）[17]。重複を避ける意味である。

　「株券等保有割合」を算出するときの分母は、当該発行者の発行済株式総

---

[16]　中央信託銀行証券部・前掲 20 頁参照
[17]　この解釈については、同府令改正時の金融庁の「提出されたコメントの概要とコメントに対する金融庁の考え方」（平成 18 年 12 月 13 日）86 項以下を参照。

数[18])に、当該保有者及び共同保有者の保有する当該株券等の数を加算した数である。ただし、加算する株券等の数からは、株券と株券預託証券及び株券信託受益証券の数を控除する（大量保有府令5条の2）。つまり株数に換算した潜在株式の数を、分子及び分母の両方に加算するというわけである。

「共同保有者」というのは、株券等保有割合を計算するときの概念である。「共同保有者」とは、「株券等の保有者が、当該株券等の発行者が発行する株券等の他の保有者と共同して当該株券等を取得し、若しくは譲渡し、又は当該発行者の株主としての議決権その他の権利を行使することを合意している場合における当該他の保有者」のことをいう（法27条の23第5項）。

また特別の関係にある場合には、共同保有者とみなされる（「みなし共同保有者」。法27条の23第6項）。みなし共同保有者となる特別の関係は、次の場合である（政令14条の7）。

①夫婦
②会社の総株主等の議決権の100分の50を超える議決権に係る株式又は出資を自己又は他人（仮設人を含む）の名義をもって所有している者（支配株主等）と当該会社（被支配会社）の関係
③被支配会社とその支配株主等の他の被支配会社との関係（兄弟会社）
④①から③の関係に準ずる関係として内閣府令で定める関係

大量保有府令5条の3、財務諸表規則8条3項に規定する子会社（ただし、組合に限る）と同項の親会社の関係。

つまり、組合の財務及び営業又は事業の方針を決定する機関を支配している会社と当該組合との関係。

---

[18] 平成20年改正で、「発行済株式の総数又はこれに準ずるものとして内閣府令で定める数」とされている。

Ⅱ 大量保有報告制度

　支配株主等とその被支配会社が合わせて他の会社の総株主等の議決権の100分の50を超える議決権に係る株式又は出資を自己又は他人の名義をもって所有している場合には、当該他の会社も、当該支配株主等の被支配会社とみなされる（孫会社、ひ孫会社等。同条3項）。

　また夫婦が合わせて会社の総株主等の議決権の100分の50を超える議決権に係る株式又は出資を自己又は他人の名義をもって所有している場合には、当該夫婦は、それぞれ当該会社の支配株主等とみなされる（同条2項）。

　上記の④にある通り、組合については、財務諸表規則上の支配力基準となっている点に留意が必要である。会社については議決権の50％基準であることと大きく異なっている。

　具体的に共同保有の合意の有無が問題となる事例として、①オーナー経営者とその所有する会社がいずれも対象会社の株券等を有している場合、②複数の取引先に安定株主工作のため株式保有を依頼した場合、③株主総会での議決権行使について話し合いをした場合、④共同して株主提案権を行使した場合、などが挙げられている[19]。実務ではこの判断は難しい。それ以外にも、大株主同士で会社の経営に関して意見が一致した状態である場合や、委任状勧誘をした者とそれに応じて委任状を勧誘者に返送した者との関係[20]など、さまざまなケースがある。しかし法文があくまでも「合意」としている以上、単なる認識の一致や意見の交換というレベルでは合意とはいわないのであって、何らかの拘束力を持った意思表示の合致といえなければならないと思われる[21]。まったく何の拘束力もなくそれぞれ勝手に行動するのであれば、会社の支配や株価

---

[19] 池田ほか・前掲176頁
[20] 寺田昌弘・寺崎大介・松田洋志「大量保有報告制度の改正等に伴う実務上の留意点」旬刊商事法務1807号76頁
[21] 河野（発言）「証券取引法の改正について(23)」インベストメント44巻5号71頁

変動要因という点でひとまとまりの株式ということはできないであろう。

　共同保有者の保有する株券等の数が微量である場合にはこれを合算する必要はない（法27条の23第6項）。具体的には、単体株券等保有割合が0.1％以下の者である（大量保有府令6条1号）。ただし、脱法防止の観点から、除外された者の保有株権等の割合の累計が1％以下にとどまる範囲としている（同号カッコ書き）。

5　届出義務と報告書の内容（一般報告）
(1)　届出義務

　大量保有報告書の届出義務が生じるのは、株券等保有割合が5％を超える場合である。5％を超えたかどうかの判断は、その日の最終の取引後の状況で判定する（大量保有府令様式第1号記載上の注意(12) a ）。法27条の23第3項1号の場合は、「知った日」に義務が発生する。

　なお、保有株券等の総数に増加がない場合及び新株予約権等の目的である株式の発行価格の調整のみによる場合は、提出義務がない（法27条の23第1項ただし書き）。

　5％を超えた場合には、その翌日から起算して5日以内（土曜、日曜、祝日及び12月29日から1月3日は除く。政令14条の5）に大量保有報告書を提出する。通常は、翌週の応当曜日が期限になる。

　届出の基準は何故5％なのか。立法の経緯からは、公開買付規整の5％という数字と合わせたものといえる[22]。公開買付けでは、多数の者から買い付ける場合には5％を超える場合に公開買付手続によるべきものとしている。しかし5％ルールの導入時に、公開買付けの割合を10％から5％に下げてこちらに

---

[22]　近藤光男・吉原和志・黒沼悦郎「新訂第2版証券取引法入門」（商事法務、2003）215頁

Ⅱ 大量保有報告制度

合わせたという面もある。

　証券取引審議会報告書では、5％程度の株式を実質的に保有することになれば会社の支配や株価形成に大きな影響を及ぼすこと、アメリカ等の制度がそうなっていることなどが理由に挙げられている。実際には、5％というのは目の子算に過ぎず、3％でも7％でもよく、論理的な理由はない[23]。

　平成18年改正により、大量保有報告書の提出はすべてEDINETによらなければならなくなった（法27条の30の2）。上場会社の株式を5％超も持つ者であるから、EDINETを義務づけても格別の負担とはならないだろうということである。

　提出者は、株券等の発行者及び金融商品取引所等にも大量保有報告書の写しを送付しなければならない（法27条の27）。

　大量保有報告書は、5年間、公衆の縦覧に供される（法27条の28）。ただし、取得資金の借入先である銀行の名称は、大量保有府令22条に定める場合を除き、縦覧に供しない（同条3項）。

(2) 大量保有報告書の記載内容

　大量保有報告書の記載事項は、大量保有府令第1号様式の通りである（大量保有府令2条）。共同保有者がいる場合には、各自提出する方法と連名で提出する方法がある（記載中の注意(1) b、(3) b、(16)）。

　この中で実務上重要なのは、第2、1(2)保有目的、(3)重要提案行為等、(5)最近60日間の取得又は処分の状況、(6)当該株券等に関する担保契約等重要な契約、(7)取得資金、などであろう。

　保有目的には、「重要提案行為を行うこと」等をできる限り具体的に記載することになっている（記載上の注意(10)）。重要な契約としては、保有株券等に関

---

[23] 竹内（発言）「株式買集めに関する情報開示の方向」旬刊商事法務1189号7頁

する貸借契約、担保契約、売戻し契約、売り予約その他の重要な契約又は取決めがある場合には、その契約の種類、相手方、対象となっている株券等の数量等を記載しなければならない（記載上の注意⒁）。これらの記載事項は、敵対的な買集めの場合などには重要な情報となる。

「最近60日間の取得又は処分の状況」について、市場内取引の場合、「単価」の記載を要しない（記載上の注意⒀ a ）。

新株の発行に際しては、株券の効力が生じるまでは、まだ保有していないものとみなすことができる（記載上の注意⑿ ⅰ ）。

Ⅱ 大量保有報告制度

第一号様式
【表紙】
【提出書類】(2)
【根拠条文】　　　　　　　　　　　法第27条の　　第　　項
【提出先】　　　　　　　　　　　　＿＿＿財務（支）局長
【氏名又は名称】(3)
【住所又は本店所在地】(3)
【報告義務発生日】(4)　　　　　　平成　　年　　月　　日
【提出日】　　　　　　　　　　　　平成　　年　　月　　日
【提出者及び共同保有者の総数（名）】
【提出形態】(5)
【変更報告書提出事由】(6)

第1【発行者に関する事項】(7)

発行者の名称	
證券コード	
上場・店頭の別	
上場金融商品取引所	

第2【提出者に関する事項】
　1【提出者（大量保有者）／1】(8)
　　(1)【提出者の概要】(9)
　　　①【提出者（大量保有者）】

個人・法人の別	
氏名又は名称	
住所又は本店所在地	
旧氏名又は名称	
旧住所又は本店所在地	

　　　②【個人の場合】

生年月日	
職業	

勤務先名称	
勤務先住所	

③【法人の場合】

設立年月日	
代表者氏名	
代表者役職	
事業内容	

④【事務上の連絡先】

事務上の連絡先及び担当者名	
電話番号	

(2)【保有目的】(10)

(3)【重要提案行為等】(11)

(4)【上記提出者の保有株券等の内訳】(12)
　①【保有株券等の数】

	法第27条の23第3項本文	法第27条の23第3項第1号	法第27条の23第3項第2号
株券又は投資証券等（株・口）			
新株予約権証券（株）	A	―	H
新株予約権付社債券（株）	B	―	I

Ⅱ 大量保有報告制度

対象有価証券 カバードワラント	C		J
株券預託証券			
株券関連預託証券	D		K
株券信託受益証券			
株券関連信託受益証券	E		L
対象有価証券償還社債	F		M
他社株等転換株券	G		N
合計（株・口）	O	P	Q
信用取引により譲渡したことにより控除する株券等の数	R		
共同保有者間で引渡請求権等の権利が存在するものとして控除する株券等の数	S		
保有株券等の数（総数）（O＋P＋Q－R－S）	T		
保有潜在株式の数（A＋B＋C＋D＋E＋F＋G＋H＋I＋J＋K＋L＋M＋N）	U		

② 【株券等保有割合】

発行済株式等総数（株・口）（平成　年　月　日現在）	V
上記提出者の株券等保有割合（％）（T／(U＋V)×100）	

直前の報告書に記載された株券等保有割合（％）	

(5)【当該株券等の発行者の発行する株券等に関する最近60日間の取得又は処分の状況】⒀

年月日	株券等の種類	数　量	割　合	市場内外取引の別	取得又は処分の別	単　価

(6)【当該株券等に関する担保契約等重要な契約】⒁

(7)【保有株券等の取得資金】⒂
　　①【取得資金の内訳】

自己資金額（W）（千円）	
借入金額計（X）（千円）	
その他金額計（Y）（千円）	

Ⅱ 大量保有報告制度

上記(Y)の内訳	
取得資金合計(千円) (W+X+Y)	

②【借入金の内訳】

名称(支店名)	業種	代表者氏名	所在地	借入目的	金額(千円)

③【借入先の名称等】

名称(支店名)	代表者氏名	所　在　地

第3【共同保有者に関する事項】(16)
 1【共同保有者／1】(17)
  (1)【共同保有者の概要】(18)
   ①共同保有者

個人・法人の別	
氏名又は名称	
住所又は本店所在地	
旧氏名又は名称	
旧住所又は本店所在地	

   ②【個人の場合】

生年月日	
職業	
勤務先名称	
勤務先住所	

   ③【法人の場合】

設立年月日	

Ⅱ 大量保有報告制度

代表者氏名	
代表者役職	
事業内容	

④【事務上の連絡先】

事務上の連絡先及び担当者名	
電話番号	

(2)【上記共同保有者の保有株券等の内訳】(19)
　①【保有株券等の数】

	法第27条の23第3項本文	法第27条の23第3項第1号	法第27条の23第3項第2号
株券又は投資証券等（株・口）			
新株予約権証券（株）	A	—	H
新株予約権付社債券（株）	B	—	I
対象有価証券カバードワラント	C		J
株券預託証券			
株券関連預託証券	D		K
株券信託受益証券			
株券関連信託受益証券	E		L
対象有価証券償還社債	F		M
他社株等転換株券	G		N
合計（株・口）	O	P	Q

信用取引により譲渡したことにより控除する株券等の数	R
共同保有者間で引渡請求権等の権利が存在するものとして控除する株券等の数	S
保有株券等の数（総数） （O＋P＋Q－R－S）	T
保有潜在株式の数 （A＋B＋C＋D＋E＋F＋G＋H＋I＋J＋K＋L＋M＋N）	U

② 【株券等保有割合】

発行済株式等総数（株・口） （平成　年　月　日現在）	V
上記提出者の 株券等保有割合（％） （T／（U＋V）×100）	
直前の報告書に記載された 株券等保有割合（％）	

第4【提出者及び共同保有者に関する総括表】
 1【提出者及び共同保有者】⒇
 2【上記提出者及び共同保有者の保有株券等の内訳】㉑
  ⑴【保有株券等の数】

	法第27条の23第3項本文	法第27条の23第3項第1号	法第27条の23第3項第2号
株券又は投資証券等（株・口）			
新株予約権証券（株）	A	－	H
新株予約権付社債券（株）	B	－	I

Ⅱ 大量保有報告制度

対象有価証券 カバードワラント	C		J
株券預託証券			
株券関連預託証券	D		K
株券信託受益証券			
株券関連信託受益証券	E		L
対象有価証券償還社債	F		M
他社株等転換株券	G		N
合計（株・口）	O	P	Q
信用取引により譲渡したことにより控除する株券等の数	R		
共同保有者間で引渡請求権等の権利が存在するものとして控除する株券等の数	S		
保有株券等の数（総数） （O＋P＋Q－R－S）	T		
保有潜在株式の数 （A＋B＋C＋D＋E＋F＋G＋H＋I＋J＋K＋L＋M＋N）	U		

(2)【株券等保有割合】

発行済株式等総数（株・口） （平成　年　月　日現在）	V
上記提出者の 株券等保有割合（％） （T／（U＋V）×100）	

直前の報告書に記載された株券等保有割合（％）	

(3)【共同保有における株券等保有割合の内訳】⑵

提出者及び共同保有者名	保有株券等の数（総数）（株・口）	株券等保有割合（％）
合　計		

(記載上の注意)
(1) 一般的事項
 a　記載事項のうち「第2　提出者に関する事項」には、提出者の株券等の保有状況について記載し、「第3　共同保有者に関する事項」には、共同保有者がいる場合にのみ、各共同保有者の株券等の保有状況について別々に記載し、「第4　提出者及び共同保有者に関する総括表」には、共同保有者がいる場合にのみ、提出者及び共同保有者の株券等の保有状況を一括して記載すること。共同保有者がいない場合には、この様式のうち「第3共同保有者に関する事項」及び「第4　提出者及び共同保有者に関する総括表」に係る部分は提出することを要しない。
 b　大量保有報告書又は変更報告書（以下この様式において「報告書」という。）の提出者が、共同保有者全員の委任を受けて当該提出者及び当該共同保有者全員の報告書を一つにまとめて提出する場合には、当該提出者及び当該共同保有者のそれぞれの株券等の保有状況（変更報告書については、共同保有者のうち、前回提出の報告書から記載事項に一切の変更がない者に係る保有状況を除く。）について、別々に「第2　提出者に関する事項」に記載するとともに、これらの者の株券等の保有状況を一括して「第4　提出者及び共同保有者に関する総括表」に記載すること。
 c　会社の株券等が新たに金融商品取引所に上場され、又は店頭売買有価証券として認可金融商品取引業協会に登録されたことにより、大量保有者となったものは、当該上場又は登録の日から5日（日曜日及び令第14条の5に規定する休日の日数は、算入しない。）以内にこの報告書を提出すること。
 d　変更報告書の提出に当たっては、大量保有報告書の記載事項のすべてについて、変更報告書の提出義務が発生した日の現況に基づいて記載すること。
 e　報告書に係る訂正報告書については、発行者の名称及び証券コード、提出者の氏名又は名称及び住所又は本店所在地並びに訂正される報告書の報告義務発生日

Ⅱ 大量保有報告制度

を記載し、訂正事項については、その訂正前・訂正後が分かるように記載すること。
(2) 提出書類
「大量保有報告書」又は「変更報告書」のいずれかを記載し、「変更報告書」である場合には、大量保有報告書を提出した後、最初に提出した変更報告書から数えた通し番号を記載すること。
(3) 氏名又は名称及び住所又は本店所在地
  a 報告書の提出者本人（代理人が提出する場合には当該代理人）の氏名又は名称及び住所又は本店所在地を記載すること（法第27条の30の5第1項の規定により当該報告書を書面で提出する場合には、併せて押印すること。）。なお、代理人が提出する場合には、報告書の提出を委任した者が、当該代理人に、報告書の提出に関する一切の行為につき、当該委任した者を代理する権限を付与したことを証する書面の写しを添付すること（法第27条の30の5第1項の規定により当該報告書を書面で提出する場合には、報告書1通につき1通ずつ添付すること。）。
  b 報告書の提出者が、共同保有者全員（変更報告書については、共同保有者のうち、前回提出の報告書から記載事項に一切の変更がない者を除く。）の委任を受けて当該提出者及び当該共同保有者全員の報告書を一つにまとめて提出する場合には、委任を受けた者の氏名又は名称及び住所又は本店所在地を記載すること（法第27条の30の5第1項の規定により当該報告書を書面で提出する場合には、併せて押印すること。）。なお、当該共同保有者が、当該提出者に報告書の提出に関する一切の行為につき、当該共同保有者を代理する権限を付与したことを証する書面の写しを添付すること（法第27条の30の5第1項の規定により当該報告書を書面で提出する場合には、報告書1通につき1通ずつ添付すること。）。
  c 「氏名又は名称」欄については、法人の場合には、法人の名称及び代表者の役職氏名を記載すること（法第27条の30の5第1項の規定により当該報告書を書面で提出する場合には、併せて代表者印を押印すること。）。
  d 報告書の提出者が非居住者（外国為替及び外国貿易法第6条第1項第6号に規定する非居住者をいう。以下この様式及び第四号様式において同じ。）の場合には、原語名を括弧内に記載すること。
(4) 報告義務発生日
大量保有報告書にあっては大量保有者となった日を、変更報告書にあっては当該変更報告書に記載すべき変更があった日を記載すること。
(5) 提出形態
報告書の提出者が共同保有者全員（変更報告書については、共同保有者のうち、前回提出の報告書から記載事項に一切の変更がない者を除く。）の委任を受けて当該提出者及び当該共同保有者全員の報告書を一つにまとめて提出する場合には「連名」と記載し、それ以外の場合には「その他」と記載すること。
(6) 変更報告書提出事由
提出書類が変更報告書である場合には、変更報告書を提出する義務が生じることとなった変更事由を、例えば「株券等保有割合が1％以上増加したこと」などと記載すること
(7) 発行者に関する事項

a　「証券コード」欄には、証券コード協議会の証券コードを記載すること。
　　b　「上場・店頭の別」欄には、「上場」又は「店頭」のいずれかを記載し、「上場金融商品取引所」欄には、上場しているすべての金融商品取引所の名称を記載すること。
⑻　提出者（大量保有者）／1
　　報告書の提出者が、共同保有者全員の委任を受けて当該提出者及び当該共同保有者全員の報告書を一つにまとめて提出する場合には、当該提出者の株券等の保有状況を「1　提出者（大量保有者）／1」とし、当該共同保有者の株券等の保有状況を順に「2　提出者（大量保有者）／2」、「3　提出者（大量保有者）／3」と通し番号を付して記載すること。
⑼　提出者の概要
　　a　「個人・法人の別」欄には、個人の場合には「個人」と記載し、法人の場合には「法人（　）」として括弧内に「株式会社」、「有限会社」、「合名会社」、「合資会社」等具体的な会社形態を記載すること。組合（民法（明治29年法律第89号）第667条に規定する組合その他の法人格を有しない組合をいう。以下⑼及び⒁において同じ。）又は社団等の場合には、当該組合又は社団等を保有者として提出せず、株券等を所有し、又は法第27条の23第3項各号に規定する者に該当する業務執行組合員等（明示又は黙示の合意又は契約に基づき、形式的な業務執行組合員等とは別に当該株券等に係る処分権限を有する者がいる場合には当該者を含む。）を保有者として提出すること。また、この場合、その旨を報告書の「⑹　当該株券等に関する担保契約等重要な契約」欄に記載すること。
　　b　報告書の提出者が非居住者の場合には、「氏名又は名称」欄に、原語名を括弧書すること。
　　c　提出者の氏名若しくは名称又は住所若しくは本店所在地の変更に係る変更報告書を提出する場合には、「旧氏名又は名称」及び「旧住所又は本店所在地」欄に、変更前の氏名若しくは名称又は住所若しくは本店所在地を記載すること。
　　d　提出者が個人の場合は「②　個人の場合」欄に、法人の場合は「③　法人の場合」欄にそれぞれ記載すること。
　　e　「設立年月日」欄には、法人設立の登記年月日を記載すること。
　　f　「事業内容」欄には、報告書の提出義務が発生した日現在の当該法人の定款等に記載された主要な目的を記載すること。⑽　保有目的
「純投資」、「政策投資」、「重要提案好意等を行うこと」等の目的及びその内容について、できる限り具体的に記載すること。複数ある場合にはそのすべてを記載すること。
⑾　重要提案行為等
　　第11条第1号から第4号までに掲げる者が重要提案行為等を行うことを株券等の保有の目的としているために本様式を使用する場合には、重要提案行為等を行う予定である旨を記載すること。
⑿　上記提出者の保有株券等の内訳
　　a　保有株券等の内訳は、その日の取引がすべて終了した後に提出者が保有する株券等の状況により記載すること。その場合、株券については株式の数を、株券以外のものについては株式に換算した数を記載すること。ただし、株券以外のもの

41

Ⅱ　大量保有報告制度

　　　については、新株予約権の行使又は転換の請求をすることができる期間を経過しているものは、保有する株券等の数には含めないで記載すること。
　　　なお、発行者において株式分割等を行っており、効力が発生していない場合において、権利落日から効力発生日までの間に本報告義務が発生した場合には、保有株券等の数は権利落日に増加するものとみなして保有株券等の数を記入することとする。
　b　「法第 27 条の 23 第 3 項第 1 号」欄には、自己又は他人（仮設人を含む。）の名義をもって所有する株券等（売買その他の契約に基づき、引渡請求権を有する株券等を含む。）の数を記載すること。
　c　「法第 27 条の 23 第 3 項第 1 号」欄には、金銭の信託契約その他の契約又は法律の規定に基づき、株券等の発行者の株主としての議決権その他の権利を行使することができる権限又は議決権その他の権利の行使について指図を行うことができる権限を有する株券（所有権又は投資をするのに必要な権限を有するものを除く。）であって、当外発行者の事業活動を支配する目的をもって保有するものの数を記載すること。
　d　「法第 27 条の 23 第 3 項第 2 号」欄には、投資一任契約その他の契約又は法律の規定に基づき、投資をするのに必要な権限を有する株券等（所有権を有するものを除く。）の数を記載すること。
　e　「発行済株式等総数」欄には、原則として、報告義務が発生した日の発行済株式等総数を記載すること。ただし、これが分からない場合には、直前期の有価証券報告書又は四半期報告書若しくは半期報告書、直近の商業登記簿等に記載された発行済株式等総数を記載しても差し支えない。
　　　なお、発行者において株式分割等を行っており、効力が発生していない場合において、権利落日から効力発生日までの間に本報告義務が発生した場合には、発行済株式等総数は権利落日に増加するものとみなして発行済株式等総数を記入することとする。
　f　「上記提出者の株券等保有割合」欄には、小数点以下 3 桁を四捨五入して小数点以下 2 桁まで算出した割合を記載すること。
　g　変更報告書を提出する場合には、「直前の報告書に記載された株券等保有割合」欄に、当該変更報告書の直前の報告書に記載された株券等保有割合を記載すること。
　h　信託業を営む者が信託契約に基づいて株券等を保有する場合に、当該信託業を営む者が法第 27 条の 23 第 3 項本文及び同項第 1 号に該当するとき、又は同項本文及び同項第 2 号に該当するときは、それぞれ、「法第 27 条の 23 第 3 項本文」欄ではなく、「法第 27 条の 23 第 3 項第 1 号」欄又は「法第 27 条の 23 第 3 項第 2 号」欄に記載すること。
　i　新株の発行に際しては、当該株券の効力が生ずるまでの間は、その発行に係る株券は未だ保有していないものとみなして保有株券等の数を記載することができる。
　j　現在は発行者以外の者が発行者である株券等であっても、取得の請求の結果、対価として交付される株券等が対象者の発行する株券等である旨の定めがなされている場合には、当該交付される株券等の数を「他社株等転換株券」欄に記載す

ること。
k 信用取引において、顧客（金融商品取引業者（第4条第3号に規定する金融商品取引業者をいう。以下この号において同じ。）を含む。）が金融商品取引業者から株券の貸付けを受けたことにより、当該金融商品取引業者に対して返還義務を有する場合には、当該借入株券の数に相当する数を「信用取引により譲渡したことにより控除する株券等の数」欄に記載すること。ただし、「共同保有者間で引渡請求権等の権利が存在するものとして控除する株券等の数」欄において記載すべき数を除く。
l 法第27条の23第4項の規定により保有者及び共同保有者の間で引渡請求権その他の令第14条の6の2各号で定める権利が存在する株券等がある場合には、当該株券等の数を「共同保有者間で引渡請求権等の権利が存在するものとして控除する株券等の数」欄に記載すること。
m 株券等を共有（民法第249条に規定する共有をいう。以下この号及び(14)において同じ。）により保有する場合は、共有持分を自分の所有として記載すること。また、共有者は、原則として、共同保有者に該当することとなるので、共有者の共有持分は共同保有者の保有株券等として記載すること。ただし、共有により保有する株券等について、議決権の行使権限若しくはその指図権限又は投資権限を委任されているような場合は、その分は自己保有分として記載すること。
n 相続財産については、相続人が一人の場合は、相続人は、単純承認又は限定承認により相続が確定するまでの間は、当該相続財産に属する株券等を未だ保有していないものとみなして保有株券等の数を記載することができる。また、相続人が数人いる場合は、相続人は、相続財産に属する株券等に係る遺産分割が了しない間は当該株券等を未だ保有していないものとみなして保有株券等の数を記載することができる。

(13) 当該株券等の発行者の発行する株券等に関する最近60日間の取得又は処分の状況
a 報告義務が発生した日の60日前の日の翌日以後、報告義務が発生した日までの間の株券等の取得又は処分の状況について記載すること。この場合、1日に市場内取引及び市場外取引（相対取引及び立会外取引を含む。）を行ったときは、市場内取引と市場外取引の別にそれぞれ1日分を合算し、更に1日に2回以上取得又は処分を行ったときは、取得又は処分のそれぞれ1日分を合算し、単価の欄については平均の単価を記載すること。ただし、市場内取引については単価を記載することを要しない。
　平成2年12月1日より前の株券等の取得又は処分の状況については、記載することを要しない。
b 「株券等の種類」欄には、株券、新株予約権証券、新株予約権付社債券等の別を記載し、株券等に種類の別がある場合には、その別を記載すること。なお、旧新株引受権証券等（商法等の一部を改正する法律の施行に伴う関係法律の整備に関する法律（平成13年法律第129号）第19条第3項の規定により新株予約権証券とみなされる新株引受権証券又は同条第2項の規定により新株予約権付社債とみなされる転換社債若しくは新株引受権付社債をいう。第二号様式の記載上の注意bにおいて同じ。）がある場合には、その旨を注記すること。

Ⅱ　大量保有報告制度

　　　c　「数量」欄には、取得し、又は処分した株券等の数量を記載すること。
　　　d　「割合」欄には、「数量」欄に記載した株券等の数量を「(4)　上記提出者の保
　　　　有株券等の内訳」の保有潜在株式の数と発行済株式等総数の合計で除して得た割
　　　　合を記載すること。
　　　e　「取得又は処分の別」欄には、「取得」又は「処分」のいずれかを記載するこ
　　　　と。
　　　f　「単価」欄には、売買により株券等を取得し、又は処分した場合には、売買単
　　　　価を記載すること。ただし、金融商品市場内における売買取引又は店頭売買有価
　　　　証券の店頭売買取引によって取得し、又は処分した場合には、この欄の記載を要
　　　　しない。贈与、相続、代物弁済、交換、無償交付等売買以外の方法により株券等
　　　　を取得し、又は処分した場合にはその旨記載すること。
　(14)　当該株券等に関する担保契約等重要な契約
　　　保有株券等に関する賃借契約、担保契約、売戻し契約，売り予約その他の重要な
　　契約又は、取決めがある場合には、その契約の種類、契約の相手方、契約の対象と
　　なっている株券等の数量等当該契約又は取決めの内容を記載すること。株券等を組
　　合又は社団等の業務執行組合員等として保有している場合、共有している場合等に
　　は、その旨記載すること。
　(15)　保有株券等の取得資金
　　　a　取得資金の内訳
　　　　　報告義務が発生した日に保有する株券等を取得する際に要した資金（累計）の
　　　　内訳及び合計を記載すること。「上記(W)の内訳」欄には、贈与、相続、代物弁
　　　　済、交換、無償交付等具体的な取得原因を記載すること。ただし、平成２年12
　　　　月１日より前に取得された株券等に係る取得資金については、記載することを要
　　　　しない。
　　　b　借入金の内訳
　　　　「①　取得資金の内訳」欄に記載した借入金の内訳について記載すること。
　　　　「業種」欄には、「銀行」、「その他の金融機関」（令第１条の９に規定する金融機
　　　　関をいう。以下この様式において同じ。）、「貸金業者」、「リース会社」、「商社」、
　　　　「個人」等具体的に記載すること。
　　　　「借入目的」欄には、取得資金が銀行又はその他の金融機関（以下この様式にお
　　　　いて「銀行等」という。）からの借入金である場合において、借入れを行った際
　　　　に当該借入れを株券等の取得資金に充てることを当該銀行等に対して明らかにし
　　　　なかった場合には「１」を記載し、明らかにした場合及び取得資金が銀行等以外
　　　　からの借入金である場合には「２」を記載すること。「１」を記載した場合には、
　　　　その借入金の借入先については、「②　借入金の内訳」の「名称（支店名）」、「代
　　　　表者氏名」及び「所在地」欄に記載せず、「③　借入先の名称等」の「名称（支
　　　　店名）」、「代表者氏名」及び「所在地」欄に記載すること。
　　　c　借入先の名称等
　　　　　この欄には、「②　借入金の内訳」において「１」を記載した借入金について、
　　　　その借入先の「名称（支店名）」、「代表者氏名」及び「所在地」を記載すること。
　　　　なお、法第27条の30の５第１項の規定により報告者が報告書の写しを金融商品
　　　　取引所又は認可金融商品取引業協会及び発行者に送付する際には、本欄を削除し

て送付すること。訂正報告書についても同様とすること。
⒃　共同保有者に関する事項
　　報告書の提出者が共同保有者全員の委任を受けて当該提出者及び当該共同保有者全員の報告書を一つにまとめて提出する場合には、「第3　共同保有者に関する事項」の下に「該当事項なし」と記載し、「1　共同保有者／1」については記載することを要しない。
⒄　共同保有者／1
　　各共同保有者の株券等の保有状況について別々に記載し、順に「1　共同保有者／1」、「2　共同保有者／2」と通し番号を付して記載すること。
⒅　共同保有者の概要
　　共同保有者がいる場合に、提出者が了知している範囲で、「第2　提出者に関する事項」の「⑴　提出者の概要」に準じて記載すること。
⒆　上記共同保有者の保有株券等の内訳
　　共同保有者がいる場合に、提出者が了知している範囲で、「第2　提出者に関する事項」の「⑷　上記提出者の保有株券等の内訳」に準じて記載すること。
⒇　提出者及び共同保有者
　　共同保有者（変更報告書を提出する場合において、変動等がないことにより提出しない者を含む。）がいる場合に、提出者及び共同保有者の氏名又は名称のみを記載すること（提出者及び共同保有者が非居住者の場合には、原語名を括弧内に記載すること。）。
㉑　上記提出者及び共同保有者の保有株券等の内訳
　　共同保有者がいる場合に、提出者及び共同保有者の保有株券等の数を合計して、「第2　提出者に関する事項」の「⑷　上記提出者の保有株券等の内訳」に準じて記載すること。
㉒　共同保有における株券等保有割合の内訳
　　前回提出の報告書から記載事項に一切の変更がない共同保有者に係る保有株券等の数（総数）及び株券等保有割合についても記載すること。

Ⅱ 大量保有報告制度

6 変更報告書

　大量保有者となった日の後に株券等保有割合が、1％以上増加又は減少した場合その他の大量保有報告書に記載すべき重要な事項の変更があった場合には、5日以内に当該変更に係る変更報告書を提出しなければならない（法27条の25第1項）。

　「重要な事項の変更」とは、大量保有報告書または変更報告書に記載すべき内容に係る変更のうち、政令14条の7の2第1項各号に定めるもの以外のものである。除外されるのは、単体株券等保有割合が100分の1未満の保有者が新たに共同保有者となったり、共同保有者からはずれた場合など（その他大量保有府令9条の2第2項に定める場合）である。

　逆に重要な事項の変更にあたりうるのは、それ以外の変更、例えば、1％以上の株券等保有割合の変更、保有目的の変更、保有株券の内訳の変更、株券等に関する重要な契約の変更（大量保有府令9条の2に定める軽微なものを除く）、共同保有者の変更などである。

　短期大量譲渡に該当する場合には、譲渡の相手方及び対価に関する事項についても変更報告書に記載しなければならない（法27条の25第2項）。短期大量譲渡とは、株券等の保有割合が、譲渡日の前60日間を基礎として提出した報告書及び60日前より前の直近の報告書に記載され又は記載すべきであった最も高い数値の2分の1未満となり、かつ、当該最も高いものより5％を超えて減少した場合である（政令14条の8）。「提出」を基準に表現しているのでわかりにくくなっているが、要するに、基本的には過去60日間の保有状況で最も多かった保有割合を基準とするという意味である。

　この短期大量譲渡の特例は、株式の買集めが高値肩代わり等で終了した場合には、株価が急激に下落するなどして一般投資者にとって不利な結果となることが考えられ、またしばしばそのような肩代わりは市場外で行われるという特殊性があることに鑑みて、一般投資者にも肩代わりが行われたのかどうかわか

るように特別の開示事項を定めたものである（証券取引審議会報告書）。

短期大量譲渡に該当する場合には、第1号様式の第1、(5)取得処分の状況に代えて、第2号様式を使用する（大量保有府令10条）。

7　特例報告
(1)　趣旨

大量保有報告制度においては、機関投資家などのために、特例報告の制度が用意されている（法27条の26）。機関投資家は、日々大量の有価証券取引を行っており、5％ルールをそのまま適用した場合、毎日、上場等しているすべての銘柄について5％を超えていないかどうか、また1％以上の増減がないかどうか等を調べて、該当するものがあれば報告書を提出するとすると、膨大な手間を要することになってしまう。また機関投資家は会社支配に影響を与える意図で大量の株式を保有するということもあまり想定されなかった。そこでアメリカなどの制度を参考に、機関投資家向けに簡素な手続きである特例報告の制度を作ったものである（証券取引審議会報告書）。

(2)　適用される株券等

特例報告制度は、資格を有する機関投資家の保有する株券等一般についてこれを適用するという人的特例の制度ではなく、株券等単位で特例報告を認めるかどうかを判断する。

特例報告が認められる株券等は、
　①金融商品取引業者、銀行その他の内閣府令で定める者が保有する株券等であること
　②当該株券等の発行者の事業活動に重大な変更を加え、又は重大な影響を及ぼす行為として政令で定める行為（重要提案行為等）を行うことを目的としないものであること

Ⅱ 大量保有報告制度

である。日常的に多数の取引をするため手続を簡素化するという目的と、会社の経営支配に影響を与えないものだから情報開示を簡素化しても法の趣旨に反しないという二つの理由を反映している。なお、国等が保有する株券等についても特例の適用がある（大量保有府令14条）。

まず①については、特例報告が認められる保有者は、以下の通りである（大量保有府令11条）。

①第1種金融商品取引業者（有価証券関連業に該当するものに限る。⑥において同じ。）又は投資運用業者

②銀行

③一定の信託会社

④保険会社

⑤農林中央金庫及び商工組合中央金庫

⑥外国の法令に基づいて第1種金融商品取引業等を営む者

⑦銀行等保有株式取得機構および預金保険機構

⑧前各号の者（金融商品取引業者等）の共同保有者

①は、いわば証券会社、証券業のことである。第1種金融商品取引業には、有価証券の売買・媒介、引受け、PTS業、有価証券等管理業務などが含まれるが（法28条1項）、そのうち、有価証券の売買・媒介等、引受け、売出し・募集の取扱いなどの有価証券関連業（同条8項）に限定している。

⑧で共同保有者が適用対象となっているのは、共同保有者の側で一般報告義務が生じてしまうと、結局その報告のためにみな保有状況を常に管理しなければならなくなってしまうからである[24]。ただし、共同保有者の保有割合が1%を超えると特例報告にはよれない（大量保有府令13条1号）。

---

24) 吉田英都「株券等の大量保有の状況に関する開示制度の概要（下）」旬刊商事法務1240号12頁

次に②については、重要提案行為等とは、「発行者又はその子会社に係る次の各号に掲げる事項を、その株主総会若しくは投資主総会または役員に対して提案する行為」である（政令14条の8の2第1項、大量保有府令16条）。

1．重要な財産の処分又は譲受け
2．多額の借財
3．代表取締役の選定又は解職
4．役員の構成の重要な変更（役員の数又は任期に係る重要な変更を含む。）
5．支配人その他の重要な使用人の選任又は解任
6．支店その他の重要な組織の設置、変更又は廃止
7．株式交換、株式移転、会社の分割又は合併
8．事業の全部又は一部の譲渡、譲受け、休止又は廃止
9．配当に関する方針の重要な変更
10．資本金の増加又は減少に関する方針の重要な変更
11．その発行する有価証券の取引所有価証券市場における上場の廃止又は店頭売買有価証券市場における登録の取消し
12．その発行する有価証券の取引所有価証券市場への上場又は店頭売買有価証券登録原簿への登録
13．その他前各号に準ずるものとして内閣府令で定める事項
　①資本政策に関する重要な変更（重複を避けるため前掲10号に掲げるものは除かれている）
　②解散（合併による解散を除く。）
　③破産手続開始、再生手続開始又は更生手続開始の申立て

　「役員」とは、業務を執行する社員、取締役、執行役、会計参与、監査役又はこれらに準ずる者をいい、相談役、顧問その他いかなる名称を有する者であるかを問わず、法人に対し業務を執行する社員、取締役、執行役、会計参与、

II　大量保有報告制度

監査役又はこれらに準ずる者と同等以上の支配力を有するものと認められる者を含む（政令14条の8の2）。

列挙事項には「重要な」という言葉が連発されている。そのためその判断は困難である。機関投資家側から見ると、うっかりこれに該当してしまうと特例報告が認められなくなる。重要提案行為等ではないと判断していても、後から該当するといわれれば、一般報告を怠っていたことになってしまう。したがって謙抑的に判断するほかないであろう。

ここでは、発行者又はその子会社に係る上記列挙事項について、株主総会等または役員に対して「提案」する行為であるとされている。そのため、投資家側が主体的に何らかの案を提供し、その採用ないし検討を求める意思表示が含まれることが必要となろう。また、立法担当者によれば、「発行者の事業活動に重大な変更を加える、または重大な影響を及ぼすことを目的とすることが必要」で、したがって「発行者の主体的な経営方針にかかわりなく、他律的な影響力を行使する行為が該当する」とする[25]。例えば、発行者から意見を求められて単に意見を開示しただけの場合は、「提案」には該当しない可能性が高い。発行者が主体的に設定した決算説明会やIR説明会等での投資家の発言も質疑の一環に過ぎないから「提案」には該当しにくいであろう[26]。

また特例報告が適用できるのは、提案を行うことを保有の目的としていない場合である。提案をしたかどうかではなく、目的としているかどうかである。まだ提案をしていなくても、提案の目的があれば、特例報告は利用できない。

列挙事項の中では、多くのものはその内容は会社法362条などでも登場してくる言葉で、それほど不明確ではないと思われる。ただし、大量保有府令16条1号の「資本政策に関する重要な変更」というのは何を指すのか、実務的に

---

[25]　大来・前掲12頁
[26]　参考：池田ほか前掲210頁

は判断が難しそうである[27]。「資本政策」というのは、特に法律用語ではない。株主構成に関する事項、特に大株主の構成に関する事項もあたる可能性があるし、「個人投資家」、「外国人投資家」、「法人株主」といったような投資家の種類ごとの保有構成に関する事項も含まれる可能性がある。株式の発行・処分、自己株式の取得、ストック・オプションといったような事項も含まれうる。会計上の資本・負債比率の構成に関する事項も含まれる可能性がある。子会社に関するこれらの事項も含まれる（政令14条の8の2第1項本文）。そうなると株主に関する事項、資金の調達・返戻に関する事項、買収防衛策に関する事項、グループ構成に関する事項等、相当広汎に該当する可能性がある。注意を要する事項である。

一方、列挙事項の中には「その他重要な事項」といったバスケット条項は定められていない。これは罰則付きの報告義務に関する要件であるから、そのような曖昧な要件を定めることはできなかったものと思われる。大量保有者側としては歓迎であろうが、想定していない事項が起きれば漏れる可能性があることになる。

重要提案行為等の定めに関しては、投資家サイドからはアナリストやファンド・マネージャーなどの活動を不当に制約するものという批判もある。しかし1銘柄に5％以上投資しており、かつ発行者と接触も持つような状況というのはそれほど多くはないであろう。そうであればその銘柄について一般報告をするとしても、それほど管理の手間が煩雑ということでもないのではないかと思われる。

(3) 特例報告の方法

特例報告は、まずそれを希望する機関投資家は、内閣総理大臣（財務局長）

---

[27] 参考：寺田ほか・前掲72頁以下

Ⅱ　大量保有報告制度

に基準日の届出をしなければならない（法27条の26第1項）。届出をしていないと特例報告によることはできない。

　基準日は、第2月曜日と第4月曜日（第5月曜日があれば第5月曜日を含む）とするか、または15日と月末日（これらの日が土日にあたる場合は前金曜日とする[28]）とするかである（同条3項、政令14条の8の2第2項）。選択して届け出る。平成18年改正によって、3ヶ月に一度であった基準日が大幅に増加された。

　特例報告は、株券等保有割合が10％を超えた場合には適用されない（法27条の26第1項、府令12条）。したがって、5％超から10％以下の場合にだけ特例報告が可能になる。

　特例報告は、基準日時点の株券等保有割合によって報告義務の有無を判断する。これは一般報告とまったく違う手法であるので、注意が必要である。

　一般報告の場合には、日々間断なく保有状況をチェックし、5％を超えたら報告義務が生じ、そこから1％増減したり、報告書の記載内容に変更が生じたりすれば、また報告義務が生じる。そのような継続的な保有状況を表す制度である。

　しかし特例報告の場合は、設定された基準日時点の保有割合だけで判断する。継続的な保有状況を反映するのではなく、いわば基準日時点のフラッシュ的な開示である。基準日と基準日の間でどれだけ保有割合が変動したかは問わないし（もちろん10％を超えれば一般報告になるが）、明らかにもされない。基準日だけで判断することとすることにより、事務管理の手間が簡素化されるわけである。

　なお、共同保有者が1％超の株券等を保有している場合には、特例報告は利

---

[28]　当該金曜日が国民の祝日であっても当該金曜日が基準日となる（金融庁平成18年12月13日「コメントの概要とコメントに対する金融庁の考え方」92項）。

用できない（大量保有府令13条1号）。共同保有者を利用して大量の株券等を保有することになると、特例報告を認める趣旨を逸脱することになるからである。

　基準日において株券等保有割合が初めて5%を超えた場合には、5日以内に大量保有報告書を提出する（法27条の26第1項）。

　その後の基準日において、1%以上増減があった場合には、5日以内に変更報告書を提出する（同条2項）。

　また10%以上保有していたため一般報告によっていたものが、10%を下回って特例対象株券等となった場合には、特例対象株券等になった日から5日以内に変更報告書を提出する（同条2項3号）。これは一般報告である[29]。ただし、直近の報告書から1%以上減少した場合に限られる（府令13条2号）。特例報告になると基準日時点の開示しか行われなくなるが、一般報告から特例報告に変わったときに開示をさせないと、減少した事実の開示が遅れることになるからである。

　逆に10%を超えた場合には、特例報告の対象からはずれ、一般報告をしなければならない。

　株券等保有割合が5%を超えることとなった日から特例報告の提出期限までに重要提案行為等を行おうとするときは、その5日前までに大量保有報告書を提出しなければならない（法27条の26第4項）。これは第1号様式による（大量保有府令2条）。

　大量保有報告書又は変更報告書を提出した後に株券等所有割合が1%以上増加した日から特例報告の提出期限までに重要提案行為等を行おうとするときは、その5日前までに変更報告書を提出しなければならない（法27条の26第5項）。これも第1号様式による（大量保有府令8条）。

29）　池田ほか・前掲207頁

Ⅱ　大量保有報告制度

　いずれも特例報告制度があるが故に株券等保有割合が開示されないうちに重要提案行為等が行われるのを避ける趣旨である[30]。

　特例報告によっていた者が保有目的を変更して重要提案行為等を行うことが目的となった場合には、一般報告により、変更した日から5営業日以内に変更報告書を提出しなければならない（法27条の25）。

　特例報告による場合には、大量保有報告書及び変更報告書の記載事項は簡略化されている（府令15条、第3号様式）。最近の取引状況や取得資金の内訳などは省略されている。

8　報告書の公衆縦覧

　大量保有報告書及び変更報告書並びにこれらの訂正報告書（「縦覧書類」という）は、内閣総理大臣により、公衆の縦覧に供される（法27条の28第1項）。縦覧期間は受理した日から5年間である。金融商品取引所等も、送付されたこれらの書類の写しを事務所に備置し、写しの送付を受けた日から5年間公衆の縦覧に供する（同条2項）。なお、取得資金の借入先金融機関名の開示については特則があり、報告書の提出者が当該銀行等からの借入れを行った際に当該借入れを当該報告書に係る株券等の取得資金に充てることを当該銀行等に対して明らかにし、かつその旨報告書に記載した場合を除き、当外銀行等の名称を公衆の縦覧に供しないこととされている（同条3項、大量保有府令22条）。

　平成20年改正金商法では、内閣総理大臣は、訂正報告書の提出命令をする場合には、縦覧書類の全部又は一部を公衆の縦覧に供しないことができることとされた（法27条の28第4項）。これはいわゆるテラメント事件を契機にしたものである（平成20年2月19日「EDINET運用改善に関する論点整理」）。

---

[30]　大来・前掲12頁

9　報告の聴取と検査

　内閣総理大臣は、公益又は投資者保護のため必要かつ適当であると認めるときは、大量保有報告書を提出した者もしくは提出すべきであると思われる者もしくはこれらの共同保有者その他の関係者もしくは参考人に対し参考となるべき報告もしくは資料の提出を命じ、又は当該職員をしてその者の帳簿書類その他の物件を検査させることができる（法27条の30第1項。平成20年改正）。

　内閣総理大臣は、公益又は投資者保護のため必要かつ適当であると認めるときは、大量保有報告書に係る株券等の発行者である会社又は参考人に対し、参考となるべき報告又は資料の提出を命ずることができる（同条2項）。

　内閣総理大臣は、大量保有報告書又は変更報告書（自発的に提出した訂正報告書を含む）に、形式上の不備があるとき、又は書類に記載すべき重要な事項の記載が不十分であると認めるときは、提出者に対して訂正報告書の提出を命ずることができる（法27条の29、法9条1項）。また大量保有報告書等に、重要な事項について虚偽の記載があるとき、又は記載すべき重要な事項もしくは誤解を生じさせないために必要な重要な事実の記載が欠けていることを発見したときは、提出者に対して訂正報告書の提出を命ずることができる（法27条の29、法10条1項）。内閣総理大臣は、命令を出すにあたっては、聴聞を行わなければならない（法10条1項）。

10　罰則等

　大量保有報告制度に関する罰則には、以下のようなものがある。

⑴　大量保有報告書及び変更報告書の不提出

　大量保有報告書及び変更報告書の不提出については、5年以下の懲役もしくは500万円以下の罰金又はその併科とされる（法197条の2第5号）。法人に対しては、5億円以下の罰金とされる（法207条）。

Ⅱ　大量保有報告制度

(2)　大量保有報告書及び変更報告書の虚偽記載

　大量保有報告書及び変更報告書において、重要な事項につき虚偽の記載のあるものを提出した場合は、5年以下の懲役もしくは500万円以下の罰金又はその併科とされる（法197条の2第6号）。法人に対しては、5億円以下の罰金とされる（法207条）。

　大量保有報告書の不提出及び虚偽の大量保有報告書の提出の事例としては、いわゆる東天紅事件[31]がある。

(3)　その他

　以上のほか、大量保有報告書及び変更報告書の写しを発行者等に送付するにあたって、重要な事項につき虚偽があり、かつ写しの元となった書類と異なる内容の記載をした書類をその写しとして送付した者に対する罰則（法200条11号）等がある。

(4)　課徴金

　平成20年改正により、大量保有報告書又は変更報告書を提出しない場合、及び同報告書又は訂正報告書で重要な事項につき虚偽の記載又は記載すべき重要な事項の記載が欠けているものを提出した場合には、課徴金の納付を命じられることになった（法172条の7、172条の8）。

　同改正では、過去5年間に課徴金の対象となった者が、再度違反した場合には、課徴金の額が1.5倍になる（法185条の7第13項）。また、逆に当局の調査前に大量保有報告書の不提出等の違反行為を報告した場合には、課徴金の額は半額になる（法185条の7第12項）。

　大量保有報告書制度は、従来法の定める通りに守られていない例が多いとされており、この改正によって正常に運用されることが期待される。

---

[31]　東京地裁平成14年11月8日判決判例時報1828号142頁、松井秀征「株券等大量保有開示規制違反および風説流布の罪」ジュリスト1279号147頁

Ⅲ　公開買付制度

一　公開買付制度の趣旨

1　公開買付制度の経緯

　公開買付けというのは、広く公衆に対して株式等の買付けの申し出をする方法によって買付けを行う方法をいう。日本では、金商法27条の2以下の規定に従ってする株券等の買付けのことをいう。その定義は同法27条の2第6項にあり、「不特定かつ多数の者に対し、公告により株券等の買付け等の申込み又は売付け等の申込みの勧誘を行い、取引所金融商品市場外で株券等の買付け等を行うこと」とされている。

　広く買付けを行うことによって、買付者は効率的に多量の株券等の買付けが可能になり、投資者の側も売付けの機会を得ることができる。市場取引と比較すれば、価格も自分が提案した価格であるし、買付けに必要な期間も明確である。一定数量に達しなければ全部買わないこととすることも可能である。そのため企業の支配権の取得のために諸外国ではしばしば使われているし、日本でも最近広く使われるようになってきている。

　日本の証券取引法に公開買付けの制度が初めて規定されたのは、1971年の改正である。アメリカでは1968年のウィリアムズ法で定められ、イギリスでは1959年のシティ・ノートや1968年のシティ・コード等によっているから、日本の法整備もそれほど後れをとったわけではない。ただし、その後永らく公開買付けの制度はほとんど利用されてこなかった。

　日本の証券市場は、その後急成長を遂げ、昭和の終わり頃には時価総額で東

Ⅲ　公開買付制度

証がニューヨーク市場を上回るような状況を迎えた。そのため市場の法的整備も急務となった。昭和63年の証取法改正ではインサイダー取引規制が導入され、平成2年の改正では大量保有報告制度が導入されることとなった。この大量保有報告制度の導入を機に、公開買付制度も大幅な改正をすることとなった。改正の直接の契機は、大量保有報告制度で5％以上の保有に対して開示義務が導入されるのに合わせて、公開買付けも、従来10％以上の株式の取得の場合に適用される制度であったものを5％に引き下げることにあった。

　ただし、背景には、公開買付制度が使いにくいものであり外資にとって参入障壁となっているとの批判があり、日米構造協議の中間報告（平成2年4月）で公開買付制度の改正が約束されたという事情もあった。

　この平成2年の改正で、いわゆる3分の1ルールと呼ばれる義務的公開買付制度が導入されている。この制度を巡って、金商法が公開買付規制を定めている目的について、解釈が大いに分かれるに至っている。

2　義務的公開買付制度と公開買付規制の目的

　金商法が公開買付けに関する規制を置いている目的については、通常は、投資家に対する情報開示と公平な取扱いのためであると説明されている。しかし現在、この趣旨を巡って学説が分かれている。何故3分の1ルールが定められているのか、よくわからないのである。

　当初昭和46年証取法改正で公開買付制度が導入されたとき、その時代背景には外資による日本企業買収のリスクというものがあった。当時は公開買付けに関して何も法規制がなかったので、そのような中で公開買付けが行われれば、市場が混乱すると考えられた。そこで証券市場の秩序維持（混乱の回避）と投資者の保護ということが立法目的に挙げられた。経済界は買収防衛策としての機能を期待していたが、立法当局は、買収に関しては中立的立場を守るとして

いた。ただし国会における審議でも、政府委員は、外国からのオファーがなされることを想定して立法している旨答弁しているし、実際には外資による公開買付けを抑止する効果があったと思われる。

　このときの規制内容は、公開買付けの事前届出制と、公開買付け説明書の交付義務、買付価格の平等、申込の撤回権（解除権）の法定、買付期間の制限、別途買付けの禁止などであった。

　事前届出制や公開買付け説明書の交付は、情報開示の制度である。もしこのような開示制度がないところで、広く投資家に対して買付けの申込がなされた場合を考えると、その情報を入手できない投資家も出るであろうし、正確で詳細な買付け条件なども確認できないことがあるかも知れない。投資家が適切な判断をするためには、このような情報開示制度は必要である。公開買付けの条件等以外には、公開買付者の状況や公開買付けの目的、対象会社との合意の有無・内容なども開示される。投資家としては、公開買付けに応じて売却するか、それとも応じないでその会社の株主として残るかの判断を迫られているから、残った場合にどのような経営が行われるのかということも知る必要がある。この開示は、有価証券の発行者による開示のように、現在の有価証券の価値の判断のための情報開示というものとも異なる。

　立法担当者の説明によると、別途買付け禁止は、株主平等の観点からの規制である。買付け条件の規制の趣旨は、公開買付けというのは、市場において取引条件が決まるのではなく、公開買付者の一方的な提案によるものであって、応募する投資家から見ると、契約約款的な性格を有している。その条件を受け入れるかどうかの選択しかできない。そのため市場取引のように自治規則でその適正化が図られているものではなく、公開買付者が自らに有利な内容を定めるおそれがある。そこで投資者保護のため、一定の買付け条件の規制を行った

Ⅲ　公開買付制度

とのことである[1]。また応募数が買付け数を上回った場合には、按分比例にしなければならないこととしているが、これは先着順を排除して、投資家が十分考慮する時間を確保するためである。先着順になると、判断を急かされることになり、十分な検討ができない。

　その後、平成2年の改正で、いわゆる3分の1ルールが導入された。その趣旨は、市場外取引については、ともすれば不透明で一般株主に不公平な取引と見られがちであるから、あらかじめディスクローズして広く一般にオファーさせ、売付等の機会をすべての株主に平等に保証することが必要と考えられたからという[2]。そして相対取引による少数の者からの買付けであっても、対象会社の支配権に異動が生じるような場合には、一般株主にも著しい影響を及ぼすことになるため、保有割合が3分の1以上となる買付けについては公開買付けを義務づけたとされる。

　この趣旨を、支配プレミアムの公平な分配のための制度と見るのが従来の学説である。支配プレミアムとは、例えば51％の株式が集まると、その会社の支配権を取得することができる。そのため、その51％の株式には超過的な価値が生まれる。例えば発行済み株式が100株、時価総額が100億円の会社であれば、普通は1株1億円であるが、51株が集まると、その価値は51億円ではなく、60億円とか、70億円になるかも知れない。この場合、会社の価値の総額（100億円）は不変であるから、結局少数派株式の価値が支配株式に移転したと見ることができる。その支配株式を売却するときに公開買付けを義務づければ、買主はその価格で支配株式の売主だけではなく、他の少数派株主からも按分比例で買わなければならなくなる。少数派の株主もその支配プレミアムの配分に参加できるというわけである。仮に全株を買い付けても良いという条件

---

1)　松川隆志「有価証券の公開買付けの届出制度」旬刊商事法務556号2頁
2)　内藤純一「株式公開買付制度の改正」旬刊商事法務1208号5頁

にすれば、買付価格は全株取得の価格ということになり、支配プレミアムはなくなることを意味する。

なお、支配権の移動を伴う取引の場合、買付価格は市場価格を上回ることが多いが、そのプレミアムというのは、上記の支配プレミアムであることもあるが、それとは別に、事業統合により生じるシナジー効果の配分のためのプレミアムであることもある。その場合には、対象会社の価値の総額が増大することによるものであって、支配株主と少数株主の間で価値の移転が起きているわけではない。事業会社同士のM＆Aの場合にはこのようなことが生じる。また、市場価格が公正な価格より安いと判断して公開買付けをする場合には、そのプレミアムというのは、公正な価格が市場価格を上回っていることによるものである。これはMBOなどの場合に生じる。したがって、プレミアムの種類にもいろいろあるわけである。

これに対し、最近の学説では、3分の1ルールが実務にとって大きな負担となっていることに配慮してその廃止を目指す立場などから、3分の1ルールの目的を巡って種々の議論が起きている。

まず公開買付けの制度は、支配プレミアムの公平な配分のためではなく、投資者が十分な情報に基づいた合理的な判断ができない売却圧力が生じる場合に、情報に基づいた判断を確保し、売却圧力を減じることに目的があるという考え方がある[3]。売却圧力というのは、ある投資家が、その公開買付けは適切でないから成立すべきではないと考えているにもかかわらず、それが成立してしまうことを恐れて公開買付けに応募せざるを得なくなるような状況をいう[4]。この考え方によると、支配株式の相対取引の場合、それぞれ十分な情報を入手し

---

[3]　黒沼悦郎「強制的公開買付制度の再検討」旬刊商事法務1641号55頁
[4]　飯田秀総「公開買付規制における対象会社株主の保護」法学協会雑誌123巻5号945頁

Ⅲ　公開買付制度

て取引をするであろうから、情報の偏在ということは考えにくく、したがって、公開買付けを強制する必要はないということになる。そこで3分の1ルールの廃止論に結びつく。

　次に強制的公開買付制度は、少数投資家の保護のためにあるという考え方がある。その保護の趣旨として、まず少数派株主の売却機会の確保のために強制的公開買付制度があると考える説がある。この説では、必ずしも支配プレミアムの分配が目的ではない。また市場で取引がなされているのであれば、売却の機会はあるのであるから、その場合には公開買付けを強制する必要はないということになる。逆に上場廃止になってしまうような場合には、売却の機会の確保が必要になるということになる。この考え方は平成18年改正証取法の3分の2以上の買付けの場合の全部買付義務に通じるものがある。

　また少数投資家保護の趣旨として、二つ目に、支配株主が登場することにより、少数派株主が不利益を受けるおそれがあるため、その不利益回避のために公開買付けを強制するという考え方がある。これは支配株主の支配権の濫用により、少数派株主が不利益を被るおそれがあるということである。これは親子会社法制のない日本の会社法の下では、よりそのような要請が強いとされる。この考え方によった場合、初めて支配株主が登場する場合が問題なのであって、既に支配株主が存在する場合に、その支配株が移動するときには、新たに不利益は生じないから公開買付けは不要ではないかという指摘がある。しかし支配者の移動によって少数派株主の不利益の度合いが異なることがあるから、やはり公開買付けを強制すべきという反論もある。

　このような少数株主保護という考え方は、会社法的な考え方である。今回の会社法の制定の際にも、会社法要綱試案においては、例えば9割以上の議決権を保有する支配株主が出現したときには、少数派株主にその支配株主に対する買取請求権を認めてはどうか、という考え方も提示してあった（第七組織再編関係、3、注4。ただし、採用にはならなかった）。これは類似した考え方であろ

う。

　強制的公開買付けの目的は、企業買収とその防衛策に対する考え方とも関係している。アメリカには強制的公開買付けの制度はない。しかし支配プレミアムの分配の問題は支配株主の信認義務の問題として処理されている。つまり同じ問題を買収又は買収に対する対抗策などのルールで対処することも可能なのである。

　支配プレミアムの分配を義務化すると、企業買収にとっては抑制的な効果をもたらす。売主、買主にとって負担が大きいし、発行済株式の一部の株式の取引にとっては、円滑に実行しにくくなる。実際、市場価格より低い価格での公開買付けが多数発生している。これは歪んだ現象ともいえる。少数株主にフリーライドされるとなれば、支配株主はより高い価格で買い受ける者を探索するインセンティブが減退するといわれる。企業買収は、経済の効率性をもたらし、経営者に対して適度の緊張感をもたらすという効率性の要請からは、強制的公開買付けのような制約はない方がよいとされる。これは公平性と効率性の対立の問題である。企業買収を促進すべきかどうかということが主たる争点である。

　昭和46年改正証取法は、企業買収に対して中立的であったが、最近の金商法の傾向を見ると、むしろ効率性の向上を目指し、それに資する企業買収については積極的に促進しようという方向であるようにも思われる。証取法（金商法）の位置づけが変わりつつあるようである。

　日本の金商法では、取引所市場での取引であれば原則として3分の1ルールの適用はないが、それが何故かということについても議論がある。諸外国では市場内取引であっても適用される例もあるからである。上記のさまざまな強制的公開買付けの目的あるいは廃止論も、それぞれによって市場内取引にも適用すべきであるという議論につながったり、逆に市場内取引には適用すべきでないという議論につながったりする。例えば少数株主の保護のためであれば、市場取引を除外する必要はない。

Ⅲ　公開買付制度

　以前は、公開買付けというのは、有価証券の募集・売出しの裏返しである、などと説明されたが（当初の立法では勧誘ルールとして定められていた）、そのような単純なものではなくなった。今や、いかなる理由で強制的公開買付けが定められているのか、その理由は混迷状態であり、廃止論も有力である。そのような中、平成15年及び平成16年の改正法では強制的公開買付けを緩和する方向で改正がなされた。しかしその後の平成17年改正では、3分の1ルールの潜脱を防止する立法がなされ、廃止論とは逆に強化の方向に梶を切った。さらに今回の金商法では、強制的公開買付けの強化が行われたが、その内容は徹底してはいない。何故3分の1ルールが定められているのか、それを定めるべきなのか、何故全部買付義務は限定的に導入するのか、など、統一的な価値観は形成されていない。したがって、今後まだこの法制度がどうなるか、流動的であるといえる。

二　どういう場合に公開買付けをしなければならないか

1　公開買付制度における三つの取引と新規発行取得

　公開買付制度においては、三つの種類の取引がある。それを整理しておくと制度が理解しやすい。

　その三つとは、①取引所金融商品市場外の買付け等（相対取引ないし市場外取引といわれるもの。原則として公開買付けを含む）、②取引所金融商品市場における買付け等のうち、特定売買等を除いたもの（立会取引等）、③取引所金融商品市場における売買等で内閣総理大臣が定めるもの（特定売買等。トストネット取引等のこと）、である。

　「特定売買等」というのは、ライブドア事件をきっかけに、トストネット取引にも公開買付規制を及ぼすために平成17年改正で作られた概念である。取引所取引ではあるが、競売買の方法によらないものを利用して公開買付けの3

分の1ルールを潜脱することを許さないためのものである。

　トストネット取引は、立会外取引であるが、取引所における取引には違いないので、「取引所有価証券市場における売買等」には入る。そこで平成17年改正前において、トストネット取引も公開買付けの義務が生じないとしてライブドア事件が起きた。しかしトストネット取引のうち、トストネット1は、実質的には相対の取引である。予定された当事者以外の者が取引に参加することはできない。したがって、そのような非競争売買を公開買付けの例外とするのは適切でない。そこで従来から学説では、トストネット1については取引所取引とはいえず、公開買付義務の例外とはならないと解されていた。しかし金融庁はトストネット取引も取引所取引であるとした（ニッポン放送事件東京高裁平成17年3月23日判例タイムズ1173号125頁、同東京地裁平成17年3月16日判例タイムズ1173号140頁も同旨）。そこでこの改正が必要になったわけである。

　トストネット取引にはトストネット1から3がある。トストネット1は、上記の通り、実質的に相対取引である。しかしトストネット2は、クロス取引の呼値は優先されるものの、すべての参加者が参加できる時間優先の原則に基づく取引である。したがって、競争売買の実態があるともいえるから、公開買付義務を及ぼさないことも考えられる。しかし証取法27条の2第1項に基づく内閣総理大臣の告示によれば、トストネット取引はすべて特定売買等に指定された（平成19年2月26日金融庁告示第8号）。

　経緯は以上の通りであるが、金商法の条文では、この取引所外取引、立会内取引及び特定売買等を使い分けて、それぞれ取扱いを定めているので、その点に留意していると整理しやすい。

　上記三つ以外に、「新規発行取得」という概念がある（法27条の2第1項4号）。これは発行者により新規に発行される株券等を取得することをいう。平成18年改正証取法で、増資の引受と既発行株式の譲受けを組み合わせたような方法による3分の1ルールの潜脱も防止することとなり（いわゆる「急速な

III 公開買付制度

買付け」)、そのために「新規発行取得」という概念が作られた。

　公開買付制度においては、もともとは「買付け等」が規制されているが、「買付け等」というのは、「有償の譲受け」をいう。「譲受け」というのは、通常の法令用語としては、財産権を移転することであるから、原始取得は含まれず、承継取得のことを意味する（例えば「法律用語辞典」第2版（有斐閣、2000年）1374頁）。それによると、「譲受け」とは既発行の株券等の取引をいい、新規に発行する株券等を取得する場合は「譲受け」には該当しない。ただし、法文では、新株予約権の行使による取得が「買付け等」に含まれることを前提にしているようにも見え（法27条の2第1項ただし書き）、既発行に限定していないようでもある。これは確認的な規定と解すべきなのかも知れない。「取得」というのは、移転を前提としていないため、新規に発行されるものを取得する場合も含むことになる[5]。なお、金商法では、自己株式の処分によって取得する行為は、既発行の株券等の取得であるから「買付け等」に該当する（金融庁平成18年12月13日「提出されたコメントの概要とコメントに対する金融庁の考え方」（以下、「考え方」という）№3)。しかし新株式を引き受けた場合には「新規発行取得」ということになる。会社法上は自己株式の処分も新株式発行も同種の行為として整理されたにもかかわらず、金商法では大きな違いが生じることになる。合併等に際して新たに発行される株式を取得した場合も「新規発行取得」に含まれるとされる（「考え方」№25)。合併等に際して自己株式を交付された場合と新株式を交付された場合で異なる取扱いになるのも合理性がないように思われる[6]。

---

5) 参考：神崎克郎・志谷匡史・川口恭弘「証券取引法」（青林書院、2006）158頁、土持・榊原「注解　特別刑法　補巻(2)「証券取引法」（青林書院、1996）230頁
6) 参考：神田秀樹・黒沼悦郎・静正樹・鶯地隆継・武井一浩「会社法と金融商品取引法の交錯と今後の課題〔中〕」旬刊商事法務1822号4頁以下

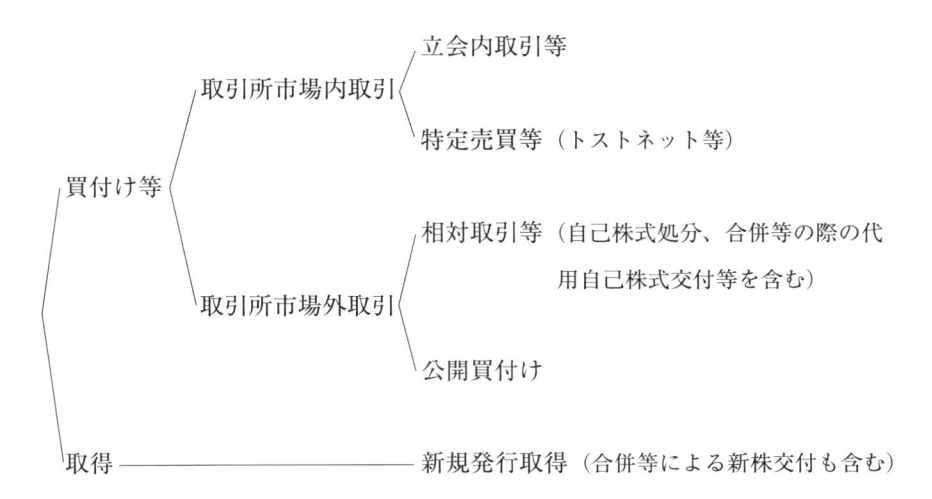

```
                    ┌─取引所市場内取引┬─立会内取引等
                    │                 │
                    │                 └─特定売買等（トストネット等）
  買付け等─────────┤
                    │                 ┌─相対取引等（自己株式処分、合併等の際の代
                    │                 │            用自己株式交付等を含む）
                    └─取引所市場外取引┤
                                      └─公開買付け

  取得─────────────────────────────新規発行取得（合併等による新株交付も含む）
```

2　公開買付けをしなければならない場合1　〜多数の者からの買付け等

　公開買付手続によらなければならないケースは、六つのケースが規定されている。

　金商法に定める公開買付手続によらなければならない場合の第1が、「多数の者からの買付け等」である。要件は、

　①取引所金融商品市場外における買付け等であること

　②著しく少数の者からの買付け等（特定買付け等）でないこと

　③買付け等の後の株券等所有割合が5％を超えること

である（法27条の2第1項第1号）。

　①については、店頭売買有価証券市場での買付け等も除外される（法27条の2第1項1号、政令6条の2第2項）。取引所金融商品市場での取引であれば、公正で透明な取引が可能であるから、多数の者から買い付けることとなったとしても、公開買付義務は課されていない。

　②については、著しく少数の者とは、当該株券等の買付けを行う相手方の人

Ⅲ　公開買付制度

数と、当該買付け等を行う日前60日間に取引所金融商品市場外において行った当該株券等の発行者の発行する株券等の買付け等の相手方の人数との合計が、10名以下である場合をいう（政令6条の2第3項）。60日間というのは、もとは公開買付期間の最長期間に合わせたものであったが、平成18年改正により、公開買付期間の方は行政機関の休日を除外することとなったから、一致しないこととなった。本項に該当する株券等の買付け等を「特定買付け等」と定義している（政令6条の2第1項4号）。「特定買付け等」と「特定売買等」は別の概念であるから注意が必要である。

　公開買付けによって取得した場合の相手方の人数や、店頭売買有価証券市場で取得した相手方の人数、新株予約権の行使によって取得した場合の相手方の人数は、加算しない（政令6条の2第3項）。公開買付けを行った後に手残り株を買うケースなどを想定すると、公開買付けに応募した者の数を除外しないと著しく少数の要件を満たしえなくなるから除外されている（特別支配関係者間の取引等の場合）。また同条1項1～3号、10～15号に定める買付け等（株式の割当てを受ける権利による場合、売出しに応じて買い付ける場合、取得請求権又は取得条項の行使による場合、従業員持株会による場合などである）による相手方の人数も加算しない。いずれも実務上の不都合を回避するための例外といってよいと思われる。

　③については、平成2年改正前は、10％であった。支配権に影響を及ぼさないような割合にとどまる場合には、公開買付義務を課す必要性が乏しいと考えられたことによる。「株券等所有割合」の定義は後述する。形式基準による特別関係者については小規模所有者である特別関係者の所有分は除かれる（府令3条2項）。

3　公開買付けをしなければならない場合2　～3分の1ルール

　公開買付け手続によらなければならない二つ目は、「3分の1ルール」とい

われるものである。その要件は、
　①取引所金融商品市場外における株券等の買付け等であること
　②著しく少数の者からの買付け等であること
　③買付け等の後における株券等所有割合が 3 分の 1 を超えること
である（法 27 条の 2 第 1 項 2 号）。

　①は、市場外の取引であることである。特定売買等の場合は、同項 3 号に規定されている。
　②は、もし著しく少数の者からの買付け等でなければ、同項 1 号に該当するためそれを排除している趣旨である。
　③がいわゆる「3 分の 1 ルール」と呼ばれる要件である。これにより、少数の者から相対で買付け等をする場合にも、買付け等の後の株券等所有割合が 3 分の 1 を超えていれば、公開買付けが必要になるわけである。何故 3 分の 1 の基準としたかであるが、これは会社の株主総会における特別決議の拒否権が生じる割合であり、一定の支配力が生じるからとされている。諸外国の強制公開買付制度においては、30％や 20％、10％といった例もあるから、必ずしも必然的な数字ではない。3 分の 1 以下の保有割合から 3 分の 1 超の所有割合になる場合（3 分の 1 を跨ぐ取引）だけを規制する趣旨ではなく、買付け等のあとに所有割合が 3 分の 1 超となるものはすべて該当する。

4　公開買付けをしなければならない場合 3　〜特定売買等による 3 分の 1 ルール

　次に公開買付けによらなければならない場合として、「特定売買等による 3 分の 1 ルール」の場合が定められている。その要件は、
　①特定売買等によること
　②買付け等の後における株券等所有割合が 3 分の 1 を超えること

Ⅲ　公開買付制度

である（法 27 条の 2 第 1 項第 3 号）。

　前述の通り、トストネット取引などで取引所市場内取引であることを理由に、同項 2 号の 3 分の 1 ルールを潜脱しようとするものを防ぐ趣旨である。
　法文上は、「競売買の方法以外の方法による有価証券の売買等として」内閣総理大臣が定めるもの、とされているが、トストネット 2 も指定に含まれているのでトストネット 2 も競売買ではないと認定されていることになる。
　「著しく少数の者」という要件は定められていない。ちなみに特定売買等は、取引の相手方が 10 名以下であることもあるが、10 名を超えることもありうる。

5　公開買付けをしなければならない場合 4　～急速な買付け

　次に公開買付けによらなければならない場合として、「急速な買付け」の場合が定められている。その要件は、
　①3 ヶ月内に、
　②株券等の総数の 10％を超える株券等を
　③買付け等又は新規発行取得により取得する場合であって、
　④買付け等による場合にあっては、株券等の総数の 5％を超える株券等の買付け等を特定売買等又は相対取引（取引所金融商品市場外でかつ公開買付けでないもの）で行う場合であり、
　⑤当該買付け等又は新規発行取得の後における株券等所有割合が 3 分の 1 を超えること
である。

　これも 3 分の 1 ルールの潜脱を防ぐ趣旨のものである。例えば、相対取引により 32％まで株式を取得し、その後の 2％を市場取引で買い付けることで、3 分の 1 ルールが潜脱されてしまうという事態を防ぐものである。あくまで 3 分

の1ルールの補完的ケースであるから、⑤の通り、最終的に3分の1を超える場合であることを要件としている。

法文は、わかりにくい表現方法になっている。まず①については、3ヶ月（政令7条2項）としたのは、公開買付期間の上限と合わせたものとされている。

②と③については、まずその3ヶ月の期間中に取得する株券等の総数が10％を超えるものであることを要件としている（政令7条3項）。母数は「株券等の総数」とされている。計算方法は、公開買付府令4条の2第1項が定めている。議決数ベースに換算して計算する（法27条の2第8項1号と同様）。母数には法27条の2第8項2号の特別関係者の所有分も加算する。潜在株式は分子、分母の両方に加算する。同府令7条各号に掲げるものは所有する株券等から除外する。分子は、大量取得者が新たに所有することとなる株券等だけであり、特別関係者の取得は含まれない（ただし、法27条の2第1項6号）。

3ヶ月間の取得の方法は、株券等の新規発行取得も含まれる。「新規発行取得」というのは、発行者が新たに発行する株券等の取得をいう。これらの取得を合算して10％を超えれば、要件に該当する。

この10％の要件及び④の5％の要件については、当該期間中に売却・処分がなされたときには、減少分は差し引いて計算するとされている[7]。

何故3ヶ月間に10％以上という要件が付されたのかであるが、それは急速な買付けでなければ、不意打ちの懸念がないからとされる。10％以下の買付けで3分の1を超えるということは、3ヶ月前に既に約23％以上保有していたはずであり、大量保有報告書などで開示も行われていたはずと考えられるからである。したがって、単に脱法的なものというだけでなく、「急速な」買付けであることが要件になっているのである。しかし誰にとって不意打ちであるのか（他の投資家か、発行会社か）、不意打ちが何故悪いのか（ゆっくりやればいいの

7）　池田ほか・前掲35頁

は何故か）、ということは説明されていない。実務的には、合算で3分の1になる取引全部を規制の対象にする場合、仮に期間制限がなければ、際限なく古い取引も合算の対象になってしまい、それを公開買付けにしなければならなかったなどといったら、極めて大きな障害になってしまう。したがって、合算ルールにする以上、合理的な期間内のものに限定する必要がある。

　④は、5％を超える株券等の買付け等を、相対取引又は特定売買等によって行うことが要件とされている。逆に言えば、相対取引等が5％以下であり、それ以外の株券等を立会内取引又は公開買付けで取得しているのであれば、公開買付けは必要がないということである。これは立会内取引であれば3分の1ルールを適用しないという基本的な考え方があるので、大半の買付けが立会内取引で行われているのであれば、脱法と見る必要もないということであろう。

　これは3ヶ月間の一連の取引を合算した規制である。合算して要件を満たしていれば、その3ヶ月間の買付け等全部が公開買付けによらなければならないことになる。しかし既に過去に市場取引や市場外取引で取得してしまっているものは、今さら公開買付けにし直すことはできない。そのため、過去3ヶ月間の合算で本号の要件を満たしてしまう場合には、結局、当該取引を断念して、一定の期間待ち、過去3ヶ月間分の取引で要件を満たさなくなるようにするほかない。

　④の要件は、4号のカッコ書きの中に規定されているのであるが、その文章はわかりにくい。まず冒頭に「株券等の買付け等により行う場合にあっては」とされているため、買付け等により行う場合とそうでない場合があって、買付け等により行う場合だけ、この④の要件が課されるように見える。しかし考えてみると、買付け等によらない場合、すなわち3ヶ月間の取得をすべて新規発行取得による場合には、そもそも本号の適用がない。4号は、公開買付けによらなければならないとしているのは、当該株券等の「買付け等」（同号の末尾の部分。ここだけ「買付け等及び新規発行取得」とは記載されていない）としている

から、そこに新規発行取得は入っていないのである。したがって、3ヶ月間の取得のすべてが新規発行取得である場合は、公開買付けによらなければならない「買付け等」がないわけである。したがって、④の要件はすべての場合に必要ということになる。

　5％の計算方法は、政令7条4項、公開買付府令4条の2第2項が定めている。分子は、市場外等買付者が市場外等買付等により新たに所有することとなる株券等に係る議決権の数である。特別関係者の取得分は分子に加算しない（ただし、法27条の2第1項6号）。

　⑤の要件は、あくまでも3分の1ルールの脱法を防止する趣旨であるから、取得後に株券等所有割合が3分の1を超えないのであれば、適用する必要がないことによる。取得後の株券等所有割合の計算では分子に特別関係者の所有分を加算する（法27条の2第1項4号、1号）。

　この要件からすると、例えば、3分の1を超えるときの取引が立会内取引であったとしても、過去3ヶ月間で合計10％超を取得しており、立会外取引が5％超となっていれば、それらの取引すべてについて公開買付けによらなければならないことになる。つまりそこで立会内取引をしてはいけないのである。これはうっかりしそうである。

　また第三者割当増資で3分の1超の新株の引受をする行為は、3ヶ月以内の取得がそれだけであれば公開買付による必要はないが、自己株式の処分に応じて取得する場合は、3分の1を超える場合には公開買付けが必要になる。自己株式の処分によるときは既発行株式の有償の譲受けなので、新規発行取得ではなく、買付け等に該当するのである。しかし公開買付手続によって自己株式の処分の引受をすることは困難であろうから、結局それはできないことになろう。

　合併などの組織再編行為に際して、その当事会社の株主が、例えば存続会社

Ⅲ　公開買付制度

の株式の交付を受ける行為は、それが新規に発行されるものであれば新規発行取得ということになるとされる（「考え方」No.25。これは自己株式の交付であれば買付け等にあたるという趣旨であろう）。その合併等の組織再編行為の前に5％超の株式を相対取引で買付けしており、その合併等によって交付を受けることによって4号の要件を満たしてしまうときは困ることになる。合併等を止めるか、3分の1又は10％という要件を満たさないようにするか、ということになろう。

　A社とB社が合併し、それにより消滅会社のB社が保有していたX社株式をA社が承継する場合、これは従来は買付け等には該当しないものと整理されていたように思われるが（金融庁「証券取引法等の一部を改正する法律の施行に伴う関係政令の整備等に関する政令（案）の公表について」平成16年10月7日）、今次の金融庁の説明では、その態様により「買付け等」に該当する場合があり得るとしており、個別に判断するとしている（「考え方」No.6）。

　つまりこれからする取引が、公開買付けであれ、市場取引であれ、合併等に伴って取得する場合であれ、3分の1ルールに抵触することがありうるのである。したがって、何らかの要因で株式を取得する場合には、その取得行為の後3分の1を超えるかどうか、超える場合には過去3ヶ月間の取引の状況を確認しないといけないことになる。

6　公開買付けをしなければならない場合5　〜対抗公開買付け

　次に公開買付けによらなければならない場合として、「対抗公開買付け」が定められている。その要件は、

　　①当該株券等について公開買付けが行われていること
　　②発行者以外の者で、株券等所有割合が3分の1を超えている者が、
　　③政令で定める期間内に（当初の公開買付期間）、
　　④株券等の総数の5％を超える割合の株券等の買付け等を行う場合

である（法 27 条の 2 第 1 項 5 号）。

これは会社の支配権の争奪となるような場合に、買付者間の公平を図り、投資者が十分な情報の下で判断できるよう、公開買付けを義務づけるものである。

ある者が公開買付けを行っている場合、対抗して支配権を取得しようとする者が、公開買付けではなく、市場での買付けを行った場合、その対抗者は買付義務を負わないからいつでも買付けを止めることもできるし、いくらで取得するのかも開示されない。公開買付けを行っている者は買付け条件をすべて開示し、買付義務を負担し、別途買付けも禁止されているわけであるから、公平性を欠くことになる。また投資者としては、対抗者がいくらで何株買うのかわからないから、市場で売り急ぐ圧力を受けることになり、十分な考慮ができない可能性がある。

一方で、過剰な規制となることを恐れる意見もある。そこで、既に 3 分の 1 を超える者が、公開買付け期間中に、さらに 5％を超えて買付け等を行うときに限って、公開買付け手続によることを義務化することとしたものである。中途半端な妥協的な制度となった。

①については、他者が公開買付けを行っていることが要件である。

②については、すでに 3 分の 1 以上を所有している者による買付け等に適用がある。特別関係者の所有分も加算する。3 分の 1 未満であった者が、買付けを行って 3 分の 1 を超えた場合には、3 分の 1 超となった以降の取引について、要件（5％超の買付け）を判定する。しかし 3 分の 1 プラス 5％ということで、約 38％まで公開買付けによらず買い付けることができるわけであるが、そこまで買えば通常先行者による公開買付けで過半数を獲得するのは困難であろうから、公開買付けによらず先行者の公開買付けを阻止することが可能となる。したがって、対抗公開買付けを義務づけた意味がどれほどあるかは疑わしい。

③については、政令によると、先行して行われている公開買付届出書に記載

Ⅲ　公開買付制度

された株券等の買付け等の期間の開始日から当該期間の終了の日までとされる（政令7条5項）。公開買付者によって延長された場合や対象会社の要請によって延長された場合の延長期間は入らないことになる。延長された期間においては、公開買付けを行わずに対抗して市場等で買付けができることになる。このような区分をした理由について、金融庁は、相当厳格な要件とすべきだからとしている（「考え方」№29）。しかしバランスの悪さは否めない。確固とした考え方に基づいて創設された制度ではないからであろう。

　④については、株券等の割合の計算は、政令7条6項に基づき府令で定めている。府令によれば、潜在株式については、分母と分子に参入することとされている（公開買付府令4条の2第3項）。ここでは分子に形式基準及び実質基準の特別関係者の新たに所有することとなる分も含む。期間中に売却・処分があったときには、減少分は差し引いて計算する[8]。

7　公開買付けをしなければならない場合6　～政令で定める場合

　以上のほか、政令で定める場合には、公開買付けによらなければならないこととされている（法27条の2第1項6号）。

　政令7条7項では、4号の補充的な類型として、株券等買付者が自ら行う取得とその実質基準の特別関係者の取得を合算した場合に、同項4号の「急速な買付け」の要件を満たす場合を定めている。これは別途の類型というより、4号の補完であるが、実質基準の特別関係者の分の算入規制を別項として定めており、留意が必要である[9]。

---

[8]　池田ほか・前掲38頁
[9]　内間裕・松尾拓也「公開買付制度・大量保有報告制度の改正と実務への影響（上）」旬刊商事法務1790号28頁

三　用語の意味

金商法の公開買付規制で使用されている言葉の意味は、以下の通りである。

1　「株券等」

「株券等」というのは、「株券、新株予約権付社債その他の有価証券で政令で定めるもの」である（法27条の2第1項）。

政令では、

①株券、新株予約権証券及び新株予約権付社債

②外国の者の発行する証券又は証書で前号に掲げる有価証券の性質を有するもの

③投資証券等（定義は政令1条の4第1号）

④有価証券信託受益証券（定義は政令2条の3第3号）で、受託有価証券が前3号に掲げる有価証券であるもの

⑤法2条第1項第20号に掲げる有価証券で、第1号から第3号までに掲げる有価証券に係る権利を表示するもの

を定めている（政令6条1項）。

③は、投資法人の発行する投資証券であり、例えばリート（REIT）などである。「等」というのは外国投資証券に類する証券を含む意である。

⑤は預託証券（DR）である。

また「株券等につき有価証券報告書を提出しなければならない発行者」の株

Ⅲ 公開買付制度

券等に限られる[10]。その趣旨は、株券等以外のもの、例えば社債を発行したことにより有価証券報告書を提出することとなった者を除外する意味である。

「株券等」からは、「株主総会において決議をすることができる事項の全部について議決権を行使することができない株式（「議決権のない株式」という）に係る株券その他の内閣府令で定めるもの」は除外される（政令6条1項柱書き）。これを受けて、内閣府令は、次のものを定めている（府令2条）。

①議決権のない株式（定義は政令6条1項）であって、当該株式の取得と引換えに議決権のある株式を交付する旨の定款の定めのない株式に係る株券

②新株予約権証券又は新株予約権付社債券のうち前号に掲げる株式のみを取得する権利を付与されているもの

③外国法人の発行する証券又は証書で前2号に掲げる有価証券の性質を有するもの

①の「当該株式の取得と引換えに議決権のある株式を交付する旨の定款の定め」は、取得条項付きと取得請求権付きの双方を含むと思われる（「考え方」No.50）。議決権のない優先株などでも、議決権の復活条項がある場合には含まれ得るようである[11]。

①から③の有価証券を受託有価証券とする信託受益証券や、①から③の有価証券に係る権利を表示する預託証券も、公開買付けの対象とはならないとされる[12]。

なお、他社株転換株式は含まれうるとされる[13]（他社株転換社債については次

---

[10] 平成20年金商法改正で、「特定上場有価証券（流通状況がこれに準ずるものとして政令で定めるものを含み、株券等に限る。）の発行者」の株券等が追加された。「特定上場有価証券」というのは、特定取引所金融商品市場のみに上場されている有価証券をいう（法2条33項）。

[11] 内藤純一「新しい株式公開買付制度（上）」旬刊商事法務1219号7頁参考

[12] 池田ほか・前掲49頁

[13] 池田ほか・前掲49頁、他社株府令第2号様式記載上の注意(7) a

項)。

2　「買付け等」

次に「買付け等」とは、(1)株券等の買付けその他の有償の譲受けと、(2)これに類するものとして政令で定めるもの、をいう（法27条の2第1項）。

(1)の有償の譲受けというのは、通常は、有償で、その所有権を移転する行為をいう。ただし、譲受けの定義を明確に述べる文献は少ない[14]。有償というのは、必ずしも対価は現金でなくてもよい。売買のほか、交換でもよいし、労務の提供でもよいとされる。相続や贈与は含まれない。

(2)の政令で定めるものとしては、次のものが定められている（政令6条2項）。

①株券等の売買の一方の予約（当該売買を完結する権利を有し、かつ、当該権利の行使により買主としての地位を取得する場合に限る）

②株券等の売買に係るオプション（法2条1項19号に規定するオプションをいう）の取得（当該オプションの行使により当該行使をした者が当該売買において買主としての地位を取得するものに限る）

③その他内閣府令で定めるもの（公開買付府令2条の2では次のものを定めている）

　③-1　社債券の取得（当該社債券に係る権利として当該社債券の発行者以外の者が発行者である株券等により償還される権利（当該社債券を取得する者が当該社債券の発行者に対し当該株券等による償還をさせることができる権利に限る。）を取得するものに限る。）（いわゆるEB債。他社株転換社債）

ここでは、社債権者に転換請求権がある場合に限定されている（会社にのみ転換請求権がある場合は含まない）。

---

[14]　土持ほか・前掲230頁参照

Ⅲ 公開買付制度

3 「所有」

「所有」には、これに準ずるものとして政令で定める場合を含む（法27条の2第1項1号）。

政令は次のものを定めている（政令7条1項）。

①売買その他の契約に基づき株券等の引渡請求権を有する場合

②金銭の信託契約その他の契約又は法律の規定に基づき、株券等の発行者の株主もしくは投資主（外国投資法人の社員を含む）としての議決権を行使することができる権利又は当該議決権の行使について指図を行うことができる権限を有する場合

③投資一任契約その他の契約又は法律の規定に基づき、株券等に投資するのに必要な権限を有する場合

④株券等の売買の一方の予約を行っている場合（当該売買を完結する権利を有し、かつ、当該権利の行使により買主としての地位を取得する場合に限る）

⑤株券等の売買に係るオプションの取得（当該オプションの行使により当該行使をした者が当該売買において買主としての地位を取得するものに限る）をしている場合

⑥その他内閣府令で定める場合

　内閣府令は、次のものを定めている（府令4条）。

　⑥-1　府令2条の2に規定する社債券（他社株転換社債のこと）を取得している場合

したがって、「所有」の概念は広く、所有権を有している場合に限らず、契約等に基づき議決権やその指図権、投資権限を有している場合なども「所有」に含めることになる。

公開買付制度は、「買付け等」を規制するものであるが、その要件として「所有割合」を持ち出しているため、動態としての「買付け等」と静態としての「所有」の両者の概念を定義する必要があった。両者は裏表の関係のようで

いて必ずしもぴったり整合するものでもない。

4 「株券等所有割合」

「株券等所有割合」の定義は法27条の2第8項が定めている。同項は、買付者とその特別関係者に分けて定義している。

まず買付け等を行う者にあっては、その者の所有に係る当該株券等（内閣府令で定めるものを除く。公開買付府令7条）に係る議決権の数の合計を、当該発行者の総議決権の数にその者及びその者の特別関係者の所有に係る当該発行者の発行する新株予約権付社債券その他の政令で定める有価証券に係る議決権の数を加算した数で除して得た割合である（同項1号）。要するに、潜在株式等の議決権を分母及び分子に加算するということである。

また特別関係者（実質上の特別関係者で買付け等を行うものを除く）にあっては、その者の所有に係る当該株券等に係る議決権の数の合計を、当該発行者の総議決権の数にその者及び前号に掲げる株券等の買付け等を行う者の所有に係る当該発行者の発行する新株予約権その他の政令で定める有価証券に係る議決権の数を加算した数で除して得た割合である（同項2号）。

内閣府令としては、公開買付府令6条及び8条が株券等所有割合の計算方法を定めている。このうち、6条は総議決権数の計算で重複するものを控除し、8条が議決権数への換算の方法を定めている。平成18年改正までは計算に時的要素が付されていたが、同改正で6条からは削除されている[15]。

上記で加算される有価証券（潜在株式）については、政令9条の2が次の通り定めている。

①新株予約権付社債券

②新株予約権証券

---

15) 橘光伸「公開買付制度に係る政省令の解説（上）」旬刊商事法務1238号64頁、「考え方」No.54

③発行者がその発行する全部又は一部の株式の内容として株主が当該発行者に対して当該株式の取得を請求することができる旨の定めを設けている場合における当該株式に係る株券（取得請求権付き株式）
④発行者がその発行する全部又は一部の株式の内容として当該発行者が一定の事由が生じたことを条件として当該株式を取得することができる旨の定めを設けている場合における当該株式に係る株券（取得条項付き株式）
⑤外国の者の発行する証券又は証書で前各号に掲げる有価証券の性質を有するもの

である。

一方、この「所有する株券等」からは、次のものは除かれる（法27条の2第8項1号、公開買付府令7条）。実質的に所有しているとは言えないものなどが挙げられている。

①信託業を営む者が信託財産として所有する株券等（その者が政令7条1項2号及び3号に係る権限（議決権に関する権限又は投資権限のこと）を有しない場合に限る）
②有価証券関連業を行う者が引受け又は売出しを行う業務により所有する株券等（引受けの場合にあっては当該株券等の払込期日の翌日以降、売出しの場合にあっては当該株券等の受渡期日の翌日以降所有するものを除く）
③法156条の24第1項に規定する業務を営む者が当該業務として所有する株券等
④売付けの約定をして受渡を了していない株券等（約定日から5日以内に受渡を行うものに限り、次号に掲げる取引により売付けの約定をした株券を除く）
⑤金融商品取引所で行われる銘柄の異なる株券の集合体を対象とする先物取引を行ったことにより所有している株券（当該先物取引の売買取引最終日の翌日以降所有するものを除く）

⑥相続財産に属する株券等（当該相続財産の相続人が単純承認又は限定承認した日までのもの又は当該相続財産の共同相続人が遺産分割を了していないものに限る。）

⑦厚生年金基金、企業年金連合会又は年金積立金運用独立行政法人が所有する株券等（株券を除く）

⑧日本郵政公社法24条3項4号に規定する郵便貯金資金又は同項5号に規定する簡易生命保険資金の運用として所有する株券等（株券を除く）

⑨法人の代表権を有する者又は支配人が、当該代表権に基づき、当該法人の所有する株券等につき議決権を行使することができる権限もしくは当該議決権の行使について指図を行うことができる権限又は投資を行うのに必要な権限を有する株券等

⑩発行者の役員又は従業員が当該発行者の他の役員又は従業員と共同して当該発行者の株券等の取得（一定の計画に従い、個別の投資判断に基づかず、継続的に行われ、各役員又は従業員の1回あたりの拠出金額が100万円に満たないものに限る）をした場合において当該取得した株券等を信託された者が所有する当該株券等（当該信託された者が政令7条1項2号及び3号に掲げる権限を有しない場合に限る）

⑪銀行等保有株式取得機構が所有する株券

5　「特別関係者」

「特別関係者」とは、(1)株券等の買付け等を行う者と、株式の所有関係、親族関係その他の政令で定める特別の関係にある者と（形式基準）、(2)株券等の買付け等を行う者との間で、共同して当該株券等を取得し、もしくは譲渡し、もしくは当該株券等の発行者の株主としての議決権その他の権利を行使すること又は当該株券等を譲渡し、もしくは譲り受けることを合意している者（実質基準）、をいう（法27条の2第7項）。

Ⅲ　公開買付制度

(1)の政令で定める者とは、次の通りである（政令9条）。

まず個人である場合には、

①その者の親族（配偶者並びに一親等内の血族及び姻族に限る。以下、本条につき同じ）

②その者（その者の親族を含む）が法人等に対して当該法人等の総株主の議決権の100分の20以上の議決権に係る株式又は出資を自己又は他人（仮設人を含む）の名義をもって所有する関係（特別資本関係）にある場合における当該法人等及びその役員（取締役、執行役、会計参与及び監査役（理事その他これらに準ずる者を含む））

である（同条1項）。

次に法人等である場合には、

①その者の役員

②その者が他の法人等に対して特別資本関係を有する場合における当該他の法人等及びその役員

③その者に対して特別資本関係を有する個人及び法人等並びに当該法人等の役員

である（同条2項）。

個人（その親族を含む）とその「被支配法人等」又は法人等とその「被支配法人等」が合わせて他の法人等の総株主の議決権の100分の20以上の議決権に係る株式又は出資を自己又は他人の名義をもって所有する場合には、当該個人又は当該法人等は、当該他の法人等に対して「特別資本関係」を有するものとみなされる（政令9条3項）。

「被支配法人等」とは、個人又は法人等が他の法人等の総株主の議決権の100分の50を超える議決権に係る株式又は出資を自己又は他人の名義をもって所有する場合の当該他の法人等をいう（同条5項）。20％を基準とする「特別資本関係」とは別の概念である。個人とその被支配法人等又は法人等とその

被支配法人等が合わせて他の法人等の総株主の議決権の 100 分の 50 を超える議決権に係る株式又は出資を自己又は他人の名義をもって所有する場合には、当該他の法人等は、当該個人又は法人等の「被支配法人等」とみなされる（同条 4 項）。

特別関係者であることは、必ずしも相互性があるわけではない。A からみて B が特別関係者であっても、B からみて A が特別関係者とは限らない。また大量保有報告制度における形式的共同保有者の基準は 50%であるから、その範囲はかなり異なっている。

四　適用除外

2 項において公開買付けによらなければならない場合を述べたが、以下に述べる場合には、その除外事項として、公開買付手続によらなくてよいこととされている（法 27 条の 2 第 1 項ただし書き）。

1　新株予約権の行使

新株予約権を有する者が当該新株予約権を行使することにより行う株券等の買付け等。

2　特別関係者からの買付け等

株券等の買付け等を行う者がその者の形式基準の特別関係者から行う株券等の買付け等。ただし、特別関係者のうち、株券等の買付け等を行う者と、株券等の買付け等を行う日以前 1 年間継続して形式基準の特別関係者の関係にある者だけに限定される（公開買付府令 3 条 1 項）。

3　その他政令で定める場合（政令 6 条の 2）

①株式の割当てを受ける権利を有する者が当該権利を行使することにより行う株券等の買付け等

②投信法施行令 12 条 1 号に掲げる証券投資信託の受益証券を有する者が当

Ⅲ　公開買付制度

該受益証券を同号の交換により行う株券等の買付け等（日経300株価指数連動型上場投資信託受益証券）

③投信法施行令12条2号に掲げる証券投資信託の受益証券を有する者が当該受益証券を同号ハの交換により行う株券等の買付け等（ETF）

④特定買付け等の前において当該特定買付け等を行う者の所有に係る株券等の株券等所有割合とその者の特別関係者の株券等所有割合とを合計した割合が100分の50を超えている場合における当該株券等の発行者の発行する株券等に係る特定買付け等（当該特定買付け等の後におけるその者の所有に係る株券等の株券等所有割合が3分の2以上となる場合を除く）

⑤法人等の行う特定買付け等であって、当該法人等に対してその総株主の議決権の数の100分の50を超える数の議決権に係る株式又は出資を所有する関係（特別支配関係）にある法人等（親法人等）が他の法人等に対して特別支配関係を有する場合における当該他の法人等から行うもの（兄弟会社からの買付け等）

⑥特定買付け等を行う者と当該特定買付け等を行う者の親法人等その他内閣府令で定める者（関係法人等）が合わせて他の発行者の総株主の議決権の数の3分の1を超える数の議決権に係る株式又は出資口を所有している場合における当該関係法人等から行う当該他の発行者の株券等の当該特定買付け等（関係法人等からの買付け等）

⑦株券等の所有者が少数である場合として内閣府令で定める場合であって（25名未満。公開買付府令2条の5）、当該株券等に係る特定買付け等を公開買付けによらないで行うことにつき、当該株券等のすべての所有者が同意している場合として内閣府令で定める場合（公開買付府令2条の5）における当該特定買付け等（なお、買付け等の対象外となる株券等がある場合にはその株主の同意がある場合等であることが重ねて要件とされる。公開買付府令2条の5第2項）

⑧担保権の実行による特定買付け等

⑨事業の全部又は一部の譲受けによる特定買付け等

⑩株券等の売出しに応じて行う株券等の買付け等（法4条1項の届出又は23条の8第1項の発行追補書類が提出されている場合に限る）

⑪発行者がその発行する全部又は一部の株式の内容として株主が当該発行者に対して当該株式の取得を請求することができる旨の定めを設けている場合において、当該株式の取得と引換えに交付される株券等の買付け等（取得請求権付き株式）

⑫発行者がその発行する全部又は一部の株式又は新株予約権の内容として当該発行者が一定の事由が生じたことを条件として当該株式又は新株予約権を取得することができる旨の定めを設けている場合において、当該株式又は新株予約権の取得と引換えに交付される株券等の買付け等（取得条項付き株式）

⑬株券等の発行者の役員又は従業員が当該発行者の他の役員又は従業員と共同して当該発行者の株券等の買付け等を金融商品取引業者に委託して行う場合であって、当該買付け等が一定の計画に従い、個別の投資判断に基づかず、継続的に行われる場合その他の内閣府令（公開買付府令2条の6）で定める場合における株券等の買付け等（持株会）

⑭法24条1項の規定により有価証券報告書を提出しなければならない発行者以外の発行者が発行する株券等の買付け等（会社以外の者が発行する株券等について除外する趣旨。法27条、法24条5項）

⑮金融商品取引清算機関に対し株券等を引き渡す債務を負う清算参加者が、当該金融商品取引清算機関の業務方法書において履行すべき期限として定められる時までに当該債務を履行しなかった場合に、当該業務方法書に定めるところにより行う株券等の買付け等

⑤にいう「特別支配関係」と特別関係者の定義における「特別資本関係」は似た用語であるが別のものである。特別支配関係が1年間継続することが必要である（公開買付府令2条の3）。

Ⅲ　公開買付制度

⑥にいう「特定買付け等」とは、政令6条の2第3項に定める著しく少数の者から買付けを行う場合のことである。具体的には、当該買付け等を行う相手方の人数と、当該買付け等を行う日前60日間に、取引所金融商品市場外において行った当該株券等の発行者の発行する株券等の買付け等（公開買付けなどによる場合を除く）の相手方の人数の合計が10名以下である場合である。

「関係法人等」の範囲は、公開買付府令2条の4が定めている。三親等の法人までということである。

五　公開買付けの規制

公開買付けを行う場合の内容や条件については、いくつかの規制がある。それは公正な取引を確保する趣旨のものや情報開示の趣旨のものなどがある。

1　公開買付期間

まず買付け等を行う期間については、政令で定める範囲内で、期間を定めて行わなければならない（法27条の2第2項）。政令で定める期間は、公開買付開始公告を行った日から起算して20日以上60日以内である（政令8条）。行政機関の休日（行政機関の休日に関する法律1条1項に掲げる日。すなわち土・日・祝日・12月29日から1月3日）は含まれない。営業日数ベースということである。

金商法は、「買付け等の期間」という用語（法27条の2第2項、法27条の3第1項）と、「公開買付期間」（法27条の5、法27条の12、法27条の13等）という用語を使い分けている。「公開買付期間」とは、公開買付開始公告を行った日から公開買付けによる買付け等の期間の末日までをいい、延長したときは、その延長した期間を含む（法27条の5）。

買付け等の期間については、発行者は、公開買付者の定めた買付け等の期間が30営業日を下回るときは、それを30営業日まで期間を延長することを請求

することができる（法 27 条の 10 第 2 項第 2 号、政令 9 条の 3 第 6 項）。この請求がなされたときは、公開買付者による特段の行為を要せずして当然に買付け等の期間が 30 営業日に延長される。

　買付け等の期間は、種々の理由によって規制されている。まず最低 20 営業日は確保されなければならない（政令 8 条）。これは投資家が応募するかどうかを熟慮するための最低期間である。

　また 30 営業日まで延長請求が認められるのは、対象会社において、その公開買付けの適否について意見を公表するにあたり、十分検討する期間を確保するためである。これには公開買付者への質問とその回答や、対抗案の提示などの検討の期間も考慮されている。その意見表明に基づき投資家が応否を検討する。つまり金商法では、公開買付けは投資家間の取引ではあるが、発行者の役員が十分な検討をし、反対の場合には対抗案を提供するなどして、公開買付者と発行者の間で議論が行われ、その結果投資家の応否の判断が行われる、というプロセスを想定していることがわかる。これは企業価値向上のための M＆A を推進するという視点である。

　一方、公開買付けがあまりに長期にわたって行われると、長期間にわたり取引所における当該銘柄の株券等の流通や公正な価格形成が阻害されるおそれがある。公開買付期間中は、公開買付けに応募すればその価格で売却することができるといういわばオプション付きの価格となり、市場価格も客観的な発行者の企業価値を反映したものとはならない可能性がある。また思惑で乱高下する可能性もある。それを公開買付者に株価操縦の方法として濫用されるおそれもある。そこで公開買付期間の上限については、60 営業日までと定められている（ただし、これを超えて延長されることはありうる）。上限の制約については、取引の迅速のためとする理解もある。

　買付け等の期間の延長は、原則として上限の範囲内ですることができる（法 27 条の 6 第 2 項、政令 13 条 2 項 5 号）。しかし買付け等の期間の短縮はできない

Ⅲ　公開買付制度

（法27条の6第1項3号）。

　延長については、上述の対象者の請求による自動延長（法27条の10第2項2号）の制度があるほか、訂正届出書の提出に伴う期間延長義務（法27条の8第8項）がある。

　後者は、買付け条件等の変更があった場合には、それを投資家に周知する必要があるところから、訂正届出書の提出日から最低10営業日は買付け等の期間を確保させる趣旨のものである。形式的な不備による訂正の場合及び買付け条件の変更の中でも買付け等の期間の延長のみの場合には、延長義務はない（法27条の8第8項、公開買付府令22条1項、法27条の8第2項）。記載すべき重要な事項の変更や買付け等の期間以外の買付け条件の変更、記載された内容と事実の相違、必要な事実の欠缺又は不十分、記載事項の追完、記載すべき重要な事実の発生等の場合（法27条の8第1～4項）に、訂正届出書を提出するとともに、必要な期間の延長をする。後者により期間を延長する場合には、60営業日の上限の制約はない（政令13条2項2号イ）。

　なお、買付け等の期間の延長の上限については例外がある。対抗公開買付けが行われた場合には、その公開買付期間の末日までは、60営業日を超えて買付け等の期間を延長することができる（政令13条2項2号ロ）。これは両者の公平な競争という観点と投資家の保護という観点と両方の意味があろう。前者は、それにより市場原理が適切に働くものと考えられる。後者については、例えば一方の公開買付けが先に終了するとすると、その時点で投資家はそれに応募するかどうかの意思決定を迫られることになるが、それでは他方がその後買付け条件等を変更する可能性もあるわけで、不安定な判断を強いられることになる。

2　買付け等の価格

　公開買付け等の価格は、政令で定めるところにより、均一の条件でなければならない（法27条の2第3項）。

公開買付届出書には、買付け等の価格を記載しなければならない。そしてそれは均一でなければならない。これは応募者の公平のためであるとされる。公開買付け等の価格を変更したときは、すべての応募者に対して変更後の高い価格（原則として引き下げはできない）で買い付けなければならない（政令8条3項）。「均一の条件」としているので、買付け代金の支払い時期その他の条件も含むことになろう（神崎ほか・前掲書321頁）。

　なお、複数の種類の株券等を買い付ける場合には、その種類ごとに対価が厳密に均一でなければならないとされているわけではない（差額については考え方を届出書に記載する。記載上の注意(6)e）。実務では、MBOの際に株券については公正な評価額にし、ストック・オプションとして発行されている新株予約権は1円という買付け等の価格にしている例などである。

　対価を選択制にするときは、選択できる対価の種類をすべての応募株主等ごとに均一にし、かつ、それぞれの種類を選択した応募株主等ごとに対価を均一にしなければならない（政令8条3項ただし書き）。

　買付け以外の場合には、買付け等の価格に準じるものについて、均一に取り扱う。「準じるもの」とは、有価証券その他金銭以外のものをもって買付け等の対価とする場合における有価証券その他金銭以外のものとの交換比率をいい、差金について金銭を交付するときは、その金銭の額も含まれる（政令8条2項）。ここでは「買付け」という言葉を「売買」の意味に使用しており、「買付け以外の場合」というのは売買以外の有償の譲受けであって、政令は交換を想定している。

　別途買付けの禁止（法27条の5）は、買付け等価格の均一の規制を補完する意味がある。

　対価として有価証券を交付する場合には、少額免除の場合を除き、それについて売出しの届出が必要になる。なお、新規発行の有価証券を対価とすることもできるとされている（ただし、実務的には困難があろう）。

Ⅲ　公開買付制度

　特定者からの買付けを行うに際し、3分の1ルールがあるためやむなく公開買付けを行うことがある。そのような場合には、予定する買付者以外の者からの応募を防ぐため、市場価格より低い価格での公開買付けとすることが多い。真実の公開買付けによって買付けを行うのであればよいが、公開買付けを成立させる意図もなく、市場価格とは離れた価格で公開買付けをすれば、株価操縦などといわれるおそれがあるとされる（ただし、法159条のどの類型にあたるのか明確ではなく、法157条も考えられる）。

　自己株公開買付けの場合には、市場価格にプレミアムを加算することができるか議論がある[16]。

　買付け等の価格（交換比率を含む。法27条の2第3項）は、原則として引き下げることができない（法27条の6第1項1号）。

　買付け等の対価の種類を変更することもできない（法27条の6第1項4号、政令13条2項3号）。

　買付価格の引下げができる場合は、「公開買付開始公告及び公開買付届出書において公開買付期間中に対象者が株式の分割その他の政令で定める行為を行ったときは内閣府令で定める基準に従い買付け等の価格引き下げることがある旨の条件を付した場合」である（法27条の6第1項1号）。

　政令で定める行為としては、次の行為が定められている（政令13条1項）。

①株式又は出資口の分割

②株主に対する株式又は新株予約権の割当て（新たに払込みをさせないで行うものに限る）

　これは撤回ができる範囲より狭くなっている。これらは現実に株式の分割等が「行われた」ことが要件であって、撤回は「決定」で足りる（政令14条）

---

[16]　野田昌毅「公開買付けによるプレミアム価格での自己株買付け」旬刊商事法務1832号92頁

のと異なる[17]。

　またこれらの行為が行われたときには、府令で定める基準に従った買付け等の価格の引下げのみが認められるが、その基準は株式分割等の比率を元の買付け等の価格に乗じた価格を下限とする方法である（公開買付府令19条1項）。

3　買付け予定の株券等の数

　公開買付けを行うに際しては、買付予定の株券等の数を定めて公開買付開始公告及び公開買付届出書に記載しなければならない（法27条の3第1項2項）。

　株券以外の株券等がある場合には、府令に従って換算する（法27条の3第1項、公開買付府令9条の6）。

　買付予定の数については、公開買付者は、「応募株券等の数の合計が買付け予定の株券等の数の全部又はその一部としてあらかじめ公開買付開始公告及び公開買付届出書において記載された数に満たないときは、応募株券等の全部の買付け等をしないこと」と定めることができる（法27条の13第4項1号）。つまり買付けを行う応募数の下限を定めることができる。

　また同様に、「応募株券等の数の合計が買付予定の株券等の数を超えるときは、その超える部分の全部又は一部の買付等をしないこと」を条件として定めることもできる（同項2号）。買付けの上限数である。上限を超える応募があれば按分比例とする。

　この上限数に関しては、法律上の制限があり、公開買付けの後における公開買付者の所有に係る株券等の株券等所有割合（特別関係者の分を加算する）が政令で定める割合、すなわち3分の2（政令14条の2の2）を下回る場合にしかこの条件を付すことができない（法27条の13第4項）。すなわち3分の2以上

---

[17]　「考え方」No.42。買付け等の価格の引下げは相場操縦的に利用されるおそれがあるため、要件を厳格にしたという。

Ⅲ　公開買付制度

となる場合には、全部の買付けをしなければならないということである（全部買付義務）。これは、3分の2以上となるような場合には、上場廃止のおそれが高くなるため、投資家に売却の機会を付与すべきだということで設けられた制約である[18]。

なお、この全部買付義務が発生するときには、その対象者が発行するすべての株券等について公開買付けを行わなければならない（法27条の2第5項、政令8条5項3号）。つまり他の種類の株券等があれば、それも全部買い付けなければならないということである。ただし、当該株券等につき公開買付け等が行われないことの同意がある場合等（公開買付府令5条3項）は、公開買付けをする必要はない。

これらの上限又は下限の条件を付さなかったときは、応募のあったすべての株券等を買い付けなければならない。

公開買付届出書第2号様式では、「株式に換算した買付予定数」、「株式に換算した買付予定の下限」及び「株式に換算した買付予定の上限」を記載することになっている（第1公開買付要領、4(3)）。上記のそれぞれの数を記載することとなる。

法27条の13第4項1号の条件（下限の数）を定めた場合には、同号に規定する公開買付開始公告及び公開買付届出書に記載された数（下限の数）を増加させることはできない。ただし、対抗公開買付けが行われている場合は引き上げが可能である（政令13条2項1号）。

また買付予定の株券等の数を引き下げることもできない（法27条の6第1項2号）。上記の買付け株数の下限又は上限の条件を後から付すこともできない（法27条の13第4項）。

---

18)　大来志郎「公開買付制度・大量保有報告制度」旬刊商事法務1774号42頁

六　公開買付け開始公告及び公開買付届出書の記載事項等

　公開買付届出書及び公開買付開始公告の公告事項・記載事項は次の通りである（法27条の3第1項2項）。

　まず公告については、公開買付府令10条が定めており、その内容は次の通りである。

　　①公開買付者の氏名又は名称及び住所又は所在地
　　②公開買付けにより株券等の買付け等を行う旨
　　③公開買付けの目的
　　④公開買付けの内容に関する事項のうち次に掲げるもの
　　　イ　対象者の名称
　　　ロ　買付け等を行う株券等の種類
　　　ハ　買付け等の期間、買付け等の価格及び買付予定の株券等の数
　　　ニ　買付予定の株券等に係る議決権の数が当該発行者の総議決権の数に占める割合
　　　ホ　法27条の3第1項に規定する公告を行う日における公開買付者の所有に係る株券等の株券等所有割合（法第27条の2第8項に規定する株券等所有割合をいう。以下この号において同じ。）及び当該公告を行う日における特別関係者の株券等所有割合並びにこれらの合計
　　　ヘ　買付け等の後における公開買付者の所有に係る株券等の株券等所有割合並びに当該株券等所有割合及び当該公告を行う日における特別関係者の株券等所有割合の合計
　　　ト　買付け等の申込みに対する承諾又は売付け等の申込みの方法及び場所
　　　チ　買付け等の決済をする証券会社又は銀行等の名称、決済の開始日、方法及び所並びに株券等の返還方法

リ　その他買付け等の条件及び方法
　⑤対象者又はその役員との当該公開買付けに関する合意の有無
　⑥公開買付届出書の写しを縦覧に供する場所
　⑦次に掲げる場合の区分に従い当該各号に定める事項
　　　イ　公開買付者が会社である場合　当該会社の目的、事業の内容及び資本金の額
　　　ロ　公開買付者が会社以外の法人等である場合　当該法人等の目的、事業の内容及び出資若しくは寄付又はこれらに類するものの額
　　　ハ　公開買付者が個人である場合　職業

またこれ以外に、買付け等の期間が30営業日より短いときは、法27条の10第3項の規定により当該買付け等の期間が延長されることがある旨を明示しなければならない（法27条の3第1項後段）。公告の方法については、政令9条の3が定めている。

次に公開買付届出書の様式は、同府令12条により、第2号様式によるものとされている。この届出書及び添付書類（同府令13条）、公開買付開始公告を行った日に公開買付届出書及びその添付書類を内閣総理大臣に提出する。

　第2号様式は以下の通りである。

〔発行者以外の者による株券等の公開買付けの開示に関する内閣府令〕
第二号様式
 【表紙】
 【提出書類】   公開買付届出書
 【提出先】   関東財務局長
 【提出日】   平成　年　月　日
 【届出者の氏名又は名称】(1)
 【届出者の住所又は所在地】
 【最寄りの連絡場所】
 【電話番号】
 【事務連絡者氏名】
 【代理人の氏名又は名称】(2)
 【代理人の住所又は所在地】
 【最寄りの連絡場所】
 【電話番号】
 【事務連絡者氏名】
 【縦覧に供する場所】(3)   名称
            （所在地）

第1【公開買付要項】
 1【対象者名】
 2【買付け等をする株券等の種類】(4)
 3【買付け等の目的】(5)
 4【買付け等の期間、買付け等の価格及び買付予定の株券等の数】(6)
  (1)【買付け等の期間】
   ①【届出当初の期間】

買付け等の期間	年　月　日から　年　月　日まで（　営業日）
公告日	
公告掲載新聞名	

  ②【対象者の請求に基づく延長の可能性の有無】
  ③【期間延長の確認連絡先】
  (2)【買付け等の価格】

株券	
新株予約権証券	
新株予約権付社債券	
株券等信託受益証券（　　　）	

Ⅲ 公開買付制度

株券等預託証券（　　）	
算定の基礎	
算定の経緯	

(3)【買付予定の株券等の数】

株式に換算した買付予定数	株式に換算した買付予定の下限	株式に換算した買付予定の上限
（株）	（株）	（株）

5 【買付け等を行った後における株券等所有割合】(7)

区　　　　分	議決権の数
買付予定の株券等に係る議決権の数（個）(a)	
aのうち潜在株券等に係る議決権の数（個）(b)	
bのうち株券の権利を表示する株券等信託受益証券及び株券等預託証券に係る議決権の数（個）(c)	
届出書提出日現在における公開買付者の所有株券等に係る議決権の数（個）(d)	
dのうち潜在株券等に係る議決権の数（個）(e)	
eのうち株券の権利を表示する株券等信託受益証券及び株券等預託証券に係る議決権の数（個）(f)	
届出書提出日現在における特別関係者の所有株券等に係る議決権の数（個）(g)	
gのうち潜在株券等に係る議決権の数（個）(h)	
hのうち株券の権利を表示する株券等信託受益証券及び株券等預託証券に係る議決権の数（数）(i)	
対象者の総株主等の決議権の数（　年　月　日現在）（個）(j)	

買付予定の株券等に係る議決権の数の総株主等の議決権の数に占める割合（a／j）（％）	
買付け等を行った後における株券等所有割合 （(a+d+g)／(j+(b−c)+(e−f)+(h−i))×100）（％）	

6 【株券等の取得に関する許可等】(8)
　(1) 【株券等の種類】
　(2) 【根拠法令】
　(3) 【許可等の日付及び番号】
7 【応募及び契約の解除の方法】(9)
　(1) 【応募の方法】
　(2) 【契約の解除の方法】
　(3) 【株券等の返還方法】
　(4) 【株券等の保管及び返還を行う金融商品取引業者・銀行等の名称及び本店の所在地】
8 【買付け等に要する資金】(10)
　(1) 【買付け等に要する資金等】

買付代金（円）(a)	
金銭以外の対価の種類	
金銭以外の対価の総額	
買付手数料(b)	
その他(c)	
合計(a)+(b)+(c)	

　(2) 【買付け等に要する資金に充当しうる預金又は借入金等】
　　①【届出日の前々日又は前日現在の預金】

種　　類	金　　額（千円）
計(a)	

Ⅲ 公開買付制度

② 【届出日前の借入金】
　イ 【金融機関】

	借入先の業種	借入先の名称等	借入契約の内容	金額（千円）
1		－		
2				
計				

　ロ 【金融機関以外】

借入先の業種	借入先の名称等	借入契約の内容	金額（千円）
計			

③ 【届出日以後に借入れを予定している資金】
　イ 【金融機関】

	借入先の業種	借入先の名称等	借入契約の内容	金額（千円）
1		－		
2				
計(b)				

　ロ 【金融機関以外】

借入先の業種	借入先の名称等	借入契約の内容	金額（千円）
計(c)			

④【その他資金調達方法】

内　　　容	金　　額（千円）
計(d)	

⑤【買付け等に要する資金に充当しうる預金又は借入金等の合計】
　　千円　((a)＋(b)＋(c)＋(d))
(3)【買付け等の対価とする有価証券の発行者と公開買付者との関係等】
9【買付け等の対価とする有価証券の発行者の状況】⑾
(1)【名称】
(2)【本店の所在地】
(3)【代表者の役職氏名】
(4)【資本金の額】
(5)【会社の目的及び事業の内容】
(6)【最近3年間の1株当たり配当額等の状況】

決　算　年　月			
1株当たり当期純損益			
1株当たり配当額			
1株当たり純資産額			

(7)【最近の株価及び株式売買高の状況】

金融商品取引所名又は認可金融商品取引業協会名							
月別							
最高株価							
最低株価							
売買高							

10【決済の方法】⑿
(1)【買付け等の決済をする金融商品取引業者・銀行等の名称及び本店の所在地】

Ⅲ 公開買付制度

　　⑵【決済の開始日】
　　⑶【決済の方法】
　　⑷【株券等の返還方法】
　11【その他買付け等の条件及び方法】⒀
　　⑴【法第27条の13第4項各号に掲げる条件の有無及び内容】
　　⑵【公開買付けの撤回等の条件の有無、その内容及び撤回等の開示の方法】
　　⑶【買付け等の価格の引下げの条件の有無、その内容及び引下げの開示の方法】
　　⑷【応募株主等の契約の解除権についての事項】
　　⑸【買付条件等の変更をした場合の開示の方法】
　　⑹【訂正届出書を提出した場合の開示の方法】
　　⑺【公開買付けの結果の開示の方法】
第2【公開買付者の状況】⒁
　1【会社の場合】
　　⑴【会社の概要】⒂
　　　①【会社の沿革】
　　　②【会社の目的及び事業の内容】
　　　③【資本金の額及び発行済株式の総数】
　　　④【大株主】　　　　　　　　　　　　　　　　　年　月　日現在

氏名又は名称	住所又は所在地	所有株式の数 （千株）	発行済株式の総数に対する所有株式の数の割合（％）
計	－		

　　　⑤【役員の職歴及所有株式の数】　　　　　　　　　　年　月　日現在

役名	職名	氏名	生年月日	職歴	所有株式数 （千株）

	計	

 (2)【経理の状況】⒃
  ①【貸借対照表】
  ②【損益計算書】
  ③【株主資本等変動計算書】
 2【会社以外の団体の場合】
 (1)【団体の沿革】
 (2)【団体の目的及び事業の内容】
 (3)【団体の出資若しくは寄付又はこれらに類するものの額】
 (4)【役員の役名、職名、氏名(生年月日)及び職歴】
 3【個人の場合】
 (1)【生年月日】
 (2)【本籍地】⒄
 (3)【職歴】⒅
 (4)【破産手続開始の決定の有無】⒆
第3【公開買付者及びその特別関係者による株券等の所有状況及び取引状況】
 1【届出書提出日現在における株券等の所有状況】⒇
 (1)【公開買付者及び特別関係者による株券等の所有状況の合計】
 (2)【公開買付者による株券等の所有状況】

	所有する株券等の数	令第7条第1項第2号に該当する株券等の数	令第7条第1項第3号に該当する株券等の数
株券	(株)	(株)	(株)
新株予約権証券		―	
新株予約権付社債券		―	
株券等信託受益証券（　　　）		―	
株券等預託証券（　　）		―	
合計			
所有株券等の合計数		―	―
(所有潜在株券等の合計数)	(　　)	―	―

Ⅲ 公開買付制度

(3)【特別関係者による株券等の所有状況(特別関係者合計)】

	所有する株券等の数	令第7条第1項第2号に該当する株券等の数	令第7条第1項第3号に該当する株券等の数
株券	(株)	(株)	(株)
新株予約権証券		―	
新株予約権付社債券		―	
株券等信託受益証券(　　　)		―	
株券等預託証券(　　　)		―	
合計			
所有株券等の合計数			―
(所有潜在株券等の合計数)	(　　　)	―	―

(4)【特別関係者による株券等の所有状況(特別関係者ごとの内訳)】
　①【特別関係者】

氏名又は名称	
住所又は所在地	
職業又は事業の内容	
連絡先	
公開買付者との関係	

　②【所有株券等の数】

	所有する株券等の数	令第7条第1項第2号に該当する株券等の数	令第7条第1項第3号に該当する株券等の数
株券	(株)	(株)	(株)

新株予約権証券		—	
新株予約権付社債券		—	
株券等信託受益証券 （　　　　　　）		—	
株券等預託証券（　　）		—	
合計			
所有株券等の合計数		—	—
（所有潜在株券等の合計数）	（　　）	—	—

2 【株券等の取引状況】⑵
　(1)【届出日前60日間の取引状況】

氏名又は名称	株券等の種類	増加数	減少数	差引

3 【当該株券等に関して締結されている重要な契約】⑳
4 【届出書の提出日以後に株券等の買付け等を行う旨の契約】㉓
第4【公開買付者と対象者との取引等】
　1 【公開買付者と対象者又はその役員との間の取引の有無及び内容】㉔
　2 【公開買付者と対象者又はその役員との間の合意の有無及び内容】㉕
第5【対象者の状況】㉖
　1 【最近3年間の損益状況等】㉗
　　(1)【損益の状況】

決算年月			
売上高			
売上原価			
販売費及び一般管理費			
営業外収益			
営業外費用			

Ⅲ 公開買付制度

当期純利益（当期純損失）			

(2)【1株当たりの状況】

決算年月			
1株当たり当期純損益			
1株当たり配当額			
1株当たり純資産額			

2 【株価の状況】㉘

金融商品取引所名又は認可金融商品取引業協会						
月別						
最高株価						
最低株価						

3 【株主の状況】㉙
(1)【所有者別の状況】　　　　　　　　　　　　　　　　　年　月　日現在

区　分	株式の状況（1単元の株式数　　株）								単元未満株式の状況（株）
	政府及び地方公共団体	金融機関	金融商品取引業者	その他の法人	外国法人等	外国法人等のうち個人	個人その他	計	
株主数（人）									―
所有株式数（単位）									
所有株式数の割合（%）								100	―

(2)【大株主及び役員の所有株式の数】
　①【大株主】　　　　　　　　　　　　　　　　　年　月　日現在

氏名又は名称	住所又は所在地	所有株式数（株）	発行済株式の総数に対する所有株式数の割合（％）
計	—		

　②【役員】　　　　　　　　　　　　　　　　　　年　月　日現在

氏　　名	役名	職名	所有株式数（株）	発行済株式の総数に対する所有株式数の割合（％）
計	—	—		

4【その他】⑽
（記載上の注意）
(1)　届出者の氏名又は名称
　　複数の者が共同して公開買付けを行う場合には、それぞれの者について記載すること（法第27条の30の5第1項の規定により公開買付届出書を書面で提供する場合には、併せて「届出者の氏名又は名称」の下にそれぞれの者が署名又は押印すること。）
(2)　代理人の氏名又は名称
　　非居住者が届出をする場合に、本邦内に住所又は事務所を有するものであって、

Ⅲ　公開買付制度

　　　　公開買付けに係る書類の提出に関する一切の行為につき公開買付者を代理する者
　　　（以下この(2)において「代理人」という。）の氏名（代理人が法人である場合には、
　　　その名称及び代表者の氏名）を記載すること（法第27条の30の5第1項の規定に
　　　より公開買付届出書を書面で提出する場合には、併せて「代理人の氏名又は名称」
　　　の下に代理人（代理人が法人である場合には、その代表者）が署名すること。）。

　(3)　縦覧に供する場所
　　　第33条第2項及び第3項の規定による縦覧について記載すること。
　(4)　買付け等をする株券等の種類
　　　買付け等をする株券等に旧新株引受権証券等が含まれる場合には、その旨を記載
　　すること。
　(5)　買付け等の目的
　　　買付け等の目的について具体的に記載すること。
　　　たとえば、
　　a　支配権取得又は経営参加を目的とする場合には、支配権取得又は経営参加の方
　　　法及び支配権取得後の経営方針又は経営参加後の計画について具体的に記載する
　　　こと。組織再編、企業集団の再編、解散、重要な財産の処分又は譲受け、多額の
　　　借財、代表取締役等の選定又は解職、役員の構成の変更、配当・資本政策に関す
　　　る重要な変更、その他対象者の経営方針に対して重大な変更を加え、又は重大な
　　　影響を及ぼす行為を予定している場合には、その内容及び必要性も記載すること。
　　b　純投資又は政策投資を目的とする場合には、株券等を取得した後の当該株券等
　　　の保有方針、売買方針及び議決権の行使方針並びにそれらの理由を記載し、長期
　　　的な資本提携を目的とする政策投資として買付け等を行う場合には、その必要性
　　　を具体的に記載すること。
　　c　買付け等の後、当外株券等の発行者の株券等を更に取得する予定の有無、その
　　　理由及びその内容を具体的に記載すること。
　　d　株券等を取得した後、第三者に譲渡することを目的とする場合には、当外第三
　　　者について「第2　公開買付者の状況」に掲げる事項と同一の事項（「1　会社の
　　　場合」の「(2)　経理の状況」を除く。）を記載するとともに、当該第三者の公開
　　　買付者との関係、譲受けの目的及び届出日において所有する当該株券等の数を記
　　　載すること。
　　e　買付け等の後、当該株券等の発行者の株券等が上場又は店頭登録の廃止となる
　　　見込みがある場合には、その旨及び理由について具体的に記載すること。
　(6)　買付け等の期間、買付け等の価格及び買付予定の株券等の数
　　a　「届出当初の期間」欄には、届出日現在における公開買付期間を記載すること。
　　b　「対象者の請求に基づく延長の可能性の有無」欄には、法第27条の10第3項
　　　の規定により当該公開買付けの期間が延長される可能性がある場合に、例えば
　　　「法第27条の10第3項の規定により、公開買付対象者から公開買付期間の延長
　　　を請求する旨の記載がされた意見表明報告書が提出された場合は、買付け等の期
　　　間は30営業日、公開買付期間は○月○日までとなります。」等詳細に記載し、延
　　　長される可能性がない場合には「当該事項なし」と記載すること。
　　c　「期間延長の確認連絡先」欄には、期間延長の有無、延長後の公開買付期間の

末日等を問い合わせる場合の連絡先及び確認受付時間等を記載すること。
- d 「買付け等の価格」欄には、有価証券等を対価とする場合には、当該有価証券等の種類及び交換比率、有価証券等及び金銭を対価とする場合には、当該有価証券等の種類、交換比率及び金銭の額を記載すること。また、「株券等信託受益証券」及び「株券等預託証券」の欄の括弧内には株券等信託受益証券及び株券等預託証券の権利に係る対象株券等の種類を記載すること（「買付予定の株券等の数」欄及び「第3 公開買付者及びその特別関係者による株券等の所有状況及び取引状況」の「1 届出書提出日現在における株券等の所有状況」欄において同じ。）。

  なお、株券等が投資証券である場合には、「株券」、「新株予約権証券」、「新株予約権付社債券」、「株券等信託受益証券」及び「株券等預託証券」の欄の記載を省略し、「投資証券」欄を設けて記載すること（「第3 公開買付者及びその特別関係者による株券等の所有状況及び取引状況」の「1 届出書提出日現在における株券等の所有状況」欄において同じ。）。
- e 「算定の基礎」欄には、買付価格の算定根拠を具体的に記載し、買付価格が時価と異なる場合や当該買付者が最近行った取引の価格と異なる場合には、その差額の内容も記載すること。

  株券等の種類に応じた公開買付価格の価額の差について、換算の考え方等の内容を具体的に記載すること。
- f 「算定の経緯」欄には、算定の際に第三者の意見を聴取した場合に、当該第三者の名称、意見の概要及び当該意見を踏まえて買付価格を決定するに至った経緯を具体的に記載すること。公開買付者が対象者の役員、対象者の役員の依頼に基づき当該公開買付けを行う者であって対象者の役員と利益を共通にする者又は対象者を子会社（会社法第2条第3号に規定する子会社をいう。以下同じ。）とする会社その他の法人である場合であって、買付価格の公正性を担保するためのその他の措置を講じているときは、その具体的内容も記載すること。
- g 「株式に換算した買付予定数の下限」欄には、法第27条の13第4項第1号の規定により、応募株券等の数の合計が株式に換算した買付予定数の下限の一部としてあらかじめ公開買付開始公告において記載された数に満たないときは応募株券等の全部の買付け等をしない旨の条件を付した場合における、当該記載された数を記載すること。
- h 「株式に換算した買付予定数の上限」欄には、法第27条の13第4項第2号の規定により、応募株券等の数の合計が買付予定の株券等の数を超えるときはその超える部分の全部又は一部の買付け等をしない旨の条件を付した場合における、買付け等を行う当該株券等の数の上限を記載すること。

(7) 買付け等を行った後における株券等所有割合
- a 「潜在株券等に係る議決権の数」欄には、新株予約権証券、新株予約権付社債券、株券等信託受益証券及び株券等預託証券について株式に換算した議決権の数並びに取得請求権付株式及び取得条件付株式について潜在的に増加し得る議決権の数の合計を記載すること。

  現在は対象者以外の者が発行者である株券等であっても、取得の請求の結果、対価として交付される株券等が対象者の発行する株券等である旨の定めがなされている場合には、当該交付される株券等に係る議決権の数も含めることとする。

Ⅲ　公開買付制度

　　b　「対象者の総株主等の議決権の数」欄には、原則として、公開買付開始公告を行った日の総株主等の議決権（法第29条の4第2項に規定する議決権をいう。）の数を記載すること。ただし、これがわからない場合には、直近に提出された有価証券届出書（法第2条第7項に規定する有価証券届出書をいう。以下同じ。）、有価証券報告書（法第24条第1項に規定する有価証券報告書をいう。以下同じ。）、四半期報告書（法第24条の4の7第1項に規定する四半期報告書をいう。以下同じ。）又は半期報告書（法第24条の5第1項に規定する半期報告書をいう。以下同じ。）に記載された総株主等の議決権の数を記載しても差し支えない。

　　　なお、株券等が投資証券である場合には、「株券等に係る議決権の数」とあるのは「投資証券に係る投資口の数」と、「議決権の数」とあるのは「投資口の数」と、「総株主等の議決権の数」とあるのは「発行済投資口の総口数」と読み替えて記載すること。この場合「潜在株券等に係る議決権の数」及び「株券の権利を表示する株券等預託証券に係る議決権の数」欄の記載を省略すること。

　　c　株券等所有割合は小数点以下3桁を四捨五入し小数点以下2桁まで記載すること。

(8)　株券等の取得に関する許可等
　　届出日までに許可等がない場合には、「(3)　許可等の日付及び番号」は記載を要しない。この場合には、当該許可等があった時点で訂正届出書を提出すること。

(9)　応募及び契約の解除の方法
　　a　「(1)　応募の方法」には、応募の方法を具体的に記載し、応募に際し株券等を提出させる場合には、その方法を具体的に記載すること。
　　b　「(2)　契約の解除の方法」には、法第27条の12第1項の規定による契約の解除の方法について具体的に記載し、令第14条の2で定める方法による場合には、解除書面を受領する権限を有する者の氏名又は名称及び本邦内の住所、居所又は所在地を記載すること。
　　c　応募に際し株券等を提出させる場合には、契約の解除があった場合の株券等の返還方法及び返還時期等を「(3)　株券等の返還方法」に記載すること。
　　d　「(4)　株券等の保管及び返還を行う金融商品取引業者・銀行等の名称及び本店の所在地」は、応募に際し株券等を提供させる場合に記載すること。

(10)　買付け等に要する資金
　　a　「買付代金」欄には、買付価格に買付予定数と超過予定数との合計を乗じて得た金額を記載すること。
　　　なお、有価証券等を買付け等の対価とする場合で、その交換に係る差金として金銭を交付するときは、当該金銭の総額を記載すること。
　　b　「金銭以外の対価」欄には、買付け等の対価として引き渡す有価証券等の種類及び総額を記載すること。
　　c　「買付手数料」欄には、買付け等に関して手数料を支払う場合に当該手数料の額を記載すること。
　　d　「その他」欄には、公告に要する費用、弁護士に支払う報酬等の額を記載すること。
　　e　「届出日の前々日又は前日現在の預金」欄には、普通預金、通知預金等の種類別に、届出日の前々日又は前日（当日が銀行等の休日であるときは、その前日）

の銀行等の終業時における残高（借入債務の担保に供されているもの等引出しが制限されているものを除く。）を記載すること。
- f 「届出日前の借入金」欄には、届出日前に買付け等に要する資金として借り入れたものがある場合に記載すること。
- g 借入先が金融機関である場合で、借入金が買付け等の資金に充てることを明らかにせずに借り入れたものである場合には、当該借入金については「金融機関」欄の「1」欄に記載すること。この場合には、当該借入金については、「借入先の名称等」欄は記載しないで「借入先の業種」欄、「借入契約の内容」欄及び「金額」欄のみ記載するとともに、当該借入金に係る借入先の業種、借入先の名称及び所在地、借入契約の内容及び金額を記載した書面を作成して本届出書に添付すること。公開買付者が法第27条の3第4項の規定により本届出書の写しを送付する際は、当該書面の写し及び当該借入金に係る契約書の写しを添付せずに送付すること。

   借入先が金融機関である場合で、借入金が買付け等の資金に充てることを明らかにして借り入れたものである場合には、当該借入金については「金融機関」欄の「2」欄に記載すること。

   借入先が金融機関以外の者である場合には、その借入先については「金融機関以外」欄に記載すること。
- h 「借入先の業種」欄には、金融機関の場合にはその種類、金融機関以外の場合には貸金業者、個人等、具体的に記載すること。
- i 「借入先の名称等」欄には、借入先の氏名又は名称及び住所又は所在地を記載すること。
- j 「借入契約の内容」欄には、借入れの方法、借入条件及び担保の状況を記載すること。
- k 「その他資金調達方法」欄には、「届出日の前々日又は前日現在の預金」欄及び「届出日以後に借入れを予定している資金」欄に記載したもの以外の資金の調達を予定している場合に、その内容及び金額を記載すること。
- l 「(3) 買付け等の対価とする有価証券の発行者と公開買付者との関係等」には、有価証券をもって買付け等の対価とする場合に当該有価証券の発行者と公開買付者との関係を具体的に記載するとともに、当該有価証券の種類に応じ必要な事項（たとえば、交換後の最初の利益配当又は利息支払の時期、社債券の発行条件）を記載すること。

(11) 買付け等の対価とする有価証券の発行者の状況

有価証券をもって買付け等の対価とする場合に記載すること。
- a 買付け等の対価とする有価証券の発行者が公開買付者である場合には、発行者が公開買付者である旨、「(6) 最近3年間の1株当たり配当額等の状況」及び「(7) 最近の株価及び株式売買高の状況」を記載すること。
- b 「(5) 会社の目的及び事業の内容」には、定款に記載された目的を記載し、現在営んでいる事業についてわかりやすく説明すること。
- c 株券等が投資証券である場合には、「(6) 最近3年間の1株当たり配当額等の状況」欄中「1株当たり」とあるのは「投資口一口当たり」と、「(7) 最近の株価及び株式売買高の状況」欄中「株価」とあるのは「一口価格」と、「株式売買

Ⅲ　公開買付制度

　　　　　高」とあるのは「投資口売買高」と読み替えて記載すること（「第5　対象者の
　　　　　状況」欄において同じ。）。
　　　d　「(7)　最近の株価及び株式売買高の状況」には、届出日の属する月前6月間の
　　　　月別及び届出日の属する月の初日から届出日の前日までの期間に区分して、次に
　　　　掲げる事項を記載すること。
　　　　(a)　株式が金融商品取引所に上場されている場合には、主要な1金融商品取引所
　　　　　の市場相場及び株式売買高を記載し、当該金融商品取引所名を注記すること。
　　　　(b)　株式が店頭売買有価証券として認可金融商品取引業協会に登録されている場
　　　　　合には、当該認可金融商品取引業協会の発表する相場及び株式売買高を記載す
　　　　　ること。
　　　　(c)　その他の銘柄で気配相場がある場合には、当該気配相場を記載し、その旨を
　　　　　記載すること。この場合には、株式売買高の記載を要しない。
　⑿　決済の方法
　　　a　「(2)　決済の開始日」には、法第27条の10第3項の規定により公開買付期間
　　　　が延長される可能性がある場合に、延長後の公開買付期間に対応する決済の開始
　　　　日を注記すること。
　　　b　「(3)　決済の方法」には、買付代金を支払い、又は対価として有価証券等を引
　　　　き渡す際に買付け等の通知書の呈示を求めること等決済の方法を具体的に記載す
　　　　ること。
　　　c　「(4)　株券等の返還方法」には、応募に際し株券等を提供させる場合であって、
　　　　法第27条の11第1項の規定による公開買付けに係る申込みの撤回及び契約の解
　　　　除があった場合及び法第27条の13第4項各号に掲げる条件を付した場合であっ
　　　　て当該条件に基づき応募株券等の買付け等をしないこととなった場合には、株券
　　　　等を郵送により返還すること等返還の方法を具体的に記載するとともに、それぞ
　　　　れの場合について返還開始日を記載すること。
　⒀　その他買付け等の条件及び方法
　　　a　「法第27条の13第4項各号に掲げる条件の有無及び内容」には当該条件
　　　　の有無及び内容を記載すること。なお、第32条第1項に規定する方法により計
　　　　算した数の合計と買付け等をする株券等の総数とが異なる場合には、その異なる
　　　　数の処理について特に詳細に記載すること。
　　　b　「(2)　公開買付けの撤回等の条件の有無、その内容及び撤回等の開示の方法」
　　　　には、令第14条第1項各号に掲げる条件の有無及び内容並びに同条第2項に定
　　　　める事項が発生した場合には撤回等を行うことがある旨を記載するとともに、撤
　　　　回等の公告又は公表の方法を記載すること。
　　　c　「(3)　買付け等の価格の引下げの条件の有無、その内容及び引下げの開示の方
　　　　法」には、法第27条の6第1項第1号の規定により、公開買付期間中に対象者
　　　　が株式の分割その他の政令で定める行為を行った場合には買付け等の価格の引き
　　　　下げを行うことがある旨の条件の有無及び内容を記載するとともに、引き下げた
　　　　場合の公告及び公表の方法を記載すること。
　　　d　「(4)　応募株主等の契約の解除権についての事項」には、法第27条の12の規
　　　　定の内容をわかりやすく記載すること。
　　　e　「(5)　買付条件等の変更をした場合の開示の方法」には、買付条件等を変更す

ることがある場合にはその旨を記載するとともに、買付条件等の変更の方法及び変更前に既に応募した者の取扱いについて記載すること。
　　f　「(6)　訂正届出書を提出した場合の開示の方法」には、訂正届出書を提出した場合における公告の方法及び公開買付説明書の訂正方法について記載すること。
　　g　「(7)　公開買付けの結果の開示の方法」には、公開買付期間の末日の翌日に公告又は公表を行う旨及びその方法について記載すること。
⑭　公開買付者の状況
　　複数の者が共同して公開買付けを行う場合には、それぞれの者について記載すること。
⑮　会社の概要
　　a　「①　会社の沿革」には、創立の経緯、商号の変更、合併、増減資等による資本の変動、事業目的の変更、工場の新設等主な変遷につき簡単に記載すること。
　　b　「②　会社の目的および事業の内容」には、定款に記載された目的を記載し、現在営んでいる事業についてわかりやすく説明すること。
　　c　「③　資本金の額及び発行済株式の総数」には、届出日現在の資本金の額及び発行済株式の総数を記載すること。
　　d　「④　大株主」には、所有株式（他人又は仮設人名義のものを含む。）の数の多い順に、10名程度の株主について記載すること．なお、大株主が個人である場合の個人株主の住所の記載に当たっては、市区町村名までを記載しても差し支えない。
　　e　「⑤　役員の職歴及び所有株式の数」には、届出日現在の役員（監視役を含む。）について記載すること。なお、会計参与設置会社であって会計参与が法人である場合には、「氏名」欄に名称を、「職歴」欄に簡単な沿革を記載すること。
⑯　経理の状況
　　a　次に掲げる場合に応じ、次に掲げるものを記載すること。
　　(a)　公開買付者が有価証券報告書の提出者であって連結財務諸表（連結財務諸表の用語、様式及び作成方法に関する規則（昭和51年大蔵省令第28号）の規定により作成した連結財務諸表をいう。以下同じ。）を作成している場合
　　　連結財務諸表（連結附属明細表を除く。）を記載すること。
　　(b)　(a)以外の場合
　　　「財務諸表の用語、様式及び作成方法に関する規則」（昭和38年大蔵省令第59号）の規定により作成した財務諸表（賃借対照表、損益計算書及び株主資本等変動計算書に限る。以下同じ。）を記載すること。ただし、同規則第2条の規定により他の法令、準則等の定めるところにより財務諸表を作成している場合には、当該財務諸表を記載し、その旨注記すること。
　　　なお、公開買付者が外国法人等である場合で、上記規則により作成することが困難であるときには、その国の法令の規定又は慣習により作成した財務諸表を記載することができる。この場合において、特殊な会計処理をしているもの又は特異な科目表示をしているものがあれば、それについてわかりやすく説明すること。
　　b　これらの財務諸表は、最近2事業年度のものを掲げることとし、旧事業年度分

Ⅲ　公開買付制度

　　　　を左側に、新事業年度分を右側に配列して記載すること。最近事業年度に係る有
　　　　価証券報告書の提出日以降届出書提出日までの間に四半期報告書を提出している
　　　　場合には、最近2事業年度の財務諸表とともに届出書提出日の直前に提出した四
　　　　半期報告書に記載した四半期連結貸借対照表（a(b)の場合にあっては、四半期貸
　　　　借対照表）及び四半期連結損益計算書（当該四半期の属する事業年度の期首から
　　　　当該四半期の末日までの期間に係るもの）（a(b)の場合にあっては、四半期損益計
　　　　算書（当該四半期の属する事業年度の期首から当該四半期の末日までの期間に係
　　　　るもの））を掲げること。また、公開買付者が四半期報告書を提出していない場
　　　　合であって、最近事業年度に係る有価証券報告書の提出日以降届出書提出日まで
　　　　の間に半期報告書を提出しているときは、最近2事業年度の財務諸表とともに当
　　　　該半期報告書に記載した中間連結貸借対照表（a(b)にあっては、中間貸借対照表）
　　　　及び中間連結損益計算書（a(b)にあっては、中間損益計算書）を掲げること。
　　　ｃ　金額の表示は原則として百万円単位とすること。
　(17)　本籍地
　　　外国人の場合には、国籍を記載すること。
　(18)　職歴
　　　過去5年間の職歴を記載すること。
　(19)　破産手続開始の決定の有無
　　　過去5年間に、破産手続開始の決定を受けたことがある場合には、その内容を記
　　載すること。
　(20)　届出書提出日現在における株券等の所有状況
　　　ａ　株券等の数は、第8条の規定により換算することが必要となる株券等について
　　　　は株式に換算した数を、その他の株券については株式の数を、投資証券について
　　　　は投資口の数を記載すること。以下同じ。
　　　ｂ　複数の者が共同して公開買付けを行う場合には、「(1)　公開買付者及び特別関
　　　　係者による株券等の所有状況の合計」にはそれぞれの者について記載すること。
　　　ｃ　「所有する株券等の数」欄には、自己又は他人（仮設人を含む。）の名義をもっ
　　　　て所有する（令第7条第1項第1号、第4号及び第5号に掲げる場合を含む。）
　　　　株券等の数を記載すること。
　　　ｄ　「令第7条第1項第2号に該当する株券等の数」欄には、金銭の信託契約その
　　　　他の契約又は法律の規定に基づき、株主又は投資主としての議決権を行使するこ
　　　　とができる権限又は議決権の行使について指図を行うことができる権限を有する
　　　　株券又は投資証券（所有権又は投資をするのに必要な権限を有するものを除く。）
　　　　の数を記載すること。
　　　ｅ　「令第7条第1項第3号に該当する株券等の数」欄には、投資一任契約その他
　　　　の契約又は法律の規定に基づき、投資をするのに必要な権限を有する株券等（所
　　　　有権を有するものを除く。）の数を記載すること。
　(21)　株券等の取引状況
　　　ａ　公開買付者（公開買付者が法人等である場合は、その取締役、監査役、理事、
　　　　監事又はこれらに準ずる者を含む。）が届出日前60日間に取引した株券等の種類
　　　　ごとの総数を記載すること。
　　　ｂ　相対売買（相続および贈与を含む。）がある場合には、株券等の種類ごとにそ

の総数を内書きし、欄外に相手先及び当該相手先ごとの数を記載すること。
㉒ 当該株券等に関して締結されている重要な契約
　公開買付者及びその特別関係者の所有株券等に関する担保契約、売戻し契約、売買の予約その他の重要な契約又は取決めがある場合には、当該契約又は取決めの内容を記載すること。株券等を法人格のない組合、社団等の業務執行組合等として所有している場合、共有している場合等には、その旨記載すること。
㉓ 届出書の提出日以後に株券等の買付け等を行う旨の契約
　公開買付者及びその特別関係者が届出日前に株券等の買付け等の予約を行っている場合又は株券等の売買取引に係るオプションの取得（当該オプションの行使により当該行使をした者が当該取引において買主としての地位を取得するものに限る。）及び付与（当該オプションの行使により当該行使をした者が当該取引において売主としての地位を取得するものに限る。）を行っている場合で、届出書の提出日以降に買付け等を行うこととなる株券等がある場合には、当該契約の内容、相手方、当該契約に係る株券等の種類及び数並びに買付け等を行う予定日（オプションにあっては、オプションの行使日）について記載すること。
㉔ 公開買付者と対象者又はその役員との間の取引の有無及び内容
　最近の3事業年度における公開買付者と対象者又は役員との間の重要な取引の有無及び内容を記載すること。
㉕ 公開買付者と対象者又はその役員との間の合意の有無及び内容
　公開買付者と対象者又はその役員との間の、公開買付けによる株券等の買付け等、買付け後の重要な資産の譲渡などに関する合意の有無及びその内容を記載するとともに、公開買付者が当該役員に利益の供与を約した場合には、その内容を記載すること。
　　公開買付け者が対象者の役員、対象者の役員の依頼に基づき当該公開買付を行うものであって対象者の役員と利益を共通にする者又は対象者を子会社とする会社その他の法人等である場合には、当該公開買付けの実施を決定するに至った意思決定の過程を具体的に記載すること。利益相反を回避する措置を講じているときは、その具体的内容も記載すること。
㉖ 対象者の状況
　「2　株価の状況」及び「4　その他」を除き、対象者が提出した最近の有価証券届出書又は有価証券報告書によるものとし、当該有価証券届出書又は有価証券報告書の提出年月日を明示すること。
㉗ 最近3年間の損益状況など
　「損益の状況」欄には、百万円単位で記載することができる。
　なお、株券等が投資証券である場合には、「損益の状況」欄中「売上高」とあるのは「営業利益」と、「売上原価」及び「販売費及び一般管理費」とあるのは、「営業費用」と、「1株当たりの状況」欄中「1株当たり当期純損益」とあるのは「1口当たり当期純損益」と、「1株当たり配当額」とあるのは「1口当たり分配金額」と、「1株当たり純資産額」とあるのは「1口当たり純資産額」と読み替えて記載すること。

Ⅲ　公開買付制度

㉘　株価の状況
　届出日の属する月前６月間の月別及び届出日の属する月の初日から届出日の前日までの期間に区分して、次に掲げる事項を記載すること。
　a　株式が金融商品取引所に上場されている場合には、主要な１金融商品取引所の市場相場を記載し、当該金融商品取引所名を注記すること。
　b　株式が店頭売買有価証券として認可金融商品取引業協会に登録されている場合には、当該認可金融商品取引業協会の発表する相場を記載すること。
　c　その他の銘柄で気配相場がある場合には、当該気配相場を記載し、その旨を注記すること。
　d　投資口が金融商品取引所に上場されている場合には、主要な１金融商品取引所の市場相場を記載し、当該金融商品取引所名を注記すること。この場合において、「最高株価」とあるのは「最高１口価格」と、「最低株価」とあるのは、「最低１口価格」と読み替えて記載すること。
　e　aからdまでのいずれにも該当しない場合であって、過去においてaからdのいずれかに該当していたことがあるときは、該当していた期間のうち最近７月間の月別の相場を記載し、その旨を注記すること。

㉙　株主の状況
　a　届出日までに四半期報告書若しくは半期報告書又は臨時報告書（法第24条の５第４項に規定する臨時報告書をいう。）が提出され、これらの報告書に主要株主（法第163条第１項に規定する主要株主をいう。）及び役員の異動の記載がある場合には、それを「(2)大株主及び役員の所有株式の数」に注記すること。
　b　株券等が投資証券である場合には、「所有者別の状況」欄中「株式の状況（１単元の株式数　株）」とあるのは「投資口の状況」と、「株主数」とあるのは「投資主数」と、「所有株式数」とあるのは「所有投資口数」と、「所有株式数の割合」とあるのは「所有投資口数の割合」と、「大株主及び役員の所有株式の数」の「役員」欄中「所有株式数」とあるのは「所有投資口数」と、「発行済株式の総数に対する所有株式数の割合」とあるのは「発行済投資口の総数に対する所有投資口数の割合」と読み替えて記載すること。この場合「所有者別の状況」欄中「単元未満株式の状況㈱」及び「大株主及び役員の所有株式の数」の「大株主」欄の記載を省略すること。
　c　「(2)の①　大株主」について、大株主が個人である場合の個人株主の住所の記載に当たっては、市町村名までを記載しても差し支えない。
　d　「(2)の②　役員」について、会計参与設置会社であって会計参与が法人である場合には、「氏名」欄に名称を記載すること。

㉚　その他
　投資者が買付け等への応募の是非を判断するために必要と判断されるその他の情報を記載すること。対象者について最近の有価証券届出書及び有価証券報告書に記載されていない重要な事実を知っている場合には、当該事実を記載すること。

大項目は、第1　公開買付要項、第2　公開買付者の状況、第3　公開買付者及びその特別関係者による株券等の所有状況及び取引状況、第4　公開買付者と対象者との取引等、第5　対象者の状況となっている。

なお、MBO 等の場合の特則がいくつか定められているが、MBO 等というのは、公開買付者が、①対象者の役員、②対象者の役員の依頼に基づき当該公開買付けを行う者であって対象者の役員と利益を共通にする者、及び、③対象者を子会社とする会社等、である場合をいう。②の解釈は明確でない[19]。③は MBO ではなく、親会社による子会社の非公開化ということになる。

第2号様式の記載上の注意では、「買付け等の目的」については、支配権の取得又は経営参加を目的とする場合には、その方法及び支配権取得後の経営方針又は経営参加後の計画について具体的に記載することとされ、組織再編、企業集団の再編、解散、重要な財産の処分又は譲受け、多額の借財、代表取締役等の選定又は解職、役員構成の変更、配当・資本政策に関する重要な変更、その他対象者の経営方針に対して重大な変更を加え、又は重大な影響を及ぼす行為を予定している場合には、その内容及び必要性も記載することとされている（⑤ a）。株券等の追加取得の予定がある場合や（同 c）、第三者への譲渡の目的等も記載し、また買付け後に上場廃止等になる見込みがある場合には、その旨及び理由についても記載する（同 e）。

「買付け等の価格」の「算定の基礎」欄には、買付価格算定の根拠を具体的に記載する（⑥ e）。買付価格が時価と異なる場合や、買付者が最近行った取引の価格と異なる場合にはその差額の内容も記載する。株券等の種類に応じた公開買付価格の価額の差については、換算の考え方の内容を具体的に記載する。

「算定の経緯」欄については、第三者の意見を聴取した場合には、当該第三

---

[19]　内間裕・森田多恵子「公開買付制度・大量保有報告制度の改正と実務への影響（中）」旬刊商事法務 1791 号 49 頁

者の名称、意見の概要及び当該県を踏まえて買付価格を決定するに至った経緯を具体的に記載する。MBO 等の場合など、利益相反的な関係にある場合において、買付価格の公正性を担保するためのその他の措置を講じているときは、その具体的内容も記載する。

有価証券を対価とする場合には、「買付け等の対価とする有価証券の発行者の状況」も記載する。

「その他買付け等の条件及び方法」としては、撤回の条件や買付け等の価格の引下げの有無、買付条件等を変更することがある場合にはその旨等を記載する。

公開買付者の「株券等の取引状況」（記載上の注意㉑）や「当該株券等に関して締結されている重要な契約」（同㉒）も記載される。

「公開買付者と対象者又はその役員との間の合意の有無及び内容」も記載される。MBO 等の場合は、公開買付けの実施を決定するに至った意思決定の過程を具体的に記載し、利益相反を回避する措置を講じているときは、その具体的な内容も記載する（同㉕）。

その他、投資者が買付け等への応募の是非を判断するために必要と判断されるその他の情報を記載することとされており、また対象者について最近の有価証券報告書等に記載されていない重要な事実を知っている場合には、当該事実を記載することとされている（同㉚）。

最近の公開買付の事例を分類すると、①MBO、②グループ会社の完全子会社化、③上場を維持したままの子会社化、④グループ外会社の買収、⑤半数未満の出資であるが3分の1ルールに抵触したために公開買付の手続きによったものなどがある。

記載事例のうち、参考になる部分をいくつか下に掲示する。

[IDSP-オークネット］〜MBO の事例

1【対象者名】（略）
2【買付け等をする株券等の種類】（略）
3【買付け等の目的】
(1) 公開買付者による買付け等の概要

　公開買付者は、対象者の代表取締役社長を務める藤崎清孝氏が本届出書提出日現在においてその発行済株式の全てを保有する株式会社であり、対象者の株式又は持分を所有することにより、対象者の事業活動を支配・管理することを目的とする会社であります。

　公開買付者は、対象者の発行済普通株式（以下「対象者株式」といいます。）のうち、自己株式を除いた全株式（買付け等の期間（以下「公開買付期間」といいます。）末日までに新株予約権が行使される可能性があり、当該行使により発行又は移転される対象者株式も本公開買付けの対象としております。）及び発行済の新株予約権の全部を取得することにより、対象者の株式を非公開化させるための一連の取引（以下「本取引」といいます。）の一環として、本届出書に係る公開買付けを実施することを決定致しました。

　公開買付者は、本公開買付けにおいて、公開買付者の代表取締役社長であり対象者の代表取締役社長である藤崎清孝氏（対象者の発行済新株予約権が全て行使された場合の完全希釈化後の発行済株式総数（自己株式を除きます。）に対する所有株式数の割合（以下「所有割合」といいます。）：約 1.22％）、対象者の大株主である藤崎喜代子氏（所有割合：約 5.41％）、藤崎麻紀子氏（所有割合：約 1.25％）、藤崎慎一郎氏（所有割合：1.10％）、藤崎真弘氏（所有割合：約 1.10％）、株式会社フレックス（所有割合：約 12.95％、以下「フレックス」といいます。）、株式会社オリエントコーポレーション（所有割合：約 12.08％（みずほ信託退職給付信託オリエントコーポレーション口による所有を含む。以下同じ。）、以下「オ

リコ」といいます。）及び日本ビジネステレビジョン株式会社（所有割合：約5.21％、以下「JBTV」といいます。）から、原則としてその保有する全ての対象者株式及び新株予約権又はその行使により発行若しくは移転される対象者株式の全て（合計所有割合：約40.33％）について本公開買付けに応募する旨の同意を得ております。なお、フレックスは、対象者の創業者一族が発行済株式の全てを保有する資産管理会社（注1）であります。

本公開買付けはいわゆるマネジメント・バイアウト（MBO）（注2）である本取引の一環として行われるものであり、対象者の代表取締役社長であり公開買付者の代表取締役社長でもある藤崎清孝氏及び対象者のその他の現経営陣は、本公開買付け終了後も継続して対象者の経営にあたることを予定しております。また、本公開買付けが成立した場合、藤崎清孝氏は、公開買付者に対する追加出資を行い、対象者の取締役である藤崎孝氏も、公開買付者に対して新たに出資を行うことを予定しております。

更に、公開買付者は、本公開買付け終了後、他の対象者経営陣及び執行役員等に対しても、公開買付者への出資を呼びかける予定です。

(注1) フレックスは、対象者の創業者一族である藤崎喜代子氏、藤崎慎一郎氏、藤崎真弘氏が発行済株式の全てを保有する株式会社です。また、対象者の取締役である藤崎孝氏は、フレックスの取締役及びフレックス自動車販売株式会社の代表取締役会長を兼務しております。
(注2) マネジメント・バイアウト（MBO）とは、一般的に、買収対象企業の経営陣が外部パートナーと共同で資金を出資し、事業の継続を前提として対象企業の株式を購入することをいいます。

(2) 本公開買付けを実施する背景及び理由並びに本公開買付け後の経営方針
　対象者は昭和57年に設立され、昭和60年に中古車オークション業界にネッ

トワーク型オークションであるテレビオートオークションを投入し、通信衛星を利用した事業者向けオークションを運営してまいりました。その後、通信衛星システムとインターネットを組み合わせた、独自のシステムによるバーチャルなオークション市場を事業者向けに提供し、ビジネス領域を中古車からバイク、花き、PC へと拡大しております。対象者の主力事業が属する中古車流通市場は、平成 7 年から平成 16 年にかけて市場規模がおよそ 2 倍に伸張した成長市場であり、対象者が株式会社東京証券取引所（以下「東京証券取引所」といいます。）市場第一部へ上場した平成 12 年 5 月当時は、こうした市場拡大の真っ只中にありました。

　しかし、平成 17 年以降、この中古車流通市場はその規模が縮小する傾向にあり、対象者が事業を展開している中古車オークション業界を取り巻く環境は、長引く新車販売の低迷や中古車輸出の急拡大、自動車平均保有年数の長期化による良質な中古車不足を背景に大きく変動しつつあり、参入障壁の低いインターネットを利用したオークションへのシフトが続く等、事業者間の競争も激化し、対象者においても、主力事業であるオークション事業は、出品台数が伸び悩み、成約台数が減少する傾向が続いております。

　対象者は、このような業界の環境下、同報性に優れた通信衛星を通信手段として利用しておりましたが、平成 18 年 6 月より、通信衛星とインターネットを並行して利用し、平成 19 年からは 5 億円の費用をかけて、オークションの通信手段をインターネットへと移行すべく、各種施策を実施するとともにインターネットを利用した顧客向け集客支援サービスを展開し、主力事業の強化・拡大を目指しております。

　しかしながら、公開買付者は、対象者が中長期的かつ持続的な企業価値の向上を実現するには、①オークション事業の通信伝達手段を通信衛星からインターネットへ移行するとともに、他社と比較して競争力を有する月額固定料金を設定し、多数の中古車販売店を会員店として獲得し顧客基盤を拡充させること、

Ⅲ　公開買付制度

②消費者向けの広告を積極的に行い会員店が保有する中古車の市場流通を促進させる情報流通支援サービス事業を強化し会員店あたりの収益を拡大すること、といった事業構造の転換が必要であると考えております。

このような事業構造の転換を推進するには、月額固定料金を変更することにより大幅な減収が見込まれ、更に、積極的な広告活動を行うことにおいても大きな支出が必要なことから、一時的な利益の減少が見込まれ、株価に悪影響を及ぼすことが予測されるとともに、短期的な業績の変動は、資本市場から十分な評価を得られず、対象者の株主の皆様のご期待に沿えられない可能性があります。

また、増加傾向にある上場維持コストが、今後対象者の事業利益を圧迫し、事業活動展開の障壁になる可能性もあります。

公開買付者は、こうした厳しい経営環境に適応し、企業価値の拡大を実現していくためには、短期的な業績の変動に左右されることなく、中長期的かつ持続的な企業価値向上を視野に入れた事業構造の転換が必要であると判断し、上場維持を含めて様々な観点から検討を重ねた結果、短期的な業績向上と中長期的な企業価値向上を同時に追求して経営を行うことは、対象者の安定的かつ継続的な成長を制約するものと判断し、対象者の株主の皆様に対し事業構造の転換に伴う短期的なマイナスの影響を及ぼすことを回避するとともに、対象者の企業価値をより一層向上させるためには、マネジメント・バイアウト（MBO）の手法により非公開化を行うことが最善であると判断し、本公開買付けを行うことを決定致しました。

対象者の代表取締役社長であり、本届出書提出日現在において公開買付者の発行済株式の全てを保有する藤崎清孝氏は、フレックス、ポラリス第二号投資事業有限責任組合（注3）（以下「ポラリス」といいます。）、JBTV、オリコ及び藤崎孝氏との間で、本公開買付け後の対象者の経営方針等に関し、以下の点について合意しております。

本公開買付け後の経営体制については、対象者の代表取締役社長であり公開買付者の代表取締役社長でもある藤崎清孝氏及び対象者のその他の現経営陣が、本公開買付け終了後も継続して対象者の経営にあたることを予定しております。また、本公開買付けが成立した場合、対象者の取締役である藤崎孝氏は、公開買付者に対する出資を行うことを予定しております。更に、公開買付者は、本公開買付け終了後、他の対象者経営陣及び執行役員等に対しても、公開買付者への出資を呼びかける予定です。

　公開買付者は、本公開買付けに係る決済に要する資金を調達するため、株式会社みずほ銀行から181億円を限度として借り入れること（以下「買収ローン」といいます。）、並びにフレックス、ポラリス、JBTV及びオリコに対する第三者割当増資により最大で合計57億円（内訳：フレックス23億円、ポラリス12.5億円、JBTV 12.5億円、オリコ9億円）を調達することを予定しております。また、公開買付者は、対象者が公開買付者の完全子会社となった後、対象者及びその一部の子会社が買収ローンの連帯保証人となり、また、対象者及びその一部の子会社の一定の資産を買収ローンの担保に供することを予定しております。

　更に、公開買付者は、本公開買付け終了後に、対象者の代表取締役社長である藤崎清孝氏及び対象者の取締役である藤崎孝氏に対して、第三者割当増資を行うことを予定しており、両氏からかかる第三者割当増資を引き受ける旨の同意を得ております。

　これらの第三者割当増資がなされた後に、上記各割当先が所有する公開買付者株式の発行済株式総数に対する割合は、フレックス37.1％、ポラリス20.2％、JBTV 20.2％、オリコ14.5％、藤崎清孝氏6.4％、藤崎孝氏1.6％となる予定です。

　なお、公開買付者は、このたび、対象者のマネジメント・バイアウト（MBO）による非公開化と事業転換を推進するにあたり、国内トップクラスの投資ファンドで、マネジメント・バイアウト（MBO）による非公開化の実績を

Ⅲ　公開買付制度

有し、投資先企業に対して積極的なバリューアップ支援を行うことで定評のあるポラリスを公開買付者の新たなパートナーに位置づけることと致しました。同社が多数の投資を通じ実践してきた経営及び財務ノウハウを積極的に活用することで、対象者の更なる企業価値の向上を実現することができるものと考えております。

　また、JBTV は対象者に対し通信回線、専用端末の開発及び提供を行い、オリコは対象者の会員店の顧客へオートローンの提供を行っているなど、いずれも対象者の重要なビジネスパートナーであり、公開買付者は、中長期的かつ持続的な企業価値の向上を実現するための事業転換に必要な各種施策を実施するためには、両者の支援及び関係の強化が必要であると考えております。公開買付者は、本公開買付け終了後に、オリコとの間で業務連携の更なる強化について協議、検討をすすめることを予定しております。

(注3)　ポラリスは、ポラリス・プリンシパル・ファイナンス株式会社（以下「ポラリス社」といいます。）が組成したファンドであり、ポラリス社は 2004 年 9 月にみずほ証券株式会社と DIAM アセットマネジメント株式会社の出資を受けたみずほ証券株式会社の基幹プライベートエクイティファンド運営会社です。

(3)　買付価格の評価の公正性を担保するための措置及び利益相反を回避するための措置等本公開買付けの公正性を担保するための措置

　公開買付者は、本公開買付けにおける対象者株式の買付け等の価格（以下「本公開買付価格」といいます。）について、第三者算定機関である株式会社タクトコンサルティング（以下「買付者算定機関」といいます。）より平成 20 年 5 月 23 日に提出された対象者の株式価値算定評価書（評価基準日：平成 20 年 5 月 20 日）（以下「株式価値算定評価書」といいます。）を参考に、慎重に検討致しました。また、本公開買付けが成立した場合、対象者株式が上場廃止となることが

見込まれており、対象者の株主の皆様への影響が大きいことや、対象者による本公開買付けへの賛同の可否、本公開買付け成立の見通し及び対象者の財務状況等も勘案し、対象者の株主の皆様に対して対象者株式の市場価格に十分なプレミアムを付加した買付価格を提示することが相当であると判断し、最終的に対象者との協議・交渉を経て、本公開買付価格を2,100円に決定致しました。

　なお、本公開買付価格は、平成20年5月26日までの東京証券取引所における対象者株式の終値の過去1ヶ月間の単純平均値1,286円（小数点以下を四捨五入）に対して約63.30％（小数点以下第二位を四捨五入）のプレミアム、過去3ヶ月間の単純平均値1,203円（小数点以下を四捨五入）に対して約74.56％（小数点以下第二位を四捨五入）のプレミアム、過去6ヶ月間の単純平均値1,446円（小数点以下を四捨五入）に対して約45.23％（小数点以下第二位を四捨五入）のプレミアムを加えた価格です。

　本公開買付けの対象には、新株予約権も含まれますが、本公開買付けの対象となる新株予約権は、いずれも対象者又はその関係会社（対象者と業務上密接な関係にある会社を含みます。以下同じ。）の役員等若しくは従業員等に対するストックオプションとして発行されたものであり、①新株予約権者は、権利行使時において対象者又はその関係会社の役員等若しくは従業員等の地位にあることを要するものとされ（任期満了による退任、定年による退職の場合を除く。）、また、②新株予約権者は対象者との新株予約権割当契約書に基づき、新株予約権の譲渡、担保権設定、質入その他の処分は認められておりません。そのため、公開買付者は、本公開買付けにより当該新株予約権を買付けたとしても、これを行使できないと解されることから、本公開買付けの対象となる新株予約権の買付価格は1個当たり1円と決定しております。

　一方、公開買付者及び対象者の代表取締役社長である藤崎清孝氏は、平成20年4月22日開催の対象者の取締役会において、公開買付者が本公開買付けを含む本取引の実行を検討している旨、本取引を行う理由及びその内容並びに

Ⅲ　公開買付制度

　その他本公開買付けについて藤崎清孝氏、藤崎孝氏及び新井裕氏が有する利害関係について詳細な説明を行い、本公開買付けを含む本取引の実行の提案を行いました。

　対象者の取締役会は、本公開買付けの公正性を担保するために、対象者及び公開買付者から独立した第三者算定機関としてエスエヌコーポレートアドバイザリー株式会社（以下「対象者算定機関」といいます。）を指名し、対象者の株式価値算定を依頼した後、平成20年5月26日、対象者算定機関より、「株式価値算定書（以下「報告書」といいます。）」を取得するとともに、対象者が当該提案を検討するにあたり、法律顧問として、対象者及び公開買付者から独立した第三者機関である日比谷パーク法律事務所を指名し、本取引に関する法的助言について依頼しました。対象者は、日比谷パーク法律事務所の法的助言を受けながら、本公開買付けを含む本取引の是非及び本公開買付価格を含む諸条件等につき慎重に協議・検討を行い、公開買付者と十分な協議・交渉を行いました。なお、対象者は、対象者算定機関その他の評価機関からフェアネスオピニオンの取得は行っておりません。

　対象者は、平成20年5月27日開催の取締役会において、本公開買付けを含む本取引の是非及び本公開買付価格を含む諸条件等について慎重に協議・検討した結果、本取引が対象者の中長期的かつ持続的な企業価値の向上に資するものであるとともに、本公開買付価格その他の諸条件は妥当であり、対象者の株主の皆様に対して合理的な価格により対象者株式の売却機会を提供するものであると判断したため、本公開買付けに賛同し、かつ、対象者の株主の皆様が本公開買付けに応募されることを勧める旨の決議（以下「賛同決議」といいます。）を行うに至りました。

　対象者の代表取締役社長を務める藤崎清孝氏は、本届出書提出日現在において公開買付者の発行済株式の全てを保有し、かつ公開買付者の代表取締役社長であり、藤崎孝氏と共に、本公開買付け終了後に公開買付者に対する出資を行

うことを予定しており、新井裕氏は本公開買付けに必要な資金を公開買付者に出資することを予定しているオリコの特別理事を兼任しており、いずれも利益相反のおそれがあることから平成20年4月22日開催の対象者の取締役会において、本公開買付けを含む本取引を提案した後は、賛同決議その他本取引に係る対象者の取締役会における審議及び決議には参加しておらず、また、対象者の立場において公開買付者との協議・交渉には参加しておりません。

　賛同決議を含めた本取引に係る対象者の取締役会には、利益相反のおそれのある藤崎清孝氏、藤崎孝氏及び新井裕氏を除き、対象者取締役の全員が出席し、決議に参加した取締役の全員一致で本公開買付けに賛同する旨の意見を表明することを決議しました。また、当該取締役会においては、対象者監査役（監査役4名全員が社外監査役であります。）の全員が出席し、いずれの監査役も対象者取締役会が本公開買付けに賛同する旨の意見を表明することに賛成する旨の意見を述べております。また、対象者監査役会からも本公開買付けを実施することに関し、同意を得ております。

　公開買付者は、公開買付期間を比較的長期間である31営業日に設定することにより、対象者株式について、他の買付者による買付けの機会を確保しております。また、公開買付者は、対象者との間で、他の買付者が実際に出現した場合に、当該他の買付者が対象者との間で接触等を行うことを過度に制限するような内容の合意等は行っておりません。

　また、対象者は、賛同決議を行った取締役会において、第三者からの買付けの機会を確保して本取引の公正性に配慮するために、平成19年3月23日開催の対象者定時株主総会決議にて導入した「当社株式の大量取得行為に関する対応策（買収防衛策）」に関し、本公開買付け（及び本公開買付けの買付期間内に公開買付者以外の者により開始された対象者株式に対する公開買付け）の買付期間（買付期間が延長された場合には延長された期間を含みます。）が終了するまでの間、当該買収防衛策を停止するとともに、上記の公開買付けのいずれかが成立する

Ⅲ　公開買付制度

ことを停止条件として、当該買収防衛策を完全に廃止することを決議しております。

　このように、第三者からの買付けの機会を確保することにより、対象者取締役会の判断の公正性（買付価格の適正性）を客観的にも担保しております。

　このほか、公開買付者は本公開買付けについて、対象者株式（自己株式を除き、潜在株式を含みます。以下本(3)において同じ。）から本公開買付けに応募する旨の同意を得ている、藤崎清孝氏、藤崎喜代子氏、藤崎麻紀子氏、藤崎慎一郎氏、藤崎真弘氏、フレックス、オリコ及びJBTVが所有する株式数（4,378,458株）を控除した株式数のうち、その過半数の議決権に相当する株式数（3,239,059株）を考慮した上で、本公開買付け終了後において公開買付者の株券等所有割合が約70.17％となる7,617,517株以上の応募があることを成立の条件としております。このように、本公開買付けに応募する旨の同意を得ている大株主以外の多数の株主の皆様の賛同が得られない場合には本取引を行わないこととし、対象者の株主の皆様の意思を重視しております。

(4)　本公開買付け後の組織再編等の方針（いわゆる二段階買収に関する事項）

　本公開買付けが成立した場合、公開買付者は、公開買付者の株券等所有割合が約70.17％となる7,617,517株の対象者株式（自己株式を除きます。）を取得することになりますが、本公開買付けにより、自己株式を除いた全株式を取得できなかった場合には、公開買付者は、本公開買付け後、本取引の一環として、以下の方法により、公開買付者を除く対象者の株主に対して対象者株式の売却機会を提供しつつ、公開買付者が対象者株式（自己株式を除きます。）を100％所有するための手続を実施すること（以下「本完全子会社化手続」といいます。）を企図しております。

　具体的には、本公開買付けが成立した後に、公開買付者は、①対象者の定款を一部変更して対象者を会社法の規定する種類株式発行会社とすること、②対

象者の定款を一部変更して対象者の発行する全ての普通株式に全部取得条項（会社法第 108 条第 1 項第 7 号に規定する事項についての定めをいいます。以下同じ。）を付すこと、及び③対象者の当該株式全て（自己株式を除きます。）の取得と引換えに別個の対象者株式を交付すること、以上①ないし③を付議議案に含む臨時株主総会及び②を付議議案に含む対象者普通株主による種類株主総会の開催を対象者に要請する意向を有しております。

　公開買付者は、本公開買付けが成立した場合には、対象者株式（自己株式を除きます。）の 3 分の 2 以上を所有することになる予定であり、公開買付者は、上記各株主総会において上記各議案に賛成する予定です。上記各手続が実行された場合には、対象者の発行する全ての普通株式は全部取得条項が付された後、その全て（自己株式を除きます。）を対象者に取得されることとなります。取得の対価として対象者の株主に交付する対象者株式の種類及び数は本届出書提出日現在未定ですが、公開買付者が対象者株式（自己株式を除きます。）の 100％を取得することとなるよう、公開買付者以外の対象者の株主に対し、交付しなければならない対象者株式の数が 1 株に満たない端数となるよう決定する予定です。対象者の株主で交付されるべき当該対象者株式の数に 1 株に満たない端数がある株主に対しては、法令の手続に従い、当該端数の合計数（合計した数に端数がある場合には当該端数は法令の定めに従い切り捨てられます。）を売却すること等によって得られる金銭が交付されることになります。なお、当該端数の合計数の売却の結果株主に交付されることになる金銭の額については、特段の事情がない限り、本公開買付価格と同一の価格を基準として算定する予定ですが、算定の時点が異なることから、この金額が本公開買付価格と異なることがあり得ます。

　なお、対象者は、賛同決議を行った取締役会において、本公開買付けの成否にかかわらず平成 20 年 6 月 30 日の最終の株主名簿に記載又は記録された株主又は登録質権者に対する剰余金の配当を行わないことを決議しております。

Ⅲ　公開買付制度

　上記①ないし③の手続の実施の詳細・時期は現時点では未定であり、決定次第公表致します。上記①ないし③の手続に関連する少数株主の権利保護を目的とした会社法上の規定として、(i)上記②の普通株式に全部取得条項を付す旨の定款変更を行うに際しては、会社法第116条及び第117条その他の関係法令の定めに従って、株主又は新株予約権者がその有する株式又は新株予約権の買取請求を行うことができる旨が定められており、また、(ii)上記③の全部取得条項が付された株式全て（自己株式を除きます。）の取得が上記株主総会において決議された場合には、会社法第172条その他の関係法令の定めに従って、当該株式の取得の価格の決定の申立てを行うことができる旨が定められています。なお、これらの(i)又は(ii)の方法による1株当たりの買取価格及び取得価格は、最終的には裁判所が判断することになるため、上記(i)又は(ii)の方法がとられた場合に最終的に株主に交付されることとなる価格は、本公開買付価格と異なることがあり得ます。これらの方法による請求又は申立てを行うにあたっては、その必要手続等に関しては株主の皆様において自らの責任にて確認され、ご判断いただくこととなります。

　本完全子会社化手続については、関連法令についての当局の解釈、本公開買付け後の公開買付者の株式所有割合及び公開買付者以外の対象者の株主の皆様による対象者株式の保有状況等によって、本完全子会社化手続に代えてそれと同等の効果を有する他の方法により対象者の完全子会社化を実施する可能性があります。ただし、その場合でも、公開買付者以外の対象者の株主の皆様に対しては、最終的に現金を交付する方法を採用する予定です。そしてこの場合における株主の皆様に交付される金銭の額についても、本公開買付価格を基準として算定する予定であります。

　本公開買付け後に未行使のまま残っている新株予約権については、発行要項の定めに基づき無償で取得する等の方法により、その全てを消滅させる予定であります。

なお、本公開買付けは、上記株主総会における対象者の株主の皆様の賛同を勧誘するものではありません。また、本公開買付けへの応募、本完全子会社化手続に際しての金銭の交付及び本完全子会社化手続に際しての株式買取請求による買取りのそれぞれの場合の税務上の取扱については、株主の皆様により税務専門家にご確認下さい。

(5) 上場廃止となる見込みがある旨及びその理由

公開買付者は、本公開買付けにおいて買付けを行う株式数に上限を設定していないため、本公開買付けの結果、対象者株式を表章する株券は、東京証券取引所の株券上場廃止基準に該当した場合、所定の手続を経て上場廃止となる可能性があります。また、対象者の株券は、対象者がその上場普通株式の全てを取得する場合にも上場廃止になります。上場廃止後は、対象者株式を東京証券取引所において取引することができません。

4【 】

(1) 【 】（略）

(2) 【買付け等の価格】

株券	1株につき金 2,100 円
新株予約権証券	第1回新株予約権　1個につき金1円 第2回新株予約権　1個につき金1円
新株予約権付社債券	―
株券等信託受益証券（ ）	―
株券等預託証券（ ）	―
算定の基礎	(1) 株券 　公開買付者は、本公開買付けにおける対象者株式の本公開買付価格を決定するに当たり、買付者算定機関である株式会社タクトコンサルティングに対し、本公開買付価格の決定の参考資料として対象者株式の価値の評価を依頼し、買付者算定機関から「株式価値算定評価書」の提出を受けました。

Ⅲ　公開買付制度

| | 買付者算定機関は、採用すべき算定手法を検討の上、市場株価平均法、ディスカウントキャッシュフロー法（以下「DCF 法」といいます。）及び類似会社比準法による評価を実施しました。その結果は以下のとおりです。
（1）　市場株価平均法では、平成 20 年 5 月 20 日を基準日として、対象者の株価終値の 1 ヶ月、3 ヶ月及び 6 ヶ月の終値単純平均値を基に、1 株当たりの株式価値の範囲を 1,206 円から 1,464 円までと算定しています。
（2）　DCF 法では、対象者の事業計画等の諸要素を前提とし、対象者が将来生み出すと見込まれるフリー・キャッシュ・フローを一定の割引率で現在価値に割り引いて企業価値及び株式価値を評価し、1 株当たりの株式価値の範囲を 1,810 円から 2,212 円までと算定しています。
（3）　類似会社比準法では、対象者と比較的類似する事業を手掛ける上場企業の市場株価や収益性等を示す財務指標との比較を通じて、対象者の株式価値を評価し、1 株当たりの株式価値の範囲を 1,405 円から 1,789 円までと算定しています。
公開買付者は、上記の評価結果を参考にし、各評価手法を比較検討し、買付価格の決定にあたっては、市場株価平均法、類似会社比準法については評価額に客観性を反映できる点、他方、DCF 法については将来において見積もられるキャッシュ・フローを勘案して評価する方式である点等を考慮して、上記算定結果の下限値である 1,206 円から上限値である 2,212 円の範囲内で慎重に検討を進めました。また、本公開買付けが成立した場合、対象者株式が上場廃止となることが見込まれており、対象者の株主の皆様への影響が大きいことや、対象者による本公開買付けに対する賛同の可否、本公開買付けの成立の見通し及び対象者の財務状況等を勘案し、対象者の株主の皆様に対して対象者株式の市場株価に十分なプレミアムを付加した買付価格を提示することが相当であると判断しました。その上で、対象者と協議・交渉を行った結果、最終的に、公開買付者は、平成 20 年 5 月 27 日に、本公開買付価格を 1 株当たり 2,100 円とすることを決定しました。
なお、本公開買付価格は、平成 20 年 5 月 26 日までの東京証券取引所における対象者株式の終値の過去 1 ヶ月間の単純平均値 1,286 円（小数点以下を四捨五入）に対して約 63.30％（小数点以下第二位を四捨五入）のプレミアム、過去 3 ヶ月間の単純平均値 1,203 円（小数点以下を四捨五入）に対して約 74.56％（小数点以下第二位を四捨五入）のプレミアム、過去 6 ヶ月間 |

	の単純平均値 1,446 円（小数点以下を四捨五入）に対して約 45.23％（小数点以下第二位を四捨五入）のプレミアムを加えた価格です。 (2)新株予約権 　本公開買付けの対象には、新株予約権も含まれますが、本公開買付けの対象となる新株予約権は、いずれも対象者又はその関係会社の役員等若しくは従業員等に対するストックオプションとして発行されたものであり、①新株予約権者は、権利行使時において対象者又はその関係会社の役員等若しくは従業員等の地位にあることを要するものとされ（任期満了による退任、定年による退職の場合を除く。）、また、②新株予約権者は対象者との新株予約権割当契約書に基づき、新株予約権の譲渡、担保権設定、質入その他の処分は認められておりません。そのため、公開買付者は本公開買付けにより、当該新株予約権を買付けたとしても、これを行使することができないと解されることから、上記のとおり、新株予約権の買付価格を決定しました。
算定の経緯	（買付者算定機関からの株式価値算定評価書の取得について） 　公開買付者の代表取締役社長である藤崎清孝氏は、平成 19 年 12 月中旬頃から、対象者の中長期的かつ持続的な企業価値の向上を目的として、対象者の非公開化の検討を開始し、慎重に検討を重ねて参りました。対象者の非公開化を検討するために平成 20 年 3 月に、買付者算定機関を選任し、対象者の株式価値の評価を依頼した結果、平成 20 年 5 月 23 日、買付者算定機関から「株式価値算定評価書（評価基準日：平成 20 年 5 月 20 日）」の提出を受けました。 （株式価値算定評価書の概要について） 　買付者算定機関は、採用すべき算定手法を検討の上、市場株価平均法、DCF 法及び類似会社比準法による評価を実施しました。その結果は以下のとおりです。 市場株価平均法：1,206 円から 1,464 円 DCF 法：1,810 円から 2,212 円 類似会社比準法：1,405 円から 1,789 円 （対象者との協議について） 　公開買付者は、上記の評価結果を参考にし、各評価手法を比較検討し、買付価格の決定にあたっては、市場株価平均法、類似会社比準法については評価額に客観性を反映できる点、他方、DCF 法については将来において見積もられるキャッシュ・フローを勘案して評

Ⅲ　公開買付制度

価する方式である点等を考慮して、上記算定結果の下限値である 1,206 円から上限値である 2,212 円の範囲内で慎重に検討を進めました。その結果、本公開買付けが対象者の上場廃止を企図し既存株主への影響が大きいこと、対象者による本公開買付けに対する賛同の可否、本公開買付けの成立の見通し、対象者における今後の事業展開の予想及び過去のマネジメント・バイアウト（MBO）事例において買付価格決定の際に付与されたプレミアムの実績等を勘案し、対象者の株主の皆様に対して対象者株式の市場株価に十分にプレミアムを付加した買付価格を提示することが相当と判断しました。その上で、対象者と協議・交渉を行った結果、最終的に、公開買付者は、平成 20 年 5 月 27 日に、本公開買付価格を 1 株当たり 2,100 円とすることを決定しました。

　なお、本公開買付価格は、平成 20 年 5 月 26 日までの東京証券取引所における対象者株式の終値の過去 1 ヶ月間の単純平均値 1,286 円（小数点以下を四捨五入）に対して約 63.30％（小数点以下第二位を四捨五入）のプレミアム、過去 3 ヶ月間の単純平均値 1,203 円（小数点以下を四捨五入）に対して約 74.56％（小数点以下第二位を四捨五入）のプレミアム、過去 6 ヶ月間の単純平均値 1,446 円（小数点以下を四捨五入）に対して約 45.23％（小数点以下第二位を四捨五入）のプレミアムを加えた価格です。

（買付価格の評価の公正性を担保するための措置について）

　公開買付者及び対象者の代表取締役社長である藤崎清孝氏は、平成 20 年 4 月 22 日開催の対象者の取締役会において、公開買付者が本公開買付けを含む本取引の実行を検討している旨、本取引を行う理由及びその内容並びにその他本公開買付けについて藤崎清孝氏、藤崎孝氏及び新井裕氏が有する利害関係について詳細な説明を行い、本公開買付けを含む本取引の実行の提案を行いました。

　対象者の取締役会は、本公開買付けの公正性を担保するために、対象者及び公開買付者から独立した第三者算定機関としてエスエヌコーポレートアドバイザリー株式会社（対象者算定機関）を指名し、対象者の株式価値算定を依頼した後、平成 20 年 5 月 26 日、対象者算定機関より、「株式価値算定書」（報告書）を取得するとともに、対象者が当該提案を検討するにあたり、法律顧問として、対象者及び公開買付者から独立した第三者機関である日比谷パーク法律事務所を指名し、本取引に関する法的助言について依頼しました。対象

者は、日比谷パーク法律事務所の法的助言を受けながら、本公開買付けを含む本取引の是非及び本公開買付価格を含む諸条件等につき慎重に協議・検討を行い、公開買付者と十分な協議・交渉を行いました。なお、対象者は、対象者算定機関その他の評価機関からフェアネスオピニオンの取得は行っておりません。

対象者は、平成 20 年 5 月 27 日開催の取締役会において、本公開買付けを含む本取引の是非及び本公開買付価格を含む諸条件等について慎重に協議・検討した結果、本取引が対象者の中長期的かつ持続的な企業価値の向上に資するものであるとともに、本公開買付価格（本公開買付価格は、対象者算定機関が DCF 法により算定した対象者の株式価値の価格帯（1,927 円～2,239 円）及び類似会社比較法により算定した対象者の株式価値の価格帯（1,169 円～2,310 円）に属しており、市場株価平均法により算定した対象者の株式価値の価格帯（1,216 円～1,442 円）を上回っています。）その他の諸条件は妥当であり、対象者の株主の皆様に対して合理的な価格により対象者株式の売却機会を提供するものであると判断したため、本公開買付けに対する賛同決議を行うに至りました。

対象者の代表取締役社長を務める藤崎清孝氏は、本届出書提出日現在において公開買付者の発行済株式の全てを保有し、かつ公開買付者の代表取締役社長であり、藤崎孝氏は、本公開買付け終了後に公開買付者に対する出資を行うことを予定しており、新井裕氏は本公開買付けに必要な資金を公開買付者に出資することを予定しているオリコの特別理事を兼任しており、いずれも利益相反のおそれがあることから平成 20 年 4 月 22 日開催の対象者の取締役会において、本公開買付けを含む本取引を提案した後は、賛同決議その他本取引に係る対象者の取締役会における審議及び決議には参加しておらず、また、対象者の立場において公開買付者との協議・交渉には参加しておりません。

賛同決議を含めた本取引に係る対象者の取締役会には、利益相反のおそれのある藤崎清孝氏、藤崎孝氏及び新井裕氏を除く、対象者取締役の全員が出席し、決議に参加した取締役の全員一致で本公開買付けに賛同する旨の意見を表明することを決議しました。また、当該取締役会においては、対象者監査役（監査役 4 名全員が社外監査役であります。）の全員が出席し、いずれの監査役も対象者取締役会が本公開買付けに賛同する旨の意見を表明することに賛成する旨の意見を述べております。また、対象者監査役会からも本公開買付けを実施することに関し、同意を得ております。

公開買付者は、公開買付期間を比較的長期間である

Ⅲ　公開買付制度

	31営業日に設定することにより、対象者株式について、他の買付者による買付けの機会を確保しております。 　また、公開買付者は、対象者との間で、他の買付者が実際に出現した場合に、当該他の買付者が対象者との間で接触等を行うことを過度に制限するような内容の合意等は行っておりません。 　また、対象者は、賛同決議を行った取締役会において、第三者からの買付けの機会を確保して本取引の公正性に配慮するために、平成19年3月23日開催の対象者定時株主総会決議にて導入した「当社株式の大量取得行為に関する対応策（買収防衛策）」に関し、本公開買付け（及び本公開買付けの買付期間内に公開買付者以外の者により開始された対象者株式に対する公開買付け）の買付期間（買付期間が延長された場合には延長された期間を含みます。）が終了するまでの間、当該買収防衛策を停止するとともに、上記の公開買付けのいずれかが成立することを停止条件として、当該買収防衛策を完全に廃止することを決議しております。 　このように、第三者からの買付けの機会を確保することにより、対象者取締役会の判断の公正性（買付価格の適正性）を客観的にも担保しております。 　このほか、公開買付者は本公開買付けについて、対象者株式（自己株式を除き、潜在株式を含みます。以下本欄において同じ。）から本公開買付けに応募する旨の同意を得ている、藤崎清孝氏、藤崎喜代子氏、藤崎麻紀子氏、藤崎慎一郎氏、藤崎真弘氏、フレックス、オリコ及びJBTVが所有する株式数（4,378,458株）を控除した株式数のうち、その過半数の議決権に相当する株式数（3,239,059株）を考慮した上で、本公開買付け終了後において公開買付者の株券等所有割合が約70.17％となる7,617,517株以上の応募があることを成立の条件としております。このように、本公開買付けに応募する旨の同意を得ている大株主以外の多数の株主の皆様の賛同が得られない場合には本取引を行わないこととし、対象者の株主の皆様の意思を重視しております。

[ローソン-九九プラス]　～連結子会社化の事例

1【対象者名】（略）

2【買付け等をする株券等の種類】（略）

3【買付け等の目的】
(1) 本公開買付けの概要

　当社は、ローソンブランドのコンビニエンスストアのチェーン本部としてフランチャイズシステム及び直営店の運営を主たる事業とする会社です。一方、対象者は、直営店及びフランチャイズ（FC）店を通じて、生鮮食品を含む食料品を主体としたシングルプライス・ストア（生活必需品を、低価格でしかも価格の種類を極力絞り込むことに特化した業態又は店舗）の運営を主たる事業とする会社です。

　当社は、本届出書提出日現在、対象者の発行済株式総数（対象者の保有する自己株式を除きます。以下、同じです。）の34.6％を所有し、対象者を持分法適用会社としておりますが、この度、対象者の連結子会社化及び資本業務提携関係の強化を目指し、対象者の主要株主である株式会社キョウデン（以下「キョウデン」といいます。）の保有する、対象者の普通株式52,370株の全て（対象者の発行済株式総数の約29.9％に相当します。）（以下「キョウデン保有株式」といいます。）を取得することを主たる目的として、本公開買付けを実施いたします。

　かかる本公開買付けにあたり、当社は、キョウデンとの間で、平成20年7月15日付けで公開買付けの応募に関して「確認書」を締結しており、かかる契約に基づきキョウデン保有株式について、本公開買付けに応募する旨の同意を得ております。

　また、対象者は、平成20年7月15日開催の取締役会において、本公開買付けについて賛同の意を表明する旨の決議を行っておりますが、同時に、本公開買付けにおける対象者の普通株式に係る買付価格等が、以下に説明するとおり、本公開買付けの主たる目的に照らして当社とキョウデンとの間の協議・交渉結果を主たる考慮要素として決定されたことなどから、本公開買付けに応募するか否かについては対象者の株主の判断に委ねる旨の意見表明を行っております。

　この他、当社は、以下に説明するとおり、本届出書提出日現在においては、

Ⅲ　公開買付制度

本公開買付けの後に対象者の普通株式に係る株券を直ちに上場廃止とすることなどを特に予定しておりませんが、本公開買付けにあたっては、その主たる目的を確実に達成すべく買付予定の株券等の数の上限を設けておらず、法の規定に従って応募株券等の数が買付予定の株券等の数の下限数（52,370株）以上となる限りは応募株券等の全部の買付けを行うため、本公開買付けの結果次第では、ジャスダック証券取引所が定める株券上場廃止基準（以下「上場廃止基準」といいます。）に従い、所定の手続きを経て、対象者の普通株式に係る株券は上場廃止となる可能性があること、また、本公開買付けの後において、当社が対象者の普通株式に係る株券を上場廃止とすることを決定する可能性もあることにご留意ください。

(2)　本公開買付けの実施を決定するに至った意思決定の過程

　ローソングループ（以下「当社グループ」といいます。）は、コンビニエンスストア「ローソン」、「ローソンプラス」、「ナチュラルローソン」及び「ローソンストア100」のチェーン本部として、フランチャイズシステム及び直営店の運営を、その主たる事業として行なっておりますが、当社は、競争の激化するコンビニエンスストア業界を勝ち抜くために、お客さま層の拡大に向けた諸政策が必要であると考えて、これに積極的に取り組んでおります。特に主婦層・中高年層拡大は、少子高齢化の下での企業成長のための最重要課題となっております。かかる目的のために、当社は、連結子会社の株式会社バリューローソン（以下「バリューローソン」といいます。）を通じて、生鮮品や日配品取扱を強化しシングルプライスで商品を提供する「ローソンストア100」の展開を行っております。加えて、「ローソンストア100」で得られたノウハウ及びバリューライン商品を「ローソンプラス」及び「ローソン」に活用し、客層拡大を進めております。

　他方、対象者は、直営店及びフランチャイズ（FC）店を通じて、生鮮食品

を含む食料品を主体としたシングルプライス・ストア（生活必需品を、低価格でしかも価格の種類を極力絞り込むことに特化した業態又は店舗）を営んでおり、主として「SHOP 99」のストアネームで店舗展開し、生鮮・デイリー、グロサリー、雑貨等を99円（消費税込み104円）のプライスラインを主体として販売いたしております。

当社及び対象者は、平成19年2月28日、生鮮コンビニ等で培った互いのノウハウ・強みを相互補完し、個店ベースの売上・収益の一層の拡大の実現に取組むことを企図し、当社が対象者の実施する第三者割当増資を引受け、業務及び資本提携を行うことを決定いたしました（平成19年3月16日に当該第三者割当増資に関する払込完了）。当初の目標として、(1)商品の共同開発、共同仕入、(2)物流の合理化、(3)本格的フランチャイズ化、(4)生鮮コンビニの強化、(5)出店に関する協力、(6)「ローソンストア100」、「SHOP 99」の統合に向けた取組み、(7)業務提携推進委員会の発足等を掲げ、物流の効率化や商品の共同開発等の効果が表れてまいりました。

このような状況の下、平成19年12月25日には、更なる客層拡大を図るため、主婦・中高年・単身者などから高い支持を得ている対象者との関係を更に強化するため、当社は、対象者が実施する第三者割当増資を引受け、対象者の筆頭株主となることを決定いたしました（平成20年1月10日に当該第三者割当増資に関する払込完了）。その後、当社、当社の連結子会社であるバリューローソン及び対象者におきましては、事業コラボレーションとして様々な検討を進め、平成20年2月以降、(1)ローソングループ統一PBブランド「バリューライン（VL）」商品の発売、(2)「SHOP 99」、「ローソンストア100」の統合を目指した試験店の展開、(3)新フランチャイズ・チェーン（FC）パッケージによる試験店の展開、(4)「SHOP 99」へのATM（現金自動預払機）の試験導入を決定し、これまで「SHOP 99」の「ローソンストア100」転換の実験展開、新センターの設置・稼動による物流の合理化、及びローソングループ統一PBブラ

Ⅲ　公開買付制度

ンド「バリューライン（VL）」商品の発売と中食強化等を実施してまいりました。

　以上のように、当社及び対象者におきましては、双方の協力関係の下、様々な取り組みが既に行なわれておりましたところ、対象者から、各業務提携関係を更に強化することにより、企業価値の向上を図っていきたい旨の申し出があり、当社においては、更なる業務提携の強化のために対象者を連結子会社とすることが、当社及び対象者の企業価値向上に資するものであるとの考えに至りました。そして、当社による対象者における議決権の過半数の取得を実現するためには、対象者の発行済株式総数の約29.9％（平成20年7月16日現在）を保有する、対象者の第2位株主であるキョウデンの同意が必要と考えたことから、当社は、平成20年6月頃、キョウデン保有株式の取得に関する具体的な協議・交渉をキョウデンと開始しました。そして、この度、当社とキョウデンとの間で、キョウデン保有株式の取得に関し基本的な合意に至ったところ、当社がキョウデン保有株式を取得するためには法の規定に従い公開買付けによる必要があることから、当社は本公開買付けの実施を決定するに至った次第であります。

(3)　本公開買付けの主要条件等
　a)　本公開買付けの主要条件
　当社は、本公開買付けにおける買付価格について、対象者の普通株式1株につき76,000円、本新株予約権1個につき1円と設定しております。
　また、当社は、本公開買付けの期間について、平成20年7月16日から平成20年8月28日までの31営業日と設定しております。
　さらには、当社は、本公開買付けにおいて買付け等を行う株券等の数に下限（52,370株）を設定しておりますので、応募株券等の数が当該下限の数に満たない場合には、応募株券等の全部の買付け等を行いません。他方で、当社は、

本公開買付けにおいては買付け等を行う株券等の数に上限を設定しておりませんので、応募株券等の数が当該下限の数以上となる限り、応募株券等の全部の買付け等を行います。

　b）本公開買付けの公正性を担保するため乃至これに係る利益相反を回避するための措置等

　当社は、本公開買付けの主たる目的がキョウデン保有株式を取得する点にあることに照らして、本公開買付けにおける対象者の普通株式に係る買付価格について、当社とキョウデンとの間の協議・交渉結果を主たる考慮要素として決定する方針を採用しておりました。

　当社は、かかるキョウデンとの間の協議・交渉の準備のための社内的な検討資料及び当社の立場から本公開買付けにおける対象者の普通株式に係る買付価格の合理性の検討用資料とするため、当該買付価格を決定するにあたり、当社及び対象者とは独立した第三者算定機関としてのフィナンシャルアドバイザーである三菱UFJ証券株式会社（以下「三菱UFJ証券」といいます。）に対し、対象者の普通株式に係る価値分析を依頼し、平成20年7月9日に予備的価値評価分析資料を取得し、その意見を参考としております。

　三菱UFJ証券は、①市場株価平均法、②当社が妥当性を確認した、シナジー効果を勘案した対象者に関する将来の収益予測及び事業投資等の計画に基づいたディスカウンテッド・キャッシュ・フロー法（以下「DCF法」といいます。）並びに③類似会社比較法の各手法を用いて対象者の普通株式にかかる価値分析を行ないました。三菱UFJ証券が、それぞれの手法を用いて分析した対象者の普通株式1株当たりの価値の範囲は以下のとおりです。

　①市場株価平均法：53,080円から53,096円
　②DCF法：64,782円から93,028円
　③類似会社比較法：49,621円から51,882円

Ⅲ　公開買付制度

　このうち、まず①市場株価平均法では、平成20年7月8日を基準日として、ジャスダック証券取引所における対象者の普通株式の、過去1ヶ月間の終値の単純平均値及び対象者の平成20年3月期の決算発表日翌日の平成20年5月15日から基準日までの終値の単純平均値を基に、1株当たりの普通株式の価値の範囲を53,080円から53,096円までと分析いたしました。

　次に②DCF法では、対象者の将来の収益予測や事業投資等の計画の諸要素を前提とし、対象者が将来生み出すと見込まれるフリー・キャッシュフローを一定の割引率で現在価値に割り引いて企業価値や株式価値を分析し、1株当たりの普通株式の価値の範囲を64,782円から93,028円までと分析いたしました。

　最後に③類似会社比較法では、対象者と比較的類似する事業を手掛ける上場企業の市場株価や収益性等を示す財務指標との比較を通じて、対象者の株式価値を評価し、1株当たりの普通株式の価値の範囲を49,621円から51,882円までと分析いたしました。

　当社は、対象者の将来の収益力を反映したDCF法を重視しつつ、その他の分析結果を総合的に勘案した上で、キョウデン保有株式の取得に関して、キョウデンとの間で協議・交渉を行い、その結果として、平成20年7月15日開催の取締役会において、本公開買付けにおける対象者の普通株式1株に係る買付価格を76,000円と決定いたしました。

　なお、本公開買付けにおける対象者の普通株式に係る買付価格は、ジャスダック証券取引所における対象者の普通株式の、平成20年7月14日までの過去1ヶ月間の終値の単純平均値52,193円（小数点以下四捨五入）に対して約45.61％（小数点第三位以下四捨五入）、平成20年7月14日の終値50,500円に対して約50.50％（小数点第三位以下四捨五入）のプレミアムを、それぞれ加えた額に相当しています。

　この他、当社は、法の規定に従い、本公開買付けの対象に本新株予約権をも含めておりますが、本新株予約権の権利行使に係る条件（具体的には、本新株

予約権に係る新株予約権者は、原則として権利行使時において対象者又は対象者の子会社のいずれかに在籍することを要するという条件）などに照らして、本新株予約権に係る買付価格を1個につき金1円と設定しております。

なお、本新株予約権の譲渡につき、対象者の取締役会の承認を要する旨の制限が付されておりますところ、対象者の取締役会が、個別の当該譲渡に関してこれを承認するか否か、また、これを承認するとしても本公開買付けにおける買付け等の期間（以下「公開買付期間」といいます。）の末日までに当該承認を行えるのか否か、必ずしも明らかではありません。

加えて、対象者は、その取締役のうち、河原氏、森山氏及び前田氏については当社の役職員を兼務していること、並びに石瀬氏、橋本氏及び中西氏については本公開買付けへの応募に同意しているキョウデンの役職員を兼務していることなどに鑑みて、当該取締役らを、本公開買付けに係る利益相反を回避するため、本公開買付けに対する意見表明に係る取締役会の審議及び決議には参加させておりません。加えて、対象者の監査役のうち、当社の役職員を兼務している中野氏及びキョウデンの役職員を兼務している小峰氏は、本公開買付けに係る利益相反を回避するため、当該取締役会による賛同意見の表明に関して、自らの意見を表明することを差し控えております。

さらには、当社は、法令に定められた公開買付けの最短期間が20営業日であるところ、本公開買付けの期間を31営業日と設定しております。

このように本公開買付けの期間が比較的長期間に設定されることにより、対象者の株主において本公開買付けに対する応募につき適切な判断機会が確保され、もって、本公開買付けの公正性が担保される可能性が高まるものと考えております。

(4) 本公開買付けに関する合意等

当社は、本公開買付けにあたり、対象者の主要株主であるキョウデンとの間

で、平成20年7月15付けで公開買付けの応募に関して「確認書」を締結しており、かかる契約に基づきキョウデン保有株式（対象者の発行済株式総数の約29.9％に相当します。）について、本公開買付けに応募する旨の同意を得ております。

　また、対象者は、平成20年7月15日開催の取締役会において、議決に参加した対象者の取締役3名全員一致で、本公開買付けについて賛同の意を表明する旨の決議を行っておりますが、同時に、本公開買付けにおける対象者の普通株式に係る買付価格等が、上記のとおり、本公開買付けの主たる目的に照らして当社とキョウデンとの間の協議・交渉結果を主たる考慮要素として決定されたことなどから、本公開買付けに応募するか否かについては対象者の株主の判断に委ねる旨の意見表明を行っております。その詳細は、対象者から提出される予定の意見表明報告書をご参照ください。

　なお、対象者は、その取締役のうち、河原氏、森山氏及び前田氏については当社の役職員を兼務していること、並びに石瀬氏、橋本氏及び中西氏については本公開買付けへの応募に同意しているキョウデンの役職員を兼務していることなどに鑑みて、当該取締役らを、本公開買付けに係る利益相反を回避するため、本公開買付けに対する意見表明に係る取締役会の審議及び決議には参加させておりません。

　また、中野氏及び小峰氏を除いた対象者の監査役（社外監査役を含む。）のいずれも、対象者の取締役会が本公開買付けについて賛同するとの意見を表明することに、賛成の意見を述べております。なお、対象者の監査役のうち、中野氏は、当社の役職員を兼務しているため、また、小峰氏は、キョウデンの役職員を兼務しているため、本公開買付けに係る利益相反を回避すべく、当該取締役会による賛同意見の表明に関して、自らの意見を表明することを差し控えております。

(5) 本公開買付け後の見通し

　当社は、本公開買付けの成立後、対象者と具体的に協議の上、双方で合意に至った場合には、対象者における「SHOP 99」の「ローソンストア 100」転換の本格的展開や対象者とバリューローソンとの経営統合等（例えば対象者を存続会社としバリューローソンを消滅会社とする合併等）を実施し、互いのノウハウ・強みを上手く連携させながら相乗効果を高め、当社グループ全体として一層の収益基盤強化と企業価値の向上を図っていきたいと考えております。この他、本公開買付けの成立後、対象者とキョウデンとの間の資本関係が解消される結果として、キョウデンの役職員を兼務している対象者の取締役（具体的には対象者の代表取締役である石瀬氏のほか、橋本氏及び中西氏の 3 名）及び監査役（具体的には小峰氏）は退任の予定ですが、その具体的な退任時期等についてはいまだ確定しておりません。

　対象者の普通株式に係る株券は、本届出書提出日現在、ジャスダック証券取引所に上場されておりますが、本公開買付けの主たる目的はキョウデン保有株式を取得することにあり、当社が本公開買付けを実施するのは当該取得を行うにあたって法の規定に従い公開買付けによる必要があることに基づくものであって、本公開買付けは対象者の普通株式に係る株券の上場廃止を企図するものではなく、また、当社は、本届出書提出日現在においては、本公開買付けの後に対象者の株券等の更なる取得を行うことや対象者の普通株式に係る株券を直ちに上場廃止とすることを特に予定してはおりません。

　但し、本公開買付けにおいては、上記に係る本公開買付けの主たる目的が確実に達成されるべく買付予定の株券等の数の上限を設定しておりませんので、法の規定に従って応募株券等の数が買付予定の株券等の数の下限数（52,370 株）以上となる限りは応募株券等の全部の買付けが行なわれるため、本公開買付けの結果次第では、対象者の普通株式に係る株券は、ジャスダック証券取引所の上場廃止基準に従い、所定の手続を経て上場廃止となる可能性があります。仮

に上場廃止となった場合には、対象者の普通株式をジャスダック証券取引所において取引することができなくなり、当該株式を将来売却することが困難になると予想されます。

　なお、本公開買付けの成立等により対象者の普通株式に係る株券が上場廃止基準に抵触する場合若しくはジャスダック証券取引所における対象者の普通株式に係る流動性に著しい影響が見込まれる場合、又は本公開買付けの後において対象者株式に係る株券の上場廃止を実施することが当社グループの経営政策上望ましいものと当社が認めた場合には、当社及び対象者は、双方協議・合意の上、当社若しくは当社グループの会社と対象者との間における合併又は当社を完全親会社とし対象者を完全子会社とする株式交換の実施などの諸策を講じる可能性があります。その場合には、対象者の当該時点における他の株主に対して、対象者株式と引き換えに、その対価として当社又は当社グループの会社の株式、金銭その他財産を交付することとなります。また、当社は、当該諸策を講じるにあたって、会社法第784条第1項に定める略式組織再編の制度を活用する可能性があり、その場合には、対象者における株主総会を要せずに、当該諸策が実行されることになります。当該諸策を講じるか否かについても、また、当該諸策を講じる場合に対象者の当該時点における他の株主に対して交付される対価としての当社又は当社グループの会社の株式、金銭その他財産の内容についても、当社は、本届出書提出日現在においては、特に何の予定も有しているわけではありませんが、仮に、当該諸策を講じる場合、それによって対象者の当該時点における他の株主に対して交付される対価としての当社又は当社グループの会社の株式、金銭その他財産の価値は、本公開買付けの買付価格とは異なり、これを上回る、同等である又は下回る可能性があります。なお、当該諸策を講じることによって対象者の当該時点における他の株主に対して交付される対価としての当社又は当社グループの会社の株式、金銭その他財産の価値は、一般的には、当該時点における対象者の事業、業績、財務状態、資産

若しくは経営又はこれらの見込みなどを考慮して、合理的な範囲で決定されることとなります。また、当該諸策の実行に際し、当社は、対象者株主に対して、法令の手続に従って対象者に株式買取請求権を行使できる余地を確保するよう、合理的な範囲で努めることとなりますが、当該株式買取請求権が行使された場合の対象者株式1株当たりの買取価格は、最終的には裁判所が判断することになるため、本公開買付けの買付価格又は当該諸策において対象者株主の有する対象者株式1株につき交付される対価としての当社又は当社グループの会社の株式、金銭その他財産の価値とは異なることがあります。これらの方法による請求を行うにあたっては、その必要手続等に関しては、株主各位において自らの責任にて確認され、ご判断頂くこととなります。

(6) その他

本公開買付け、本公開買付け後の当該諸策の実行によって交付される対価としての当社株式、金銭その他財産の受領、又は当該諸策の実行に係る株式買取請求による買取り等の場合の税務上の取扱いについては、各自の税務アドバイザーにご確認いただきますよう、お願いいたします。

4【買付け等の期間、買付け等の価格及び買付予定の株券等の数】
(1) 【買付け等の期間】(略)
(2) 【買付け等の価格】

株券	1株につき金 76,000 円
新株予約権証券	新株予約権1個につき金1円
新株予約権付社債券	―
株券等信託受益証券 ( )	―
株券等預託証券 ( )	―

Ⅲ　公開買付制度

| 算定の基礎 | 1）普通株式
　当社は、本公開買付けの主たる目的がキョウデン保有株式を取得する点にあることに照らして、本公開買付けにおける対象者の普通株式に係る買付価格について、当社とキョウデンとの間の協議・交渉結果を主たる考慮要素として決定する方針を採用しておりました。
　当社は、かかるキョウデンとの間の協議・交渉の準備のための社内的な検討資料及び当社の立場から本公開買付けにおける対象者の普通株式に係る買付価格の合理性の検討用資料とするため、当該買付価格を決定するにあたり、当社及び対象者とは独立した第三者算定機関としてのフィナンシャルアドバイザーである三菱UFJ証券に対し、対象者の普通株式に係る価値分析を依頼し、平成20年7月9日に予備的価値評価分析資料を取得し、その意見を参考としております。
　三菱UFJ証券は、①市場株価平均法、②当社が妥当性を確認した、シナジー効果を勘案した対象者に関する将来の収益予測及び事業投資等の計画に基づいたDCF法並びに③類似会社比較法の各手法を用いて対象者の普通株式にかかる価値分析を行ないました。三菱UFJ証券が、それぞれの手法を用いて分析した対象者の普通株式1株当たりの価値の範囲は以下のとおりです。
　　①市場株価平均法：53,080円から53,096円
　　②DCF法：64,782円から93,028円
　　③類似会社比較法：49,621円から51,882円
①市場株価平均法では、平成20年7月8日を基準日として、ジャスダック証券取引所における対象者の普通株式の、過去1ヶ月間の終値の単純平均値及び対象者の平成20年3月期の決算発表日翌日の平成20年5月15日から基準日までの終値の単純平均値を基に、1株当たりの普通株式の価値の範囲を53,080円から53,096円までと分析いたしました。
②DCF法では、対象者の将来の収益予測や事業投資等の計画の諸要素を前提とし、対象者が将来生み出すと見込まれるフリー・キャッシュフローを一定の割引率で現在価値に割り引いて企業価値や株式価値を分析し、1株当たりの普通株式の価値の範囲を64,782円から93,028円までと分析いたしました。
③類似会社比較法では、対象者と比較的類似する事業を手掛ける上場企業の市場株価や収益性等を示す財務指標との比較を通じて、対象者の株式価値を評価し、1株当たりの普通株式の価値の範囲を49,621円から51,882円までと分析いたしました。
　当社は、対象者の将来の収益力を反映したDCF法を重視しつつ、その他の分析結果を総合的に勘案した |

	上で、キョウデン保有株式の取得に関して、キョウデンとの間で協議・交渉を行い、その結果として、平成20年7月15日開催の取締役会において、本公開買付けにおける対象者の普通株式に係る買付価格を76,000円と決定いたしました。 　なお、本公開買付けにおける対象者の普通株式に係る買付価格は、ジャスダック証券取引所における対象者の普通株式の、平成20年7月14日までの過去1ヶ月間の終値の単純平均値52,193円（小数点以下四捨五入）に対して約45.61％（小数点第三位以下四捨五入）、平成20年7月14日の終値の50,500円に対して約50.50％（小数点第三位以下四捨五入）のプレミアムを、それぞれ加えた額に相当しています。 2）新株予約権 　平成20年7月16日現在における本新株予約権の1株当たりの払込金額は90,000円であり、本公開買付けにおける対象者の普通株式1株当たりの買付価格76,000円を上回っております。 　加えて、本新株予約権は、対象者の取締役及び従業員並びに対象者子会社の取締役に対するストックオプションとして発行されたものであり、本新株予約権に係る新株予約権者は、原則として権利行使時において対象者又は対象者の子会社のいずれかに在籍することを要するものとされております。 　そのため、当社は、本公開買付けにより本新株予約権を買付けたとしても、これを自らは行使することができず、また、仮に当該条件を変更するとしても、そのためには対象者の株主総会等の手続きが必要となると解されることから、上記のとおり、本新株予約権に係る買付価格を1個当たり1円と決定いたしました。
算定の経緯	1）普通株式 a）対象者の普通株式に係る価値算定の際に意見を聴取した第三者の名称 　当社は、本公開買付けにおける対象者の普通株式に係る買付価格の決定の参考とするため、当社とは独立した第三者機関のフィナンシャルアドバイザーである三菱UFJ証券に対象者の普通株式に係る価値分析を依頼し、平成20年7月9日に予備的価値評価分析資料を取得し、その意見を参考としております。 b）当該意見の概要 　三菱UFJ証券は、①市場株価平均法、②当社が妥当性を確認した、シナジー効果を勘案した対象者に関する将来の収益予測及び事業投資等の計画に基づいたDCF法並びに③類似会社比較法の各手法を用いて対象者の普通株式に係る価値分析を行ないました。三菱

Ⅲ　公開買付制度

UFJ証券が分析した対象者の普通株式1株当たりの価値の範囲は以下のとおりです。
①市場株価平均法：53,080円から53,096円
②DCF法：64,782円から93,028円
③類似会社比較法：49,621円から51,882円
①市場株価平均法では、平成20年7月8日を基準日として、ジャスダック証券取引所における対象者の普通株式の、過去1ヶ月間の終値の単純平均値及び対象者の平成20年3月期の決算発表日翌日の平成20年5月15日から基準日までの終値の単純平均値を基に、1株当たりの普通株式の価値の範囲を53,080円から53,096円までと分析いたしました。
②DCF法では、対象者の将来の収益予測や事業投資等の計画の諸要素を前提とし、対象者が将来生み出すと見込まれるフリー・キャッシュフローを一定の割引率で現在価値に割り引いて企業価値や株式価値を分析し、1株当たりの普通株式の価値の範囲を64,782円から93,028円までと分析いたしました。
③類似会社比較法では、対象者と比較的類似する事業を手掛ける上場企業の市場株価や収益性等を示す財務指標との比較を通じて、対象者の株式価値を評価し、1株当たりの普通株式の価値の範囲を49,621円から51,822円までと分析いたしました。
c)　当該意見を踏まえて対象者の普通株式に係る買付価格を決定するに至った経緯
　対象者から、各業務提携関係を更に強化することにより、企業価値の向上を図っていきたい旨の申し出があり、当社においては、更なる業務提携の強化のために対象者における議決権の過半数を取得し対象者を連結子会社とすることが、当社及び対象者の企業価値向上に資するものであるとの考えに至りました。そして、当社による対象者における議決権の過半数の取得を実現するためには、対象者の発行済株式総数の約29.9％（平成20年7月16日現在）を保有する対象者の第2位株主であるキョウデンの同意が必要と考えたことから、当社は、平成20年6月頃、キョウデン保有株式の取得に関する具体的な協議・交渉をキョウデンと開始しました。
　当社は、本公開買付けの主たる目的がキョウデン保有株式を取得する点にあることに照らして、本公開買付けにおける対象者の普通株式に係る買付価格について、当社とキョウデンとの間の協議・交渉結果を主たる考慮要素として決定する方針を採用しておりました。
　平成20年5月下旬に、当社は、かかるキョウデンとの間の協議・交渉の準備のための社内的な検討資料及び当社の立場から本公開買付けにおける対象者の普

通株式に係る買付価格の合理性の検討用資料とするため、三菱UFJ証券に対して対象者の普通株式に係る価値分析を依頼しました。三菱UFJ証券は、この依頼を受けて採用すべき分析手法についての検討を行い、当社が提供した対象者に関する財務情報、当社が妥当性を確認した、シナジー効果を勘案した対象者に関する将来の収益予測及び事業投資等の計画、並びに対象者の普通株式に係る市場価格及び取引動向その他一般に入手しうる情報等を踏まえて、上記のとおり対象者の普通株式に係る価値を分析し、平成20年7月9日に当社に対して予備的価値評価分析資料を提出いたしました。

当社は、対象者の将来の収益力を反映したDCF法を重視しつつ、その他の分析結果を総合的に勘案した上で、キョウデン保有株式の取得に関して、キョウデンとの間で協議・交渉を行い、その結果として、平成20年7月15日開催の取締役会において、本公開買付けにおける対象者の普通株式に係る買付価格を76,000円と決定いたしました。

2) 新株予約権

平成20年7月16日現在における本新株予約権の1株当たりの払込金額は90,000円であり、本公開買付けにおける対象者の普通株式1株当たりの買付価格76,000円を上回っております。

加えて、本新株予約権は、対象者の取締役及び従業員並びに対象者子会社の取締役に対するストックオプションとして発行されたものであり、本新株予約権に係る新株予約権者は、原則として権利行使時において対象者又は対象者の子会社のいずれかに在籍することを要するものとされております。

そのため、当社は、本公開買付けにより本新株予約権を買付けたとしても、これを自らは行使することができず、また、仮に当該条件を変更するとしても、そのためには対象者の株主総会等の手続きが必要となると解されることから、上記のとおり、本新株予約権に係る買付価格を1個当たり1円と決定いたしました。

3) その他

対象者は、平成20年7月15日開催の取締役会において、議決に参加した対象者の取締役3名全員一致で、本公開買付けについて賛同の意を表明する旨の決議を行っておりますが、同時に、本公開買付けにおける対象者の普通株式に係る買付価格等が、上記のとおり、本公開買付けの主たる目的に照らして当社とキョウデンとの間の協議・交渉結果を主たる考慮要素として決定されたことなどから、本公開買付けに応募するか否かについては対象者の株主の判断に委ねる旨の意見表

| | 明を行っております。その詳細は、対象者から提出される予定の意見表明報告書をご参照ください。
なお、対象者は、その取締役のうち、河原氏、森山氏及び前田氏については当社の役職員を兼務していること、並びに石瀬氏、橋本氏及び中西氏については本公開買付けへの応募に同意しているキョウデンの役職員を兼務していることなどに鑑みて、当該取締役らを、本公開買付けに係る利益相反を回避するため、本公開買付けに対する意見表明に係る取締役会の審議及び決議には参加させておりません。
また、中野氏及び小峰氏を除いた対象者の監査役（社外監査役を含む。）のいずれも、対象者の取締役会が本公開買付けについて賛同するとの意見を表明することに、賛成の意見を述べております。なお、対象者の監査役のうち、中野氏は、当社の役職員を兼務しているため、また、小峰氏は、キョウデンの役職員を兼務しているため、本公開買付けに係わる利益相反を回避すべく、当該取締役会による賛同意見の表明に関して、自らの意見を表明することを差し控えております。
この他、当社は、法令に定められた公開買付けの最短期間が20営業日であるところ、本公開買付けの期間を31営業日と設定しております。このように本公開買付けの期間が比較的長期間に設定されることにより、対象者の株主において本公開買付けに対する応募につき適切な判断機会が確保され、もって、本公開買付けの公正性が担保される可能性が高まるものと考えております。|
|---|---|

七　禁止事項

　公開買付期間中は、公開買付者等は、公開買付けによらないで当該公開買付け等に係る株券等の買付け等を行ってはならない（法27条の5）。これは株主の公平の取扱いのためである。

　公開買付期間というのは、公開買付開始公告を行った日から買付け等の期間の末日までをいい、延長された場合には延長された期間を含む。

　また訂正届出書を提出した場合には、一定の場合には買付け等の期間を延長しなければならないが（法27条の8第8項）、当該延長しなければならない期間の末日までは、同条が準用される（27条の8第10項）。本条の趣旨は、延長

義務に違反した場合にも、別途買付けの禁止は及ぶということであろう。

　禁止されるのは、公開買付者だけではなく、その関係者も含む。「公開買付者等」というのは、公開買付者、その特別関係者その他政令で定める関係者をいう（法27条の3第3項）。政令で定める関係者は、①公開買付者のために政令8条4項に規定する事務（株券等の保管、代金決済等）を行う金融商品取引業者又は銀行等、及び②公開買付け代理人をいう（政令10条）。関係者を含むのは、実質的な脱法を防ぐためである。

　別途買付けの禁止については、まず公開買付開始公告前の買付け行為は制限されていない。

　また公開買付開始公告前に締結している契約であって、公開買付届出書にその契約があること及びその内容を記載しているときは、その契約に基づいて買付け等をすることも禁止の対象外である（法27条の5第1号）。

　また、形式基準によって特別関係者となる者（法27条の2第7項1号）が、同項2号に該当しない旨の申出を内閣総理大臣に行った場合も禁止の対象外となる（法27条の5第2号）。形式基準で一律に禁止することが適切でないこともありうるからである。

　以上のほか、政令で定める場合には禁止の対象外となる（同条3号、政令12条）。具体的には、

　①政令10条各号に掲げる者（公開買付関係者）が公開買付者及びその特別関係者（法27条の2第7項に規定する特別関係者をいい、法27条の5第2号の規定による申出を金融庁長官に行つた者を除く）以外の者の委託を受けて買付け等をする場合

　②政令10条各号に掲げる者が金融商品取引所又は認可金融商品取引業協会の定める規則において有価証券の流通の円滑化を図るため認められている買付け等をする場合

　③新株予約権を有する者が当該新株予約権を行使することにより買付け等を

する場合

④政令 6 条の 2 第 1 項 1 号から 3 号まで、11 号及び 12 号に掲げる買付け等をする場合（株式の割当て、日経 300 上場投信 ETF の交換、取得請求・取得条項による場合。すなわち、すでに潜在的な株式が算入されている権利の行使）

⑤政令 10 条各号に掲げる者が、その有する株券等の売買に係るオプションを行使し、又はその付与していた株券等の売買に係るオプションが行使されることにより買付け等をする場合

⑥政令 6 条の 2 第 1 項 15 号に掲げる買付け等をする場合

⑦その株券等が上場されている外国の金融商品取引所（金融商品取引所に類するもので外国の法令に基づき設立されたものをいう）が所在する外国において、当該外国の法令の規定に基づき海外公開買付け（公開買付けに類するものであつて外国の法令に基づいて不特定かつ多数の者に対して行われる株券等の買付け等の申込み又は売付け等の申込みの勧誘をいう）により買付け等をする場合

⑧会社法 116 条 1 項、同 192 条 1 項、同 469 条 1 項、同 785 条 1 項、同 797 条 1 項又は同 806 条 1 項の規定による株式の買取りの請求に基づき株券等に係る買付け等をする場合
である。

八　公開買付けの撤回と株主による応募の解除

1　株主による応募の解除

　公開買付けに応募した株主等は、公開買付期間中は、いつでも当該公開買付けに係る契約の解除をすることができる（法 27 条の 12 第 1 項）。

　「公開買付期間中」というのは、法 27 条の 8 第 8 項に規定により延長しなければならないときはその期間を含む。

　昭和 46 年改正証取法では、応募株主等の応募の解除権（撤回権）は、公開

買付けの新聞公告の後10日間に限られていた。これは十分な検討なしに応募してしまった株主等の救済、すなわちクーリングオフのような趣旨であった（龍田節「証券取引法Ｉ」248頁）。しかしこれでは解除可能期間経過後に対抗TOBがなされたとき、応募株主等は当初TOBへの応募を撤回して対抗TOBに応募することができない。そこで平成2年改正証取法により、公開買付期間中、いつでも応募を撤回することができることとされた。平成2年改正証取法では、公開買付者は原則として自由に買付け条件を変更することができることとされたため、その点からも応募株主等の解除権を広く認める必要があった（岸田雅雄「証券取引法の改正について(26)」インベストメント1992年4月号44頁）。この改正時は、自由な解除権は株主保護のための改正と説明されていたが（内藤「新しい株式公開買付制度（下）」旬刊商事法務1223号34頁）、現在では、より高い価格での買収を可能にするための競争的な企業買収のためのルールであり、市場の効率性を高めるための制度と理解される。そして対抗TOBとの競合だけでなく、経営陣によってより効率的な経営プランが提示された場合も同様に、応募株主等は自由に選択ができることとなるから、敵対的買収の処理ルールでもあることになる。

　応募株主等が解除できるのは、「公開買付けに係る契約」とされている。公開買付けに際していかなる契約が締結されるのか、民法的な説明はあまりなされていない。最終的に最低買付け株数に到達しなければすべての株券等を買い付けないことになるし、買付け予定数を超過すれば按分でしか買付けをしない。だから応募をした段階では、応募株券等の全部について単純な売買契約が締結されたとは言い難い。金商法と公開買付届出書に記載された条件に従って売付けをするための合意ということであろう。

　応募株主等は、応募を撤回しようとするときは、公開買付開始公告及び公開買付届出書において、当該公開買付けに係る契約の解除に関し政令で定める方法による旨の条件が付されているときは、当該方法によらなければならない。

Ⅲ　公開買付制度

　政令で定める方法としては、公開買付けに係る契約の解除を行う旨の書面を公開買付者が指定した者に交付しまたは送付する方法とされる（施行令14条の2）。そして同契約が解除されるのは、解除の書面が交付または到達したときとされる（同条）。なお、公開買付者が指定した者というのは、当該公開買付者または政令10条に定める関係者（公開買付の事務を取り扱う者又は公開買付代理人）で日本国内に住所等を有する者に限られる（公開買付府令29条）。

　解除の方法が限定されているのは、民法上は、意思表示が到達すればいかなる方法でもよいのであるが、それでは大量の事務を取り扱う公開買付者としては事務処理が混乱するおそれがある。そこで書面による意思表示に限定されている。公開買付者が特に解除の方法を公開買付届出書等に定めなかった場合には、原則通り、民法の定める意思表示の方法でよい。

　応募株主等が公開買付けに係る契約を解除した場合、公開買付者は当該解除に伴う損害賠償または違約金の支払いを請求することができない（法27条の12第3項）、また応募株券等の返還に要する費用は公開買付者の負担となる（同項）。これらも自由な解除権を徹底する趣旨である。

　なお、支配株式を移転するために公開買付を行う場合、買い主と売り主の間で、公開買付けに応募することを合意するとともに、売主が応募しなかった場合の違約金などを定めることがある。それが本条に抵触するかどうか議論がある。効率的な市場の構築と契約の自由の衝突の問題ともいえるが、支配株主が売主となる場合には、本条が想定している状況とは異なっているように思われる。

2　公開買付者による撤回

　昭和46年改正証取法では、公開買付けの撤回は、対象会社自身に重要な変更が生じた場合で、かつ公開買付者があらかじめ条件を付している場合だけに厳しく制限されていた。しかしその後平成2年の改正証取法で、公開買付者自

身の事情による場合や法令に基づき政府の許認可を得ることが必要な場合なども追加された。

金商法の改正では、更にその範囲が大幅に拡大されている。例えば公開買付期間中に株式分割が行われた場合や買収防衛策が発動された場合などである。これらは撤回を認めないとあまりに不合理な結果をもたらすおそれがあるからである。

しかし依然として自由な撤回は認められていない。それは自由な撤回を認めると、市場や投資家に不当な影響を及ぼすこととなるからである（河本・関「三訂版　逐条解説証券取引法」364頁）。

公開買付者が公開買付けに係る申込みの撤回及び契約の解除を行うことができる事由は以下の通りである。なお、ここでは「申込みの撤回」と「契約の解除」とされている。申込みをした応募株主等との関係では、上記の通り、「契約」が成立していると考えられるので、契約の解除となる。まだ応募していない者との関係では、公開買付者が買付けの申込みをしている段階ということになるので、「申込みの撤回」ということになる。

公開買付者が公開買付開始公告及び公開買付届出書に撤回等をすることがある旨の条件を付した場合に撤回事由となるものと、特段条件として明記していなくても撤回事由となるものがある。

以下では、概略を一覧的に理解しやすいよう要約して記載しているので、正確には法文を確認いただきたい。

［条件に付した場合の撤回事由］
1．決定事項（政令14条1項1号2号）
　　対象者又はその子会社の業務執行機関が次に掲げる事項を行うことについての決定をしたこと（公開買付開始公告以降に公表されたものに限る）。子会社とは会社法2条3号に規定する会社をいう（同項1号）。なお、子会社につ

Ⅲ 公開買付制度

いては、総資産ベースで対象会社の10％未満のものは除外される（公開買付府令26条1項11号）。

項番	事由	軽微基準	根拠法例
イ	株式交換	対象者又はその子会社が完全親会社となる場合で、完全子会社が総資産ベースで10％未満の場合	府令26条1項
ロ	株式移転		
ハ	会社の分割	承継させる場合は総資産ベース及び売上高の減少額が10％未満の場合。承継する場合は総資産ベースで10％未満	
ニ	合併	総資産ベースで10％未満又は100％子会社との合併	
ホ	解散（合併による解散を除く）		
ヘ	破産手続開始、再生手続開始又は更生手続開始の申立て		
ト	資本金の額の減少	資本金の10％未満	
チ	事業の全部又は一部の譲渡、譲受け、休止又は廃止	承継させる場合は総資産ベース及び売上高の減少額が10％未満の場合。承継する場合は総資産ベースで10％未満。100％子会社からの譲受け。廃止する事業の売上高が10％未満	
リ	金融商品取引所に対する株券等の上場の廃止に係る申請		
ヌ	認可金融商品取引業協会に対する株券等の登録の取消しに係る申請		
ル	預金保険法74条5項による申請		
ヲ	株式又は投資口の分割	分割後の議決権割合が分割前の90％以上	

ワ	株式又は新株予約権の割当て（新たに払込をさせないで行うものに限る）	割当て後の議決権割合が割当て前の90%以上	
カ	株式、新株予約権、新株予約権付社債又は投資口の発行（ヲ、ワを除く）	発行後の議決権割合が発行前の90%以上	
ヨ	自己株式の処分（ワを除く）	処分後の議決権割合が処分前の90%以上	
タ	既に発行されている株式について、会社法108条第1項8号又は9号に定める事項について異なる定めをすること		
レ	重要な財産の処分又は譲渡		
ソ	多額の借財	総資産ベースで10%未満	
ツ	前各号に掲げる事項に準ずる事項で公開買付者が公開買付開始公告及び公開買付届出書において指定したもの		
2-イ	公開買付開始公告をした日において、対象者の業務執行を決定する機関が当該公開買付けの後に当該公開買付者の株券等所有割合を内閣府令で定める割合以上減少させることとなる新株の発行その他の行為（当該公開買付けに係る買付け等の期間の末日後に行うものに限る）を行うことがある旨の決定を既に行っており、かつ、当該決定の内容を公表している場合に、当該決定を維持する旨の決定をしたこと	減少の割合は10%	府令26条2項
2-ロ	公開買付開始公告をした日において、対象者又はその子会社が会社法108条1項8号又は9号に掲げる事項について異なる定めをした内容の異なる2以上の種類の株式に係る株券等を発行している場合に、当該異なる定めを変更しない旨の決定をしたこと		

2．発生事実（政令14条1項3号）

対象者に次に掲げる事実が発生したこと（公開買付開始公告以降に発生したものに限る）。ただし、イハホトについては、公開買付者及び特別関係者によって行われた場合を除く。

項番	事由	軽微基準	根拠
イ	事業差止仮処分等	売上減少高が10％未満	
ロ	免許の取消等	売上減少高が10％未満	
ハ	破産手続開始等		
ニ	手形の不渡り等		
ホ	主要取引先（仕入、売上比率が10％以上）からの取引停止	売上減少高が10％未満	
ヘ	災害に起因する損害	総資産の1％未満	
ト	訴えの提起	総資産の5％未満	
チ	株券の上場廃止		
リ	株券の登録の取り消し		
ヌ	前各号に準ずる事実で公開買付者が公開買付開始公告及び公開買付届出書において指定したもの		

3．行政庁の許認可が得られなかった場合（政令14条1項4号）

株券等の取得につき他の法令に基づく行政庁の許可、認可、承認その他これに類するものを必要とする場合において、公開買付期間の末日の前日までに当該許可等を得られなかった場合。

4．前各号に準ずるもの（同項5号）

公開買付けの後において公開買付者及びその特別関係者が株主総会におい

て議決権を行使することができる事項を変更させることとなる株式の交付その他の行為（当該公開買付けに係る買付け等の期間の末日後に行うものに限る）を行うことがある旨の決定を対象者の業務執行を決定する機関が行っており、かつ、当該決定の内容を公表している場合であって、当該機関が当該決定を維持する旨の決定（公開買付開始公告を行った日以降に公表されたものに限る）をした場合

［条件に明記しなくても撤回事由となる事由］
　公開買付者に、次に定める重要な事情の変更が生じた場合（政令14条2項）である。
　①死亡
　②後見開始の審判を受けたこと
　③解散
　④破産手続開始の決定、再生手続開始の決定又は更生手続開始の決定を受けたこと
　⑤当該公開買付者及びその特別関係者以外の者による破産手続開始、再生手続開始、更生手続会社又は企業担保権の実行の申立又は通告がなされたこと
　⑥不渡り等（政令14条1項3号ニ）があったこと

　公開買付者が公開買付の撤回等を行おうとするときは、公開買付期間の末日までに、政令で定めるところにより、当該公開買付けの撤回等を行う旨及びその理由その他内閣府令で定める事項を公告しなければならない（法27条の11第2項）。内閣府令で定める事項は、撤回等の理由のほか、応募株券等の返還方法などである（公開買付府令27条）。公告を公開買付期間の末日までに行うことが困難である場合には、内閣府令で定めるところに従って公表の上、その

Ⅲ　公開買付制度

後直ちに公告する（法27条の11第2項ただし書き）。

　この公告又は公表を行った場合には、その日のうちに、公開買付撤回届出書を内閣総理大臣に提出する（同条3項）。その様式は公開買付府令28条により、第5号様式とされている。

　第5号様式においては、買収防衛策の維持・発動等（施行令14条1項2号、他社株府令26条4項）を理由に撤回等をする場合には、その決定がなされることを回避するために講じた方策について具体的に記載しなければならない（記載上の注意(5)）。事前に買収防衛策が公表されているケースでの安易な公開買付けの実施及びその撤回を抑制する趣旨であろう。ただし、これは回避の努力をしなければ撤回等が認められないとする趣旨ではない。

　対象者の防衛策が維持・発動等されるかどうかは、対象者の提出する意見表明報告書によって明らかになるとされる（「会社の支配に関する基本方針に係る対応方針」が記載事項となっている。他社株府令第4号様式、記載上の注意(6)。大来志郎「公開買付制度の見直しに係る政令・内閣府令の一部改正の概要」旬刊商事法務1786号9頁）。

　公開買付けの撤回等は、この公告又は公表をしたときにその効力を生じる（法27条の11第5項）。

九　対象会社の対応

1　意見表明義務

　公開買付けが行われた場合、公開買付けに係る株券等の発行者（「対象者」という）は、内閣府令に従い、公開買付開始公告から10営業日以内に（施行令13条の2第1項）、意見表明報告書を内閣総理大臣（金融庁長官を経由して関東財務局長に委任、法194条の7第1項、施行令40条。以下も同様である）に提出しなければならない（法27条の10第1項）。

　金商法による改正前の証取法では、対象者又はその役員による意見表明は任

意とされていた。金商法では、株主・投資者への情報提供の充実の観点から、これが義務化された（大来・前掲 6 頁）。また義務者は対象会社であり、役員は除かれている。通常は取締役会の決議によることになる。なお改正法では、意見を公表した場合に直ちに意見表明報告書を提出すべき義務（旧法 27 条の 10 第 1 項）は削除されている。

　この義務は、金商法上の対象者の義務であって、対象会社又はその役員が、投資家又は株主等に対して、直接私法上の債務を負担するわけではない。

　義務化されたことの意味であるが、経営陣が賛同している友好的な公開買付けである場合には、対象者も賛同の意見表明をするだけであり、特別な効用はない（もちろん MBO などの場合の情報開示効果やそれによる牽制等効果はある）。重要なのは、敵対的公開買付けである場合である。金商法は、公開買付者と経営陣の意見が異なったとき、それは株主等が公開買付けに応募するかどうかで最終的な買収の可否が決定されるべきであると考えている。経営陣は、判断権者ではなく、情報提供者であり、判断権者は株主等であるという考えである。対象者の経営陣は、対象者の経営内容をよく知る者として、株主等の判断のため、情報を提供すべきである。経営陣において、公開買付けより効率的な経営プランがあるのであれば、それを示して株主等の支持を得ればよい。この公開買付者と経営陣の議論の中で、最も効率性の高い対応策が決定されるべきということであり、市場における競争によって物事を解決しようということである。ここでは経営陣が、何らかの対抗策を採用して公開買付けを阻止するようなことは原則として想定されておらず、公開買付者との議論を経て、最終的な判断は株主等がするということである。

　ただし、この仕組みは、企業価値の向上のために合理的な仕組みとなっているかどうかは疑問もある。株主等は、公開買付者の提案する経営プランと経営陣の提示する経営プランを比較してどちらがより企業価値を高めるかを判定するのではない。公開買付者の示した買付価格が、その後株式等を売却せずに保

Ⅲ　公開買付制度

有していた場合に有するであろう価格より高いかどうかということで判断する。判断の対象は、公開買付者の経営プランではなく、買付価格である。経営プランがどんなにひどいものであっても、買付価格が高ければ公開買付けに応募する。そのため、市場価格が客観的な企業価値以下に低迷している場合などは、総体としての客観的な企業価値が破壊されるにもかかわらず、企業をバラバラに解体して売却してさやを稼ぐようなことも生じる（コーポレート・デストロイヤーとかストリッパーなどといわれることがある）。公開買付者は、自分の取得価格より高値の回収ができればいいだけなので、公開買付者の利益と対象者の企業価値の最大化は必ずしも一致しないのである。

　また公開買付けの成立の可能性が高いと考えた場合には、そのまま保有していて上場廃止等になってしまうことを恐れて、仮に安い価格であっても応募せざるをえなくなることがある。

　またもし公開買付者の経営プランが優れていると思うのであれば、逆に自分だけは売らずに保有していて公開買付者に買収された後の株式価値の向上分を手に入れた方が有利である。多くの株主がそう考えれば、優秀な経営プランを提示した公開買付けは、逆に成立しなくなってしまう。更に公開買付けの後、合併や株式交換などの手続きが用意されていれば（2段階買収）、公開買付けに応募せず、その後の合併等にも反対して、会社法上の反対株主の買取請求権を行使する選択肢が、株主等にとって最も公正な対価を獲得する選択肢となる可能性が高い。その場合には、やはり株主等は応募・賛成しないことになり（少なくともそのオプションを獲得するために）、公開買付けは成立しなくなる可能性がある。

　そもそも前提として、株主は短期的なキャピタル・ゲインの最大化を目的としている者だけではない。長期的な投資を望んでいる者もいるし、その対象者の何らかのステーク・ホルダー（取引先や従業員や顧客など）でもある者もいる。また分散した小口株主だけでなく、公開買付けの成否を左右するような大

株主が存在する場合もある。そのような者達は、上記のような単純な短期的な利益の最大化だけを物差しとして行動するわけではない。

以上の通り、この仕組みによっても企業の長期的な価値の最大化のために最も適切な方策が選択されるわけではないのである。

2　質問権と公開買付期間延長請求権

対象者は、意見表明報告書に、公開買付者に対する質問を記載することができる（法27条の10第1項1号）。対象者には、意見表明義務があるわけであり、そのためには公開買付者による公開買付けの是非を判断するために必要な情報を入手する必要がある。そこでこの質問権が定められた。

また対象者は、公開買付期間が30営業日より短い場合には、意見表明報告書に、公開買付開始公告に記載された買付け等の期間を30営業日に延長することを請求できる旨及びその理由を記載することができる（法27条の10第2項2号）。対象者は、意見表明報告書に延長請求を記載した場合には、意見表明義務の期間の末日の翌日までに期間延長請求公告をしなければならない（法27条の10第4項、施行令13条の2第1項。解説では「10営業日目まで」とされているが[20]、法文上は「末日の翌日」である）。期間延長請求権の行使が認められるのは、当初の意見表明報告書においてのみとされている[21]。

この記載がなされた意見表明報告書が内閣総理大臣により公衆の縦覧に供された場合には、公開買付者は買付け等の期間を30営業日に延長しなければならない（法27条の10第3項）。正確には、公開買付者の行為を待たずに自動的に買付け等の期間は延長される（大来・前掲7頁）。30営業日以外の期間を対

---

[20]　大来志郎「公開買付制度の見直しに係る政令・内閣府令の一部改正の概要」旬刊商事法務1786号8頁
[21]　内間・森田・前掲48頁

Ⅲ　公開買付制度

象者が指定できるわけではなく、一律に 30 営業日になる。

　これは対象者が、対象者及び株主等において十分な検討の期間が必要であると考えた場合には、その期間を確保できるようにさせる趣旨である。

　公開買付者は、30 営業日より短い買付け等の期間を設定するときは、公開買付開始公告において、買付け等の期間が延長されることがありうる旨を記載することとなっている（法 27 条の 3 第 1 項）。これによって投資家は期間の延長がありうることを知ることになる。なお、第 2 号様式では、延長後の公開買付期間についてもあらかじめ記載することとされている（記載上の注意(6) b ）。

　対象者が意見表明報告書を提出したときは、直ちにその写しを公開買付者及び金融商品取引所等に送付する（法 27 条の 10 第 9 項）。

　公開買付者は、公開買付者に対する質問が記載された意見表明報告書の写しの送付を受けた場合、送付を受けた日から 5 営業日以内に、質問に対する回答などを記載した対質問回答報告書を内閣総理大臣に提出しなければならない（法 27 条の 10 第 11 項、施行令 13 条の 2 第 2 項）。公開買付者は、対質問回答報告書を提出したときは、直ちにその写しを対象者及び金融商品取引所等に送付しなければならない（法 27 条の 10 第 13 項）。

　意見表明報告書及び対質問回答報告書は、公衆に縦覧される（法 27 条の 14 第 1 項)[22]。

　公開買付者は、当該質問に対して回答する必要がないと認めた場合には、その理由を記載して回答をしないことができる（法 27 条の 10 第 11 項）。「考え方」においては、守秘義務を負担していることが回答をしない「正当な理由」に該当するかは、個別に判断されるとしている（「考え方」No.72）。対質問回答報告書の書式は、府令第 8 号様式が定めている。それによると、質問とそれに対す

---

[22]　平成 20 年改正により、改正報告書の提出命令を出す場合には、その全部又は一部を公衆の縦覧に供しないことができるようになった。

る回答、回答しない場合の詳細な理由のほか、回答に至った経緯を時系列に記載することとされている（記載上の注意(3)）。そのためフィナンシャル・アドバイザー等から助言を受けたことなども経緯として記載することになろう。

　以上の質問権と、対質問回答報告書は、金商法上は一度のみ定められている（池田ほか・前掲129頁）。2回目以降は、任意に行われることが想定される。

3　意見表明報告書の記載事項

　対象者による意見表明報告書の記載事項は、公開買付府令第4号様式が定めている。それによると、まず公開買付に対する意見の内容については、「公開買付に応募することを勧める。」、「意見表明を留保する。」など、わかりやすく記載することとされている（記載上の注意(3)a）。またその根拠については、意思決定に至った過程を具体的に記載することとされている（同b）。その理由については、例えば意見を留保する場合には、意見表明ができない理由や今後表明する予定の有無等を記載することとされている（同c）。

　公開買付者等による利益の供与の約束がある場合、その内容を記載する（同(5)）。

　会社の支配に関する基本方針に係る対応方針として、いわゆる買収防衛策等を行う予定の有無及び予定がある場合にはその内容を具体的に記載することとされている（同(6)）。未決定であればその旨記載することになろう（「考え方」No.71）。

　金商法上は、この意見表明報告書を作成・提出することについての対象会社内部での意思決定機関については定めていないが、実務的には取締役会設置会社の場合、重要な業務執行の決定として取締役会が決定することになるものと思われる。MBOの場合などは、特別利害関係人の範囲が問題となるが、実務は固まっていない。それにあたっては、専門家の意見を聞くなど十分な情報を得ることが適切であろうから、FA、弁護士、その他の専門家から意見を聞く

Ⅲ　公開買付制度

ことになる。

　この場合の実務的な検討ポイントは、①公開買付価格の適正性と②公開買付者の経営プランの当否である。①の公開買付価格の適正性については、専門家の意見を聞くことが重要であるが、市場価格等との比準法や将来キャッシュフローの現在価値化の手法、保有する資産の交換価値による方法などがある。その企業のより本源的な価値の把握の仕方についてはまだ評価手法が確立されていない。

　②の公開買付者の経営プランについては、それによってより対象者の企業価値が向上するのかどうかという観点から検討することになる。

　日本の会社法の下では、取締役は株主ではなく会社に対して義務を負担しているのであり、企業価値向上のために義務を果たす必要がある。企業価値の向上がひいては株主価値の向上に繋がるとしても、そこで想定されている「株主」というのは総体としての株主であり、しかも長期的・永続的な観点での株主の利益である。特定の時点の、あるいは特定の属性の株主の利益ではない。金商法はあくまで市場法であって会社実体法ではないから、金商法によって取締役の義務の相手方や内容が変わるわけではない。ここに日本の会社法の仕組みとアメリカにおけるM＆Aの考え方の間のギャップがある。

　例えば①の公開買付価格についても、本来日本の会社法では、株主がその保有する株式を他者にいくらで売却するかなどということは取締役の関知するところではない。売主側（あるいは買主側）に立って助言するというのも会社法とは齟齬がある。また②についても、売主側株主または買主側株主と会社の利益が相反することもある。公開買付者が買収後企業の解体を目的としているような場合、企業価値の長期的な増大と当該株主の利益は相反する。またLBOによる２段階買収が予定されているときには、投資家にとっての投資効率の向上と企業の長期的な利益とは矛盾する。法人実在説的な日本の会社法と、企業に独自の価値は存在しないという契約の束の考え方が、この金商法の公開買付

ルールの下で矛盾を起こしているのである。

　公開買付府令4号様式は、以下のとおりである。MBO等の場合で、利益相反を回避する措置を講じているときは、その具体的内容を記載する（記載上の注意(3) d ）。

　実例を以下に示す。

Ⅲ　公開買付制度

〔発行者以外の者による株券等の公開買付けの開示に関する内閣政令〕
第四号様式
　【表紙】
　【提出書類】　　　　　　　　　意見表明報告書
　【提出先】　　　　　　　　　　関東財務局長
　【提出日】　　　　　　　　　　平成　年　月　日
　【報告書の氏名又は名称】(1)　　_____
　【報告書の住所又は所在地】　　_____
　【最寄りの連絡場所】　　　　　_____
　【電話番号】　　　　　　　　　_____
　【事務連絡者氏名】　　　　　　_____
　【縦覧に供する場所】(2)　　　　名称
　　　　　　　　　　　　　　　　（所在地）
　　1　【公開買付者の氏名又は名称及び住所又は所在地】
　　2　【公開買付者が買付け等を行う株券等の種類】
　　3　【当該公開買付けに関する意見の内容、根拠及び理由】(3)
　　4　【役員が所有する株券等の数及び当該株券等に係る議決権の数】(4)
　　5　【公開買付者又はその特別関係者による利益供与の内容】(5)
　　6　【会社の支配に関する基本方針に係る対応方針】(6)
　　7　【公開買付者に対する質問】(7)
　　8　【公開買付期間の延長請求】(8)
　（記載上の注意）
(1)　報告者の氏名又は名称
　　　法第27条の30の5第1項の規定により意見表明報告書を書面で提出する場合には、併せて「報告者の氏名又は名称」の下に署名又は押印すること。
(2)　縦覧に供する場所
　　　第33条第2項及び第3項の規定による縦覧について記載すること。
(3)　当該公開買付けに関する意見の内容、根拠及び理由
　　a　意見の内容については、例えば「公開買付けに応募することを勧める。」、「公開買付けに応募しないことを勧める。」、「公開買付けに対し中立の立場をとる。」、「意見の表明を留保する。」等わかりやすく記載すること。
　　b　根拠については、意思決定に至った過程を具体的に記載すること。
　　c　意見の理由については、賛否・中立を表明している場合にはその理由を、意見を留保する場合にはその時点において意見が表明できない理由及び今後表明する予定の有無等を具体的に記載すること。
　　d　公開買付者が対象者の役員、対象者の役員の依頼に基づき当該公開買付けを行う者であって対象者の役員と利益を共通にする者又は対象者を子会社とする会社その他の法人等である場合であって、利益相反を回避する措置を講じているときは、その具体的内容を記載すること。
(4)　役員が所有する株券等の数及び当該株券等に係る議決権の数
　　　役員が所有する当該公開買付けに係る株券等の数及び当該株券等に係る議決権の数を記載すること。

⑸　公開買付者又はその特別関係者による利益供与の内容
　　公開買付者又はその特別関係者（法第27条の5第2号の規定による申出を金融庁長官に行った者を除く。）が報告者に利益の供与を約している場合には、その内容を記載すること。
⑹　会社の支配に関する基本方針に係る対応方針
　　財務及び事業の方針の決定を支配する者の在り方に関する基本方針に照らして不適切な者によって会社の財務及び事業の方針の決定が支配されることを防止するための取組み（いわゆる買収防衛策）等を行う予定の有無及び予定がある場合にはその内容を具体的に記載すること。
⑺　公開買付者に対する質問
　　公開買付者に対して当該公開買付けに関する質問がある場合はその質問の内容を記載すること。ない場合には「該当事項なし」と記載すること。
⑻　公開買付期間の延長請求
　　法第27条の3第1項の規定による公開買付開始公告に記載された買付け等の期間を法令で定める期間に延長することを請求する場合はその旨、法第27条の10第3項の規定による延長後の買付け等の期間が30日（行政機関の休日の日数は、算入しない。）となる旨、延長後の期間の末日及び延長請求する理由を具体的に記載すること。請求しない場合には「該当事項なし」と記載すること。

Ⅲ　公開買付制度

[日本コンピュータシステム] 〜MBOの事例
1【公開買付者の氏名又は名称及び住所又は所在地】略
2【公開買付者が買付け等を行う株券等の種類】略
3【当該公開買付けに関する意見の内容、根拠及び理由】
(1) 本公開買付けに関する意見の内容

　当社は、平成20年8月4日開催の取締役会において、公開買付者による本公開買付けにつき、賛同の意を表明する旨を決議いたしました。したがって、当社は、当社の株主の皆様に対し、本公開買付けに応募することを推奨いたします。

　なお、当社の代表取締役社長三田信孝、取締役河合新也、及び取締役栗田昭平は特別利害関係者として、上記決議には参加しておりません。

　また、上記決議には上記3名を除く当社取締役及び監査役の全員が参加し、決議に参加した当社の取締役全員の一致で決議されております。さらに、当社の監査役全員が、当社取締役会が本公開買付けに賛同する旨の意見を表明することに賛成する旨の意見を述べております。

(2) 本公開買付けに関する意見の根拠及び理由
　①本公開買付けの概要

　公開買付者は、平成17年12月に三菱UFJ証券株式会社（以下「三菱UFJ証券」といいます。）、その他法人9社の共同出資により設立された投資ファンド組成・運営会社であるパレス・キャピタル株式会社（以下「パレス・キャピタル」といいます。）の運営するコーポレート・バリューアップ・ファンド投資事業有限責任組合（以下「CVFファンド」といいます。）が100％出資する株式会社であり、買収目的会社であります。

　パレス・キャピタルは、バイアウトによる独立支援、企業の財務状況の改善支援、成長のための資金調達及び事業会社との共同投資など、幅広いエクイ

ティ・ニーズに応えることに加え、能動的に経営改善・財務改善提案を行うことで投資先の企業価値を高めることを目的としています。また、パレス・キャピタルは、株式会社三菱UFJフィナンシャル・グループの子会社である三菱UFJ証券と業務提携を行っており、資本政策、バランスシート再構築、M&A等の事業戦略立案など幅広い分野において、投資先の価値創造を支援しております。

なお、CVFファンドは、かかる目的を背景にパレス・キャピタルを無限責任組合員として設立された投資事業有限責任組合であり、現在、三菱UFJ証券を出資者として400億円の出資コミットメントを受けております。

今般、公開買付者は、下記②のとおりマネジメント・バイアウト（MBO）（注）のため、当社を完全子会社化する一連の取引（以下「本取引」といいます。）の一環として当社の発行済株式総数（4,649,665株）のうち当社の自己株式（805,065株）を除く全ての当社株式（3,844,600株）を取得することを目的とする本公開買付けを実施いたします。

　　（注）マネジメント・バイアウト（MBO）とは、一般的に買収対象企業の経営陣が、金融投資家と共同して対象企業株式を買収する取引をいいます。

②本公開買付けに賛同するに至った意思決定の過程

当社は、当社代表取締役会長である藤田雅也（以下「創業者」といいます。）が、昭和55年にエヌシーエス株式会社として独立創業いたしました。創業当初は、大手製造業等の主要顧客に対するソフトウェアの開発業務受託を主たる事業としていましたが、昭和61年にはPC向けゲームソフトの開発を皮切りに、独自のゲームソフトブランドを持つまでに至りました。しかしながらハードウェアの性能が高度化するにつれて、ゲームソフトの開発にも多額の費用を要するようになり、事業運営の安定性の観点から、平成12年にゲームソフ

の開発を中止し、同事業から撤退いたしました。一方、創業当初から継続しているソフトウェア開発の延長として、平成9年にはERPインプリメンテーション事業に乗り出し、平成12年にはERP、Web（オープン系システム開発）、通信、金融の各ソリューションを主要な事業領域とするに至りました。平成17年からは、Webに加えて組込み検証、インフラ構築が成長分野となりましたので基盤ソリューションと名称を変更し、現在に至っております。

　昨今、当社を取り巻く事業環境は、大手SI企業間で合併や資本・業務提携等が活発化しており、これらの大手SI企業を顧客に持つ当社に対しても、受注規模の拡大への要請や開発内容に対するニーズが多様化・高度化してくることが予想されます。これらのニーズに応えるためには、プロジェクトに対応できる高度なスキルを有する人材を獲得する必要がありますが、従来の採用方法では困難であることから、積極的にスカウトやヘッドハンティングの手法を活用するとともに、全体的な技術レベルの向上を図るためには社員への教育環境の整備等が喫緊の課題であり、採用や教育に要する費用が一時的に増加する見込みであります。また、これらの要員を受け入れるための人事制度の改革は労務費の上昇を招くことが予想されるとともに、管理開発に対応できる体制を整備するための先行投資が必要となる見込みであります。さらにはこれらの開発体制を支えるために営業力を強化していく必要があるものと考えております。

　しかし、これらの積極的な施策の実施は、必ずしも短期的な業績向上に繋がらず、逆に一時的な業績下降局面にさらされるリスクを内包しており、短期的な業績変動は、株式市場から十分な評価を得られず、当社の株主の皆様のご期待に沿えない可能性があります。

　かかる状況下において、創業者は、創業以来の当社の業績向上に寄与してまいりましたが、平成9年に体調を崩して以来は、経営会議等主要な重要会議に出席し、事業活動に関する報告を受けるにとどまっております。重要顧客への営業、日常業務のオペレーションなど、実質的な経営に関しましては、社長そ

の他の経営陣に任せられており、創業者以外の当社経営陣による当社の経営維持も十分可能な状態となっています。そして、さらなる当社の事業発展・企業価値の向上のためには、急激に変化する経営環境に対応し、短期的な業績の変動にとらわれずに、今後の当社の持続的成長を可能とする企業体質を構築する必要があります。そのためには、当社を非公開化し、このような経営方針を中長期的に支援することができるネットワーク、信用力等に優れている中核的安定株主の下で、当社経営陣による経営を維持しつつ、新たな事業戦略を展開していくことが重要であるとしてマネジメント・バイアウト（MBO）の方法にて創業者は自身が保有する当社株式を公開買付者に譲渡することを決意しました。

　公開買付者は、かかる創業者の意向を受け、また、経営環境の変化に適応し中長期的な当社の企業価値のより一層の向上を図るためには、短期的な業績の変動に左右されることなく、迅速かつ機動的な事業遂行が可能となるよう、当社の発行済株式の100％（自己株式を除きます。）を取得し、非公開化を図ることが最善であると判断し、本公開買付けを行うことを決定いたしました。また、当該株式取得にあたっては当社経営陣の実績を評価し、マネジメント・バイアウト（MBO）の一環として行うことを企図しております。このように、公開買付者は、創業者との間で本公開買付けへの応募について合意するとともに、当社経営陣のうち代表取締役社長三田信孝、取締役河合新也、取締役栗田昭平と、本公開買付けの実施に関する合意に至り、本公開買付けを実施するものであります。

　当社取締役会は、本公開買付け後のパレス・キャピタルの協力の下における改革は、当社取締役会の理念及び方針と一致し、当社の中長期的な企業価値の向上をもたらすものと判断しました。したがって、当社取締役会は、かかる改革の一環として、公開買付者が当社の発行済株式の100％（自己株式を除きます。）を取得することにより当社を非公開化し、中核的安定株主である公開買付者の下、事業運営に当たっていくことが望ましいと判断しました。また、上

Ⅲ　公開買付制度

記のとおり速やかに高度なスキルを有する人材を獲得するとともに社員への積極的な教育投資や、人事制度改革などを進めるとともに管理開発に対応できる体制の再構築に着手することが必要とされており、これらに伴う短期的な業績変動も早晩発生することが見込まれることから、速やかな非公開化が望ましいと判断しました。

　本公開買付け後、当社は、パレス・キャピタルと共に、長期的な企業価値向上策に取り組む予定です。

　具体的には以下の改革を進めていく予定です。

　社内体制を強化するために受注プロジェクトの進捗管理、採算管理及び適法性に関する管理を強化いたします。また、技術者を中心とする社員全体のレベルアップを目指し、社内における育成プログラムを確立するとともに外部の教育制度等を積極的に活用いたします。さらには主要な顧客からの要請であります管理開発を推進するための人材の獲得を進めるとともに人事制度を改革して、公正妥当な評価に基づく適正な処遇を実現いたします。また、重点顧客別に提案営業を実施するための営業体制を確立し、既存の事業分野を維持しつつも経営資源を競争力のある事業分野に配分して重点顧客への提案力を強化いたします。さらには開発体制を拡大するために他社とのアライアンスや資本提携等を積極的に推進してまいります。

　なお、当社は、本公開買付けの成立を条件として、平成20年8月4日の取締役会において、当社が平成20年5月16日に発表した平成21年3月31日の最終の株主名簿に記載又は記録された株主又は登録株式質権者に対する期末配当予想に関し、これを行わないことを決議しております。

(3) 買付価格の公正性を担保するための措置及び利益相反を回避するための措置等

①公開買付者における買付価格決定プロセス

　公開買付者は、本公開買付けの買付価格（以下「本公開買付価格」といいます。）の決定にあたり、第三者算定機関であるグローウィン・パートナーズ株式会社より平成20年8月1日に提出された株式価値算定報告書を参考にいたしました。第三者算定機関であるグローウィン・パートナーズ株式会社は、本公開買付けにおける算定手法を検討した結果、ディスカウンテッド・キャッシュフロー方式（以下「DCF方式」といいます）、倍率法、市場株価の平均値を用いて、当社の株式価値算定を行いました。当該株式価値算定報告書における各手法による当社の株式価値算定の結果は以下のとおりです。

(1) DCF法では、当社の収益予測等の諸要素を前提とし、当社が将来生み出すと見込まれるフリー・キャッシュフローを一定の割引率で現在価値に割り引いて、株式価値を算定し、1株当たりの理論株式価値を382円から645円と算定しております。

(2) 倍率法では、当社と類似する事業を営む上場企業の市場株価、収益性指標を比較することで、当社の1株当たりの理論株式価値を247円から484円と算定しております。

(3) 市場株価の平均値では、当社の根付率が低いことを考慮し、平成20年6月30日を基準日とし、当社の株式会社ジャスダック証券取引所（以下「ジャスダック証券取引所」といいます。）における1ヶ月、3ヶ月及び6ヶ月の出来高加重平均株価をもとに1株当たりの株式価値を463円から533円と算定しております。

　公開買付者は、本公開買付価格を株式価値算定報告書の算定結果を参考に、慎重に検討いたしました。その結果、本公開買付けが上場廃止を企図し、既存株主への影響が大きいことや、当社による本公開買付けの賛同の可否及び本公

Ⅲ　公開買付制度

開買付け成立の見通しを勘案し、公開買付者は、既存株主に対して極力プレミアムを付加した買付価格が提示できるよう、検討いたしました。その上で、当社と協議・交渉を行い、最終的に平成 20 年 8 月 4 日に株式価値算定報告書の株式価値のレンジの上限値に近い水準の 630 円を本公開買付価格とすることを決定いたしました。

　なお、本公開買付価格は、平成 20 年 7 月 31 日までの過去 1 ヶ月間のジャスダック証券取引所における売買価格の終値の単純平均値 478 円（小数点以下第一位を四捨五入）に対して 31.7%（小数点以下第二位を四捨五入）のプレミアムを加えた金額となり、平成 20 年 7 月 31 日までの過去 3 ヶ月間のジャスダック証券取引所における売買価格の終値の単純平均値 483 円（小数点以下第一位を四捨五入）に対して 30.4%（小数点以下第二位を四捨五入）のプレミアムを加えた金額となり、平成 20 年 7 月 31 日までの過去 6 ヶ月間のジャスダック証券取引所における売買価格の終値の単純平均値 470 円（小数点以下第一位を四捨五入）に対して 34.0%（小数点以下第二位を四捨五入）のプレミアムを加えた金額となります。

　②独立した第三者算定機関からの算定書の取得
　当社取締役会は、本公開買付価格の公正性を検討するため、公開買付者及び当社から独立した第三者算定機関より株式価値算定書を取得することとし、第三者算定機関として、高野総合会計事務所を選任し、平成 20 年 7 月 10 日に株式価値算定書を取得いたしました。第三者算定機関である高野総合会計事務所は、本公開買付けにおける算定手法を検討した結果、DCF 法、マルチプル法、市場株価（平均）法を用いて、当社の株式価値算定を行いました。DCF 法は、今後当社が獲得するであろうフリー・キャッシュフローから企業価値を算定する手法であり、当社の成長性等を考慮した継続価値を最もよくあらわす手法と考えられます。マルチプル法は、類似会社における収益力等に対する株主価値

の倍率に基づき算定する手法であり、証券市場における客観的評価指標であると考えられます。市場株価（平均）法は、一定期間の平均株価に基づき、株主価値を算定する手法であり、証券市場における客観的評価指標と考えられます。当該株式価値算定書における各手法による当社の株式価値算定の結果は以下のとおりです。

(1) DCF法では、当社の収益予測等の諸要素を前提とし、当社が将来生み出すと見込まれるフリー・キャッシュフローを一定の割引率で現在価値に割り引いて、株式価値を算定し、1株当たりの理論株式価値を608円から674円と算定しております。

(2) マルチプル法では、当社と類似する事業を営む上場企業の市場株価、収益性指標を比較することで、当社の1株当たりの理論株式価値を454円から518円と算定しております。

(3) 市場株価（平均）法では、平成20年6月30日を基準日とし、当社のジャスダック証券取引所における売買価格の終値の1ヶ月、3ヶ月及び6ヶ月の終値単純平均値をもとに1株当たりの株式価値を463円から533円と算定しております。

当社取締役会は、公開買付者による本公開買付価格について、上記の株式価値算定書の算定結果を参考の上、慎重に検討いたしました結果、本公開買付価格は、市場株価法及びマルチプル法により算定された当社1株当たり株式価値の上限を大幅に超過していることやDCF法により算定された当社1株当たり株式価値のレンジの中ほどに位置する価格であることから、適正な水準にあるものと判断いたしました。また、下記③の第三者委員会の本取引及び本公開買付けに対する意見の内容及び本公開買付けに始まる本取引に関する諸条件について慎重に検討した結果、本取引が当社の経営基盤を強化し、今後の長期的な企業価値の向上に資するものであるとともに、本公開買付価格その他の諸条件は妥当であり、当社株主に対して合理的な価格による売却の機会を提供するも

のであると判断し、下記④のとおり本公開買付けに賛同の意を表明する旨の決議をしております。

③独立した第三者委員会の設置

当社取締役会は、本取引に関する当社取締役会の意思決定において、不当に恣意的な判断がなされることを防止し、公正さ、透明性、客観性を高めるべく、平成20年7月11日開催の取締役会決議に基づき、公開買付者及び当社から独立した社外有識者によって構成される第三者委員会を設置し、本取引及び本公開買付けの是非等につき諮問いたしました。

当社取締役会は、第三者委員会の委員として、公開買付者及び当社から客観的かつ実質的に独立した社外有識者として、当社社外監査役である渡部行光（公認会計士・税理士）、久保田浩也（メンタルヘルス総合研究所代表）、野間自子（弁護士）の3名を選任いたしました。

第三者委員会は、当社取締役会より提出を受けた本取引に関連する資料を精査するとともに、当社代表取締役社長に対する質疑応答を経て、本取引及び本公開買付けの是非及び条件につき慎重に審議した結果、平成20年7月29日に、当社取締役会に対し、本取引及び本公開買付けは企業価値向上が目的とされており、かつ、公正な手続を通じた株主利益への配慮がなされているものと認められ、本取引及び本公開買付けの実行及びその条件は相当であると判断する旨の答申を提出しました。

④取締役会における賛同決議の方法

本取引に関する平成20年8月4日の当社取締役会決議には、本取引に関し特別利害関係を有する下記取締役3名を除く当社取締役及び監査役の全員が参加し、第三者算定機関である高野総合会計事務所より提出を受けた株式価値算定書における算定結果を参考に、第三者委員会の答申を最大限尊重しつつ審議

を行った結果、決議に参加した当社の取締役全員の一致で本取引を実行すること及び本公開買付けに賛同の意を表明することが決議されております。また、いずれの監査役も、本取引を実行すること及び当社取締役会が本公開買付けに賛同する旨の意見を表明することに賛成する旨の意見を述べております。

代表取締役社長三田信孝、取締役河合新也、及び取締役栗田昭平は、本公開買付け成立後においても引き続き当社取締役（三田信孝にあっては代表取締役社長）を務める予定であること、及び、本公開買付け後に公開買付者への資本参加の可能性があることから、特別利害関係者として、本取引に関する議案の審議及び決議に一切参加しておりません。

なお、当社取締役会は、かかる取締役会における意思決定方法につき、独立の法務アドバイザーである中村・角田・松本法律事務所の弁護士より、助言を受けております。

⑤価格の適正性を確保する客観的状況

公開買付者は、本公開買付けの買付期間を、比較的長期である 31 営業日に設定することにより、当社株式について、他の買付者による買付けの機会を確保しております。また、公開買付者と当社との間で、当社株式の買付けについて、他の買付者による買付けの出現及び実行を阻害するような合意は存在しておりません。

このように、第三者からの買付けの機会を確保することにより、本公開買付価格の適正性を客観的にも担保しております。

(4) 本公開買付け後の組織再編等の方針（いわゆる二段階買収に関する事項）

公開買付者は、本公開買付けが成立したものの、本公開買付けで当社の自己株式を除いた全株式を取得できなかったときには、以下の方法により、公開買付者を除く当社の株主に対して当社株式の売却機会を提供しつつ、当社を完全

Ⅲ 公開買付制度

子会社化する手続きを実施することを企図しております。

　具体的には、本公開買付けが成立した後、公開買付者は、①定款の一部変更をして当社を会社法の規定する種類株式発行会社とすること、②定款の一部変更をして当社の発行する全ての普通株式に全部取得条項（会社法第108条第１項第７号に規定する事項についての定めをいいます。以下、同じ。）を付すこと、及び③当社の当該株式の全部取得と引換えに別個の当社株式を交付することを付議議案に含む臨時株主総会及び普通株主による種類株主総会の開催を当社に要請する意向を有しています。

　当該臨時株主総会の開催にあたり、公開買付者は、上記①乃至③を同一の臨時株主総会に付議する方法で実施することを要請することを検討しております。なお、当社は本公開買付けの終了後、かかる要請に応じて上記臨時株主総会及び普通株主による種類株主総会を開催することを検討しております。また、公開買付者は、本公開買付けが成立した場合には、当社の総議決権の３分の２以上を保有することになり、上記の株主総会において各議案に賛成する予定です。

　上記各手続が実行された場合には、当社の発行する全ての普通株式は全部取得条項が付された上で、全て当社に取得されることとなり、当社の株主には当該取得の対価として別個の当社株式が交付されることとなりますが、当社の株主で交付されるべき当該当社株式の数が一株に満たない端数となる株主に対しては、法令の手続に従い、当該端数の合計数（合計した数に端数がある場合には当該端数は切り捨てられます。）を売却すること等によって得られる金銭が交付されることになります。

　なお、当該端数の合計数の売却価格については、本公開買付価格を基準として算定する予定ですが、その算定の時点が異なることから、この金額が本公開買付価格と異なることがあります。また、全部取得条項が付された当社の普通株式の取得の対価として交付する当社株式の種類及び数は本日現在未定でありますが、公開買付者が当社株式の100％（自己株式を除きます。）を保有するこ

ととするため、本公開買付けに応募されなかった公開買付者以外の当社の株主に対し交付しなければならない当社株式の数が一株に満たない端数となるよう決定する予定であります。

　上記②の普通株式に全部取得条項を付す旨の定款変更を行うに際しては、(a)少数株主の権利保護を目的として会社法第116条及び第117条その他の関係法令の定めに従って、株主はその有する株式の買取請求を行うことができる権利を有しており、また、(b)同様の趣旨に基づき、全部取得条項が付された株式の全部取得が株主総会において決議された場合には、会社法第172条その他の関係法令の定めに従って、株主は当該株式の取得の価格の決定の申立てを行うことができます。これらの(a)又は(b)の方法による1株当たりの買取価格及び取得価格は、最終的には裁判所が判断することになるため、本公開買付価格とは異なることがあり得ます。これらの方法による請求又は申立てを行うにあたっては、その必要手続等に関しては株主各位において自らの責任にて確認され、ご判断いただくこととなります。

　念のため補足いたしますが、本公開買付けは、上記株主総会における当社の株主の賛同を勧誘するものでは一切ありません。

　また、上記方法については、本公開買付け後の公開買付者の株券等所有割合、公開買付者以外の当社株主の当社株式の保有状況又は関連法令についての当局の解釈等の状況などによっては、それと同等の効果を有する他の方法を実施し、また実施に時間を要する可能性があります。但し、その場合でも、公開買付者関係者以外の当社の株主に対しては、最終的に金銭を交付する方法により当社を完全子会社化することを予定しております。この場合における当該当社株主に交付する金銭の額についても、本公開買付価格を基準として算定する予定ですが、その算定の時点が異なることから、この金額が本公開買付価格と異なることがあります。以上の場合における具体的な手続については、公開買付者と協議のうえ、決定次第、速やかに公表いたします。

Ⅲ　公開買付制度

　本公開買付け又は上記手続きによる金銭の受領及び株式買取請求による買取り等の場合の税務上の取扱いについては、各自の税務アドバイザーにご確認いただきますようお願いします。

(5)　上場廃止の見込み

　公開買付者は、本公開買付けにおいて取得する株式数の上限を設定しておりませんので、本公開買付けの結果によっては、ジャスダック証券取引所に上場されている当社株式は、ジャスダック証券取引所の株券上場廃止基準（以下「上場廃止基準」といいます。）に従い所定の手続を経て上場廃止となります。また、本公開買付けにより当該基準に該当しない場合でも、上記のとおり、公開買付者は、本公開買付け終了後に適用ある法令に従い、公開買付者による当社の完全子会社化を予定しておりますので、その場合には、ジャスダック証券取引所に上場されている当社株式は、上場廃止基準に従い上場廃止となります。上場廃止となった場合、当社株式をジャスダック証券取引所において取引することはできません。

(6)　公開買付者と対象者の株主との間における公開買付けへの応募に係る重要な合意に関する事項

　公開買付者は、創業者及び創業者資産運用会社との間で、創業者及び創業者資産運用会社がその保有する当社株式合計 1,528,000 株（所有割合約 32.8％）を本公開買付けへ応募する旨の契約を締結しています。また、公開買付者は、当社の主要株主である TCS ホールディングス株式会社及びその共同保有者との間で、同社及びその共同保有者が、その保有する当社株式合計 832,600 株（所有割合約 17.9％）を本公開買付けへ応募する旨の契約を締結しています。なお、以上のほか、公開買付者は、当社の代表取締役社長三田信孝（40,000 株）、取締役栗田昭平（2,000 株）及び創業者の配偶者である取締役藤田安代（5,000 株）

からも、その保有する当社株式合計 47,000 株（所有割合約 1.0％）を本公開買付けへ応募する旨の同意を得ています。

4　公開買付ルールと事前警告型買収防衛策の関係

　以上の通り、金商法においては、対象者は、公開買付者に対して質問をすることができ、また買付け等の期間の延長を要求することもできる。その上で、対象者の意見を形成してそれを公表する仕組みとなっている。

　このプロセスは、事前警告型の買収防衛策の審査ルールとかなりよく似ている面がある。立法担当者は、日本企業が独自に事前警告型の買収防衛策を次々採用していくことに対して否定的であり、それに代わる買収ルールとして金商法の改正を行った意図があるようである（大森泰人「金融システムを考える」160頁以下）。しかし、事前警告型買収防衛策は、審査の結果要件に該当すれば防衛策を発動するという選択肢に繋がる手続きであるのに対し、金商法の手続きは対象者と公開買付者が意見を述べ合うところまでであるから、両者に代替性はない。それぞれ行うことになる。ただし、実務的には、買収者が、事前警告型買収防衛策に定めた情報提供・審査ルールを履践せずに公開買付けを開始した場合には、手続き違反で買収防衛策を発動することになるであろうから、両手続きが競合することはなさそうである。

一〇　MBO 等の特例

　近年 MBO などに伴う公開買付けに対して批判が高まっている。MBO など、会社の役員やその関係者などが公開買付けを行う場合、公開買付者側は会社の情報を詳細に知っているのに対し、株主側は開示情報しか知らないのであって、情報の偏在が著しい。また MBO は、安価で株式を取得し上場廃止した上、数年後に再上場又は転売するなどして利益を獲得する取引であるから、公開買付価格も安価に抑える動機が強く働く。しかも 2 段階買収で株主に対して売り圧

力が非常に大きく働く。対象者による意見表明も利益相反的である。

そこで金商法では、MBOの場合には、いくつかの特例を置いている。

まず公開買付者は、公開買付者が①対象者の役員、②対象者の役員の依頼に基づき当該公開買付を行う者であって対象者の役員と利益を共通にする者又は③対象者を子会社とする会社その他の法人である場合には、買付け等の価格の算定にあたり参考とした第三者の評価書、意見書その他これらに類するものがある場合には、公開買付届出書にそれを添付しなければならない（公開買付府令13条1項8号）。「子会社」とは、会社法2条3号に規定する子会社をいう。②において、「利益を共通にする」との趣旨は、例えば買収資金の一部を対象者の役員が提供している場合や、買収者の役員などに対象者の役員が就任する場合などが考えられる（池田ほか・前掲99頁）。

またこれら公開買付者の場合、公開買付届出書には、買付価格の公正性を担保するためのその他の措置を講じているときは、その具体的な内容を記載することとされている（第2号様式記載上の注意(6) f）。

さらにこれらの公開買付者の場合、公開買付けの実施を決定するに至った意思決定の過程を具体的に記載するとともに、利益相反を回避する措置を講じているときはその具体的内容も記載する（同㉕）。

対象者においても、公開買付者が上記の①から③の者である場合に、利益相反を回避する措置を講じているときは、意見表明報告書にその具体的内容を記載することとされている（第4号様式記載上の注意(3) d）。

以上のほか、経済産業省・企業価値研究会が、平成19年9月4日、「企業価値の向上及び公正な手続確保のための経営者による企業買収（MBO）に関する指針」を公表しており、実務のガイドラインになっている。

一一　公開買付けの終了

公開買付者は、公開買付期間の末日の翌日に、公開買付けに係る事項を公告

し又は公表しなければならない（法27条の13第1項）。その公告等すべき内容は、最低買付け株数の条件を付した場合の当該条件の成否や、応募株券等の数及び買付け等を行う株券等の数などである（公開買付府令30条）。

公開買付者は、この公告等を行った日に、公開買付報告書を内閣総理大臣に提出しなければならない（法27条の13第2項）。公開買付報告書の記載内容は、公開買付府令第6号様式が定めている（同府令31条）。またその写しを対象者及び金融商品取引所等に送付する（法27条の13第3項）。

公開買付者は、買付け等の期間が終了したときは、遅滞なく応募株主等に、買付け等をする株券等の数などを記載した通知書を送付しなければならない（法27条の2第5項、政令8条5項1号）。

買付け等に係る受渡しその他の決済は、買付け等の期間が終了した後遅滞なく行わなければならない（政令8条5項2号）。

一二　自己株公開買付の場合の特例

発行者による上場株券等の公開買付けに関しては、金商法27条の22の2以下の条文が定めている。発行者以外の者による公開買付けと基本的には同じ構造であるが、主な相違点は以下の通りである。

まず発行者自身が買付けを行うこととなるため、不公正な取引とならないよう、発行者自身が有する未公表の重要事実については、公開買付開始に先だってその内容を公表しなければならない（法27条の22の3）。重要事実は、インサイダー取引規制上の重要事実とされている。

意見表明報告書の制度及び質問、対質問回答報告書の制度は準用されない。また会社支配権の取得取引ではないから、株券等の所有割合に関する規定や特別関係者に関する規定も準用されない。公開買付が撤回できるのも、法令違反となる場合等だけである（法27条の22の2第2項）。

Ⅲ　公開買付制度

一三　罰則

公開買付規制に係る違反に対する罰則は以下の通りである。

(1) 法197条1項2号3号

以下の違反は、10年以下の懲役もしくは1000万円以下の罰金又はその併科となる。

①公開買付開始公告等の公告等について、重要な事項についての虚偽表示

②公開買付届出書等について、重要な事項についての虚偽記載

(2) 法197条の2第1項2号から6号8号9号

以下の違反は、5年以下の懲役もしくは500万円以下の罰金又はその併科となる。

①公開買付届出書等の写しの送付等について、重要な事項についての虚偽表示等

②公開買付けの売付等の申込みの勧誘等の行為の禁止違反（法27条の3第3項）

③公開買付開始公告等の不実施等

④公開買付届出書等の不提出

⑤意見表明報告書等について、重要な事項についての虚偽記載

⑥公開買付説明書等について、重要な事項についての虚偽記載

⑦変更できない買付け条件の変更の公告をした場合等

(3) 法200条1号3号6号から11号

以下の違反は、1年以下の懲役もしくは100万円以下の罰金又はその併科となる。

①公開買付届出書等の写しの不送付等

②別途買付けの禁止違反等

③公開買付届出書等の公衆縦覧不提供

　　　④訂正による公告等の不実施

　　　⑤公開買付説明書等の不交付

　　　⑥意見表明報告書等の不提出

　　　⑦意見表明報告書の写し等について、重要な事項の虚偽記載等

　(4)　法205条2号から6号

　　以下の違反は、6月以下の懲役もしくは50万円以下の罰金又はその併科となる。

　　　①意見表明報告書の訂正報告書等の不提出

　　　②意見表明報告書等の不送付

　　　③内閣総理大臣の報告聴取に対する報告・資料の不提出等

　　　④内閣総理大臣の検査拒否等

一四　課徴金

　平成20年改正により、公開買付公告を行わないで株券等又は上場株券等の買付け等をした者は、買付け等の総額に100分の25を乗じた金額の課徴金を命ぜられる（法172条の5）。また重要な事項に虚偽の表示があり、もしくは表示すべき重要な事項の表示が欠けている公開買付開始公告等を行った者又は同様の公開買付届出書等を提出した者は、公開買付開始公告の前日の価格に買付け等を行った株券等の数を乗じた金額に100分の25を乗じた額の課徴金を命ぜられる（法172条の6）。

一五　損害賠償責任の特則

　公開買付けにおいては、一定の場合に、法定の損害賠償責任が定められている。その内容は以下の通りである。なお、これらの責任については、短期消滅時効の定めがある（法27条の21）。

Ⅲ　公開買付制度

①公開買付届出書等の不提出の場合の責任

　法 27 条の 3 第 3 項若しくは同 27 条の 8 第 7 項に違反して勧誘等を行った場合又は法 27 条の 9 第 2 項もしくは第 3 項に違反した買付け等を行った場合には、違反行為によって売付け等をした者に対して、それにより生じた損害を賠償する責任を負う（法 27 条の 16、16 条）。

②別途買付けを行った者の責任

　別途買付けの禁止に違反して株券等の買付け等をした公開買付者等は、売付け等をした者に対して、それにより生じた損害を賠償する責任を負う（法 27 条の 17）。この場合には、損害賠償額が定められている（同条 2 項）。

③按分比例等の方法によらなかった場合の責任

　公開買付者が、法 27 条の 13 第 4 項の規定に違反して決済を行った場合等には、売付け等をした者に対して損害賠償の責任を負担する。この場合にも、損害賠償額が定められている（同条 2 項）。

④虚偽記載等のある公開買付説明書等の使用による責任

　重要な事項について虚偽記載等がある公開買付説明書等を使用して売付け等をさせた者は、売付け等をした者に対して、それにより生じた損害を賠償する責任を負う（法 27 条の 19、17 条）。

⑤虚偽記載等のある公開買付届出書等の提出者の責任

　重要な事項について虚偽記載等がある公開買付届出書等の提出者等は、売付け等をした者に対して、それにより生じた損害を賠償する責任を負う（法 27 条の 20、18 条）。

Ⅳ　委任状勧誘規制

一　委任状勧誘規制の経緯

　金商法194条は、「何人も、政令で定めるところに違反して、金融商品取引所に上場されている株式の発行会社の株式につき、自己又は第三者に議決権の行使を代理させることを勧誘してはならない」と定めている。議決権の代理行使の勧誘が原則として違法となるのではなく、政令に違反する態様の勧誘が違法となる。いかなる勧誘を違法とするかは政令に全面的に委ねられていることになる。

　この規定は、基本的にはアメリカ法を継受したものである。アメリカでは、1929年の世界大恐慌の前は、まったく情報の開示なしに委任状の勧誘が行われていた。アメリカでは、株主総会の議題は招集通知に必ず記載されなければならないものではなく、総会において招集通知に記載のない議題について決議することも可能であった。そのため、まったく情報開示なしに委任状を集めると、いかなる事項についていかなる議案が提出されるのか株主にはまったく予想もつかず、しかも議決権の行使の方向（賛成・反対）についても白紙委任であったため、株主の利益や意向に反する議決権行使がなされうる状況であった。ときには利益相反的な議決権行使の代理も行われた。例えば優先株式に不利で普通株式に有利な議案について、普通株式を保有する取締役が優先株主からも委任状を集め、その議案に賛成してしまうなどというケースである。このような何らの情報開示もなされず、議決権行使の方向すら指定できない委任状勧誘は、経営者支配の道具とされ、株主の意思に反する利用がなされる原因であった。そこでニューディール政策の一環として、1934年証券取引所法14条aが

Ⅳ　委任状勧誘規制

設けられ、同条に基づき、証券取引委員会が翌 1935 年に委任状勧誘規則を制定した[1]。

　日本では、戦後昭和 23 年に証券取引法が制定された。この証券取引法はアメリカ法を参考にしたものであり、同 194 条は、上記のアメリカ証券取引所法 14 条 a とほとんど同じ条文とされている[2]。

　本条に基づき、昭和 23 年、証券取引委員会により「上場株式の議決権の代理行使の勧誘に関する規則」（規則第 13 号。いわゆる「委任状勧誘規則」）が定められた。同規則は、その後昭和 27 年の証取法改正により証券取引委員会が廃止されたことに伴い、政令としての効力を有するものとされた（昭和 27 年法律 270 号附則 2)。そして平成 15 年に証取法施行令 36 条の 2 以下及び「上場株式議決権の代理行使の勧誘に関する内閣府令」（「委任状勧誘府令」）に移行している。

　委任状勧誘にあたって株主に対して情報を開示し、その意思に従った議決権行使の機会を付与するというような事項は、議決権の公正な行使の問題であり、本来証取法ではなく会社法的な事項である[3]。アメリカにおいては、会社法は基本的に州法の問題であったため、委任状規制が証券法において定められたという[4]。そのアメリカ法を昭和 23 年の証取法制定時にそのまま継受したため、日本においても委任状勧誘規制が証取法（それも「雑則」の章）に置かれることとなった。そこで証取法に置かれたのは偶然の所産であるとされている[5]。

　アメリカにおいては、その後委任状勧誘規制はたびたび改正され、規制は強

---

1)　今井宏「議決権代理行使の勧誘」（商事法務、1971）63 頁以下、浜田道代「委任状と書面投票」証券取引法体系（商事法務、1986）249 頁以下
2)　龍田節「株式会社の委任状制度」インベストメント 21 巻 1 号 5 頁
3)　今井・前掲 87 頁、森本滋「会社による委任状の勧誘」現代商法学の課題〔下〕（有斐閣）1660 頁注 8
4)　今井・前掲 91 頁注 3
5)　今井・前掲 91 頁注 3

化されていった。例えば 1964 年改正では、委任状勧誘の有無にかかわらず、株主に対して委任状勧誘の場合と同等の情報を開示しなければならないこととされた。

しかし日本では、逆に規制は緩和される方向で改正されてきた。例えば、昭和 24 年改正では、委任状勧誘規則 8 条にあった反対株主提案制度を削除し、同 4 条の代理権の範囲に関する規定も削除した。昭和 25 年改正では委任状勧誘規則 6 条 1 項を削除して事前審査制度を廃止した。

アメリカでは、委任状勧誘制度の濫用という経験を元に委任状勧誘規制が創設された経緯があり、また所有と経営の分離と経営者支配の問題認識もある上、その後も委任状争奪戦や敵対的企業買収などの歴史を重ねてきたので、委任状勧誘制度の適切な運用の重要性が広く認識されていた。

一方日本では、委任状勧誘制度の濫用などという経験はなく、むしろ総会屋等の会社ゴロの存在があり、少額投資家の権利の強化には消極的だったと思われる。コーポレート・ガバナンスという発想も当時はなかったし、委任状争奪戦や買占めということも肯定的には捉えられていなかった。委任状勧誘制度の濫用の意味を、情報を与えず株主の真意に反した議決権行使をして決議を成立させることであるとするならば、日本では永らく安定株主が多数を占めており、彼らは経営者の支持者であるからその意に反する代理権行使など生じなかった。学説も、問題を株主総会の形骸化という背景の中で捉えていたように思われる。

また昭和 56 年商法改正により、株主提案権や書面投票及び参考書類の制度が商法・商法特例法に創設され、情報提供や議決権行使の面での委任状勧誘制度の重要性は大幅に低下した。実務においても大半の会社は議決権行使書制度を採用しており、委任状勧誘を行う会社の数は激減している[6]。

そのような中で、ここ数年敵対的な M&A あるいは投資家による株主提案

---

6) 「総会白書」旬刊商事法務 1817 号 61 頁

Ⅳ　委任状勧誘規制

権の行使等のケースを中心に、委任状勧誘を行うケースが増加し始め、あらためて委任状勧誘制度に注目が集まっている。ここでは、株主側が委任状勧誘を行い、会社側がそれに対抗するという図式である。つまり株主総会の決議に株主の意思を反映させるための方策として委任状勧誘制度が使われているのであって、従来議論されてきた会社による委任状勧誘とは別の意味合いである。社会的にも、敵対的買収や投資家等による提案権の行使等は、効率的な経営のために優れた仕組みであるという考え方も有力となり、また経営者に対する規律（コーポレート・ガバナンス）のために必要であるという理解も広まりつつある。安定株主が大幅に減少したため、このような株主による議決権行使活動が現実に決議を左右する状況にもなっている（例えば、「いちごの乱」といわれた2007年の東京鋼鉄事件や同年のペンタックス・スパークス事件、2008年のアデランス事件など）。

　現在では、株主が委任状勧誘を行う場合の制度的、実務的な障害の問題や、会社側との武器対等の問題が重要となっている。会社側の問題としても、取締役のとりうる行動やその場合の注意義務のあり方、会社の費用で対抗策をとることができる範囲などが問題となる（ただし、これは会社法上の問題であるが）。基本的な判断基準も、取締役会側と株主側で意見が対立した場合には情報開示と議論によっていずれの選択肢が適切であるか株主がジャッジする、という競争原理の適用による効率性追及のルールになりつつある[7]。

　そのため委任状勧誘制度に関する法的論点としても、従来とはまったく異なってきている。会社側の情報開示義務や、会社側が委任状勧誘規則に違反した場合の議決権行使の効力や決議の瑕疵の有無などが従来の主要争点であった。しかし株主側による委任状勧誘を前提とすると、むしろ適切な議論を促進するためには規制を緩やかにして、たとえば「勧誘」の定義は狭い方がよいかも知れ

---

[7]　モリテックス事件・東京地裁平成19年12月6日判決旬刊商事法務1820号32頁

ないし、提供すべき情報も過度な負担とならない方がよいかも知れない。また決議取消事由とする範囲も、株主側の行為と会社側の行為で分けて考える必要がある。

かつてのような代理権の濫用防止や情報の開示・投票機会の確保という要請は会社法によって達成されており、委任状勧誘規制の重要な目的ではなくなりつつあるとともに、株主が利用する場合の使い勝手や会社側との公平性の方がガバナンスのあり方などに直結する重要な問題となりつつある。そうであれば、解釈の方向性もまったく違う方向になることが考えられる。本条は「何人も」として会社側も株主側も区別せずに一律に規制しているが、いずれが勧誘するかで、状況はまったく異なっているのである。委任状勧誘規制に関する文献は、昭和56年商法改正前のものが多いが、今後判例や学説が新しい視点から展開されることが重要である。

二　委任状勧誘規制の目的と機能

金商法による委任状勧誘規制の目的については、学説が分かれている。アメリカ法を継受した立法経緯からすれば、①情報開示と②議決権行使の方向性の指図権の2点が重要である。それによって株主が実際に総会に出席したのと同様の状態を作り出すことが意図されていることになる（加藤修「議決権代理行使の研究」23頁、龍田・前掲7頁）。これは言い換えれば、代理権の濫用の防止であり、それによる経営者支配の防止でもある。当初のアメリカ法の立場はこれであった。「この制度は取締役の利益のためだけに悪用されるおそれがあり、また株主に誤解を生じさせる場合もある」ことを指摘する見解も同様であろう[8]。

8）　河本一郎・関要監修「三訂版　逐条解説証券取引法」（商事法務、2008）1468頁、田中誠二・堀口亘「再全訂　コンメンタール証券取引法」（勁草書房、1996）1139頁

Ⅳ　委任状勧誘規制

　これは委任状勧誘を行う場合の濫用の防止であって、委任状勧誘規制の強制ないし情報開示の強制には結びつかない。しかしそれを超えて広く株主に投票の機会を付与すべきであるとする立場もある[9]。この立場からは委任状勧誘あるいは情報の開示を強制すべきこととなる。日本では、その後会社法の制度として書面投票及び参考書類の制度が導入されており、この趣旨は会社法によって実現されている。

　また以前には、委任状勧誘規制において情報が開示されることから、それが投資情報としても重要性があるとして、投資情報開示制度として位置づける考え方もあった[10]。ただし、現時点では、参考書類は会社法で義務化されており、委任状勧誘規制における参考書類もほとんど同じであるから、格別投資情報の開示規制として意味があるわけではなくなっている[11]。

　さらに、経営者支配の防止という観点から、委任状勧誘規制により経営者に対して有効な牽制を及ぼすことも指摘されている[12]。

　概括的に「投資者の保護」又は「株主の保護」が目的であると説明されることもある[13]。投資者保護の内容としては、上記の情報開示と経営参加機会の確保が挙げられている[14]。

　判決例は、委任状勧誘規制の趣旨について、「被勧誘者である上場会社の一般株主にとって、勧誘者から株主総会の議案を知らされるだけでは、議案の可否を判断するための情報としては十分ではないため、勧誘者は所定の事項を記載した参考書類を交付すべきこととするとともに、被勧誘者が株主総会における議決権の代理行使について勧誘者に白紙委任することにより、自分にとって

---

[9]　森本・前掲 1659 頁
[10]　神崎克郎「委任状規制とディスクロージャー」証券研究 57 巻 162 頁
[11]　神崎ほか・前掲 290 頁注 8
[12]　今井・前掲 87 頁、神崎ほか・前掲 163 頁
[13]　鈴木竹雄・河本一郎「証券取引法」(有斐閣) 33 頁
[14]　龍田・前掲 7 頁

不利な議決権行使がなされ不測の損害を受けることがないように、委任状には議案ごとに賛否を記載する欄を設けるべきこととしたものである」としている[15]。

今後、仮に株主による利用が主流となり、株主の意見を総会決議に反映させる方法として定着した場合には、取締役と株主の間で公平で公正な議論がなされるための手続きであり、それによって株主の意見が適切に反映され、効率的な経営が実現されるようにするためのルールであると解される可能性もある。コーポレート・ガバナンスの一環ということである。

以上の見解とは異なり、委任状勧誘規制の目的は、「株主から多数の議決権の代理行使を委任された者が、株主総会において自己の思うままに決議を行い、もって株価に影響をなさしめようとすることを防ぐことにある」とする説もある[16]。

委任状勧誘制度の機能の点からは、①定足数の充足により会社経営を維持する機能、②株主に広く議決権行使をする機会を付与する機能、③支配権争奪などが挙げられている[17]。

三 委任状勧誘行為の法律構成

委任状勧誘行為の法律構成であるが、会社が勧誘者となる場合は、株主と会社の間での、議決権代理行使の代理人を選任するための媒介契約ないし仲介契約であると解されている[18]。会社自身は、議決権代理行使の受任者とはなら

---

15) 前掲・モリテックス事件判決
16) 神田秀樹監修「注解証券取引法」（有斐閣、1997）1343頁
17) 龍田・前掲10頁以下。なお、支配権争奪は本来の機能でもなく、法が意図した目的でもないとされる。
18) 森本・前掲1660頁

ない[19]。それは自己株式について議決権行使ができないこととされている以上、自己の株式について会社自身が代理人として議決権を行使することもできないと解されているからである[20]。そのため会社と株主の間は委任契約ではないことになる。

なお、会社に委任状を返送する行為は、投票であるとする説もある[21]。

株主が委任状勧誘を行う場合には、勧誘者である株主が自ら代理人となることも可能であるし、勧誘者が選任した代理人が議決権を行使することもある。前者であれば、勧誘者と株主の間に直接（準）委任契約が存在することになる[22]。後者の場合には、代理人選任についての媒介契約ないし仲介契約があることになろう[23]。

四 適用の要件

1 勧誘者の範囲

まず本条の適用される勧誘者の範囲であるが、「何人も」とされているので、発行会社だけでなく、その他の勧誘者もすべて含まれることになる[24]。

2 株式の範囲

次に本条の適用される株式の範囲であるが、「金融商品取引所に上場されている株式の発行会社の株式」とされているので、例えば上場会社が非上場の株

---

[19] 大森忠夫「議決権」株式会社法講座第三巻（有斐閣、1956）931, 933頁、反対：浜田・前掲256頁
[20] 森本・前掲1660頁、菱田政宏「株主の議決権行使と会社支配」（酒井書房、1960）92頁
[21] 龍田節「委任状の勧誘と代理人の地位」東京株式懇話会会報210号8頁
[22] 森本・前掲1664頁注18
[23] 菱田・前掲91頁
[24] 河本・関・前掲1468頁

式（優先株等）を発行している場合には、上場株式だけでなく、非上場の優先株式に係る議決権の代理行使の勧誘についても本条の適用がある[25]。

3 「勧誘」の範囲

金商法に「勧誘」の定義は置かれていない。法文上は、「自己又は第三者に議決権の行使を代理させることを勧誘」とされている。アメリカ法では詳細な定義がある[26]。

学説には、アメリカ法を参考に、委任状用紙を送付してその署名・返送を求める行為のほか、委任状を送付しないで株主に委任状の作成・交付を求める行為、他の勧誘者に委任状を送らないように要請する行為なども勧誘に含まれるとする説がある[27]。また委任状勧誘のための事前運動や他者への委任の撤回運動についても含まれるとする説もある[28]。

他の勧誘者に委任状を送らないように要請する行為が含まれるというのは、自らが委任状勧誘を行っている場合を前提としているのか、自らは勧誘をしていない場合も含む趣旨なのか、明確でない。当局は、会社が委任状勧誘を行っていない場合に、勧誘株主に対して委任状を送付しないよう要請する行為は、「勧誘」にはあたらないと解しているようである[29]。

株主提案があり、当該提案株主が委任状勧誘を行っている場合に、会社側が株主に対して会社提案に対して賛成の書面投票を要請する行為は勧誘にはあた

---

25) 今井・前掲110頁
26) 今井・前掲92頁以下
27) 今井・前掲110頁以下、龍田・前掲インベストメント18頁、反対：神田監修・前掲1347頁。なお、「委任状勧誘に関する実務上の諸問題」証券取引法研究会研究記録10号39頁以下参照
28) 今井・前掲111頁
29) 寺田昌弘・寺崎大介・松田洋志「委任状争奪戦に向けての委任状勧誘規制の問題点」旬刊商事法務1802号39頁

Ⅳ　委任状勧誘規制

らないと解される[30]。

　かつては委任状勧誘規制を広くかぶせる趣旨で勧誘の意義も広く解する説が有力であったものと思われるが、情報開示や投票指図権の確保等は既に会社法でカバーされている状況であり、対立する当事者の自由な議論によって物事を処理しようということであれば、勧誘の意義も拡大して解する必要はないように思われる。

4　適用除外

　以下の場合には、本条は適用されない（政令36条の6第1項）。

　①当該株式の発行会社又はその役員のいずれでもない者が行う議決権の代理行使の勧誘であって、被勧誘者が10人未満である場合

　②時事に関する事項を掲載する日刊新聞紙による広告を通じて行う議決権の代理行使の勧誘であって、当該広告が発行会社の名称、広告の理由、株主総会の目的たる事項及び委任状の用紙等を提供する場所のみを表示する場合

　③他人の名義により株式を有する者が、その他人に対し当該株式の議決権について、議決権の代理行使の勧誘を行う場合

　上記1号にいう「役員」の範囲については、取締役及び監査役に加え、取締役と同等以上の支配力を持つ者を含むとする説がある[31]。

　2号については、新聞広告が除外されるのは、その後になされる「勧誘」までの橋渡しに過ぎないからである。したがって、広告を見て指定された場所に赴いた株主に対して委任状を渡すなどの行為は、やはり勧誘に該当することに

---

30)　太田洋「株主提案と委任状勧誘に関する実務上の諸問題」旬刊商事法務1801号33頁
31)　龍田・前掲19頁、今井・前掲112頁

なる[32]。

五　委任状勧誘規制の具体的な内容

1　参考書類の交付

委任状勧誘を行おうとする者は、当該勧誘に際し、被勧誘者に対し、参考書類を交付しなければならない（政令36条の2第1項）。

参考書類の記載事項は、委任状勧誘府令1条から41条までに詳細に規定されている。基本的に会社法の定める株主総会参考書類と同様である。このうち21条以下は、会社関係者以外の者による勧誘の場合の記載事項である。また39条及び40条は、株主提案権がある場合の記載事項である。

参考書類は、「勧誘に際し」て交付しなければならない。

参考書類は、電磁的な方法により提供する方法もある（政令36条の2第2～4項。

2　委任状用紙の交付

委任状勧誘を行おうとする者は、当該勧誘に際し、被勧誘者に対し、委任状用紙を交付しなければならない（政令36条の2第1項）。委任状用紙には、議案ごとに被勧誘者が賛否を記載する欄を設けなければならない（委任状勧誘府令43条）。複数の役員を選任する議案の場合に、候補者ごとに賛否を記載できるようにすべきかは、争いがある（会社法施行規則66条1項1号との対比）。棄権の欄を設けることは可能である。委任状用紙は、電磁的な方法により提供する方法もある。

---

[32]　田中弘一「上場株式の議決権の代理行使の勧誘に関する規則の一部改正について」財政経済弘報126号4頁

Ⅳ　委任状勧誘規制

3　届出

勧誘者は、被勧誘者に参考書類及び委任状用紙を交付したときは、直ちに、これらの書類の写しを金融庁長官（財務局長へ権限移管。政令 43 条の 11）に提出しなければならない。

数度にわたって書簡などで勧誘を行った場合には、その都度、提出することになろう[33]。参考書類だけでなく、要請文書なども提出の対象とされている[34]。

同一の株主総会に関して株式の発行会社の株主（議決権を有する者に限る）のすべてに対し株主総会参考書類及び議決権行使書面が交付されている場合は（委任状勧誘府令 44 条）、この届出を要しない（政令 36 条の 3）。この場合には、必要な情報と議決権行使の機会が保障されているからである[35]。なお、会社が交付した書類以外の書類を交付する場合には、本条は利用できないとの指摘がある[36]。

4　虚偽記載書類の利用禁止

勧誘者は、重要な事項について虚偽の記載があり又は記載すべき重要な事項もしくは誤解を生じさせないため必要な重要な事実の記載が欠けている委任状の用紙、参考書類その他の書類を利用して、議決権の代理行使の勧誘を行ってはならない（政令 36 条の 4）。

5　参考書類請求権

株式の発行会社により、又は発行会社のために当該株式について議決権の代

---

[33]　龍田・前掲 20 頁
[34]　寺田ほか・前掲 37 頁
[35]　一松・前掲 58 頁
[36]　寺田ほか・前掲 37 頁

理行使の勧誘が行われる場合においては、当該会社の株主は、会社に対して、費用を支払った上で参考書類の交付を請求することができる（政令 36 条の 5）。

本条は、会社が一部の株主に対してのみ勧誘をした場合において、勧誘を受けなかった株主が同一の情報にアクセスする権利を定めたものである[37]。

六　委任状勧誘に関する問題点

1　一部の議題のみの委任の有効性

株主総会に提出される複数の議題のうち、一部の議題についてのみ議決権の代理行使を委任することが可能であるかということについては、特段これを制限する規定もないことから適法であると考えられる（証券取引委員会通牒昭和 24 年 6 月 9 日証取 302 号）。実際昭和 56 年商法改正以前は、多くの会社が定足数の定めのある一部の議案についてのみ委任状勧誘を行っていた[38]。

2　一部の株主に対してのみの勧誘

一部の株主のみに対して議決権代理行使の勧誘をすることの適法性や効力については争いがある。金商法及びその政令等においては、全株主に対しての勧誘を義務づける規定はない。そのため一部の株主にのみ勧誘を行っても、金商法 194 条の違反とはならない。会社法の解釈問題と考えられる。

まず取締役の義務のあり方として、会社の費用をもって委任状勧誘を行うことが何故適法（善管注意義務違反等とならない）なのかということにつき、①定足数を充足し会社経営の維持のために必要であるからとする説、②すべての株主に議決権行使の機会を与えることになるからとする説[39]、③取締役が会社

---

[37]　一松・前掲 57 頁
[38]　今井・前掲 24 頁
[39]　菱田・前掲 105 頁、森本・前掲 1668 頁、浜田・前掲 258 頁

Ⅳ 委任状勧誘規制

にとって適切であると考える議案の可決のために行われる行為であるからとする説[40]などがある。

このうち①説については、現在ではすでに特別決議事項についても定款によって定足数を引き下げることが可能になっており（会社法309条2項）、実務的にはその必要性は大幅に減少している。

②説をとった場合、すべての株主に平等に議決権行使の機会を付与しないことは株主平等原則に違反すると解される可能性がある[41]。そしてこの違反は、取締役の義務違反となるだけでなく、総会決議の取消事由にもなりうる[42]。しかし現在の会社法では、一定の会社については書面投票及び参考書類が義務化されており、その会社については既に投票の機会も必要な情報を得ることも満たされている。したがって、現在では一部の者に対して勧誘を行っても株主平等原則違反とはならないとも考えられる[43]。

③説については、取締役は、説明まではしてもそれを超えて議案の可決のために行動することは取締役の職務権限として認められないとする説もある[44]。

しかしながら、会社の理事者である取締役が会社の利益、ひいては株主共同の利益に資すると考えて提案した議案について、株主に対してそれを説明したり、賛成を推奨することはむしろ合理的なことであって、それに会社の費用を要したとしても、それが著しく不合理なものでない限り、義務違反とはならないであろう。

---

40) 大森・前掲932頁
41) 森本・前掲1668頁、田中ほか・前掲1140頁
42) 森本・前掲1668頁、浜田・前掲258頁、神崎・前掲134頁
43) 太田洋「委任状勧誘に関する実務上の諸問題」証券取引法研究会研究記録10号20頁以下
44) 菱田・前掲96頁、同「委任状勧誘と議決権代理行使」私法22号144頁

3　委任状勧誘規制の違反と委任の効力

委任状勧誘を行った場合において、委任状勧誘規制に違反したとき、委任自体の効力が有効であるかどうかは争いがある。違反の種類としては、委任状の様式が違反している場合（賛否の表示欄がないなど）、参考書類の不交付ないし虚偽記載、財務局への届出の欠如等がある。会社法上当然に無効と解されるとする説もあるが[45]、当然には無効でないとするのが通説であるとされる[46]。

判決例として、東京地裁平成17年7月7日判決は、委任状用紙に賛否を記載する欄が設けられていなかった事案について、委任自体が無効であるとはしていない（判例時報1915号150頁。ただし議決権行使書を採用していた事例である）。また前掲のモリテックス事件判決は、会社提案議案について賛否の欄が設けられておらず、参考書類も添付されていないこととなる場合において、代理権を有効と認めている。

4　委任指示に違反した議決権行使の効果

次に、交付された委任状に記載された議決権行使の指示（賛成、反対、棄権など）に違反して議決権行使した場合の効力についても説が分かれている。

委任者と受任者の間の内部関係に過ぎないとして議決権行使の効力には影響しないとする説[47]、場合によって著しく不公正な決議の方法として決議取消事由となりうるとする説[48]、無権代理として議決権行使は無効になるとする説[49]、などがある。

---

45)　浜田・前掲255頁
46)　今井・前掲88頁
47)　西原寛一（発言）「株主総会」ジュリスト83号43頁。委任契約違反の問題はある。
　48)　大森・前掲937頁、大隅健一郎（発言）「株主総会」ジュリスト83号43頁
49)　鈴木竹雄「証券取引法と株式会社法」株式会社法講座1巻（有斐閣、1955）360頁、浜田・前掲254頁、今井・前掲135頁、龍田・前掲32頁、森本・前掲1666頁

Ⅳ　委任状勧誘規制

5　委任状勧誘規制の違反と決議の効力

　委任状勧誘規制に違反した場合の総会決議の効力についても争いがある。委任状勧誘規制は会社法の定める法令の違反にはあたらないとするのが多数説であるが[50]、決議取消事由になるとする説[51]も有力である。多数説によっても、その結果決議の方法が著しく不公正となれば、決議取消事由となりうる[52]。

　判決例は、委任状勧誘府令は、旧商法247条にいう法令にはあたらないとしている[53]。ただし、前掲のモリテックス事件判決は、決議取消訴訟において、委任状勧誘規制に抵触するかどうかの判断を行っている。

七　違反の場合の措置

　金商法194条に違反して勧誘を行った者は、30万円以下の罰金に処される（金商法205条の2第2号）。

　また同条の違反に対しては、同法192条の裁判所の緊急停止命令の申立てができるとされている。ただし、勧誘行為のみが停止されるだけであって、それによって得られた委任状に基づく議決権の停止などは命じることができない[54]。

　その他、会社法の定める差止請求（360条）が可能であるかどうかなどが議論されている[55]。

---

50)　今井・前掲221頁、河本ほか・前掲1473頁
51)　龍田・前掲36頁
52)　今井・前掲90頁
53)　東京地裁平成17年7月7日判決判例時報1915号150頁
54)　龍田・前掲33頁、ただし神崎ほか・前掲289頁は、委任状の行使を禁止する命令を申し立てることができるとする。
55)　今井・前掲218頁

Ⅴ　インサイダー取引規制

一　インサイダー取引規制の経緯

　インサイダー取引規制は、昭和62年9月に起きたタテホ事件を契機に立法化されたものである。同社は財テクに失敗して多額の損失を出したが、その公表の直前に同社の取引銀行などが同社の株式を売り抜けていたことから、社会の批判を浴びた。またこの頃、日本の証券市場は国際的にも重要な地位を占めるようになっていたが、インサイダー取引天国であるなどと諸外国から揶揄されたこともあり、急遽他の先進国並みのインサイダー取引規制を設けることとなったものである。

　証券取引審議会は、昭和63年2月に、「内部者取引の規制の在り方について」（旬刊商事法務1138号35頁）と題する報告書を作成し、これを基に昭和63年の証取法の改正が行われてインサイダー取引規制が証取法の中に置かれることになった。

　インサイダー取引は、改正以前から、当時の証取法58条（金商法157条）の不公正取引規制の条文によって取り締まることは十分可能であると学説上はいわれていた。実際アメリカでは同様の条項で規制を行っていた。しかし同条は抽象的な要件しか定めていないので、取締当局としては同条の適用は難しいと考えていた。昭和51年5月11日付証券取引審議会報告の中でも、同条を内部者取引に直ちに適用するには限界があるとされていた。実際同条がインサイダー取引に適用された事例はなかった。そこで個別の取締規定を設けることとなった。

　インサイダー取引規制は、立案当初は、実質犯として、重い処罰規定を設け

V　インサイダー取引規制

る方向性であった。条文の案も、

　「上場株券等の発行者である会社の役員等は当該会社の上場株券等の相場の変動により自己若しくは他人の利益を図りまたは当該会社の上場株券等の相場の変動による自己又は他人の損失を免れる目的をもって、その地位、職務または業務に関し取得した当該会社の経営、財務または業務に関する未公開の情報であって、当該上場株券等の相場に著しい影響を及ぼすべき事実に関するものを利用して当該会社の上場株券等の売買その他の取引をしてはならない。」

として包括的で実質的な構成要件とすることが考えられていた。条文の位置としても、当時の証取法 58 条の次に置くこととし、同条と同じ法定刑にすることが考えられていた（河本一郎「インサイダー取引規制をめぐる最近の諸問題」インベストメント 1995. 8、2 頁）。同法 58 条の不公正取引の 1 類型として明確にするという位置づけであったと思われる。

　しかし、上記の案文では、目的の立証が必要になってしまい立件の障害になることや、重要事実も明確でないこと等の批判が取締当局からなされた。そのため、方針変更され、重要事実は詳細な個別列挙方式になり、それを利用したことも要件ではなくなり、目的は削除して単純に重要事実を知って取引すれば違反になるという構成に修正された。そのため実質的な違法性は後退し、ほとんど形式犯[1] に近くなった[2]。形式犯に過ぎないことから罰則も非常に軽いものとされた。条文の位置も 190 条の 2 以下に定められることとなった。

　当時は本当にインサイダー取引をなくさなければならないという発想ではな

---

1) 「形式犯」とは、一定の行為を行うことによって法益に対する侵害又は危険を生じなくても成立する犯罪であり、行政取締法規に多い。「実質犯」は、法益の侵害ないし危険の発生を構成要件とするものである。
2) 龍田節「インサイダー取引規制」ジュリスト 948 号 157 頁、芝原邦爾「インサイダー取引の処罰」法学教室 166 号 92 頁

く、国際的な証券市場としてインサイダー取引規制を形だけでも置いておかないと格好が悪いということであったかも知れない。

このような形で生まれたため、その後インサイダー取引規制は刑罰が軽く（立法当時罰金は50万円以下、懲役は6ヶ月以下であった）、やり得との批判を生んだ。またあまりに詳細な規定を設けたため、かえってその詳細な規定の解釈に汲々とすることとなって無用な論点を多数生み出し、また必要な取締りが困難であるという不都合も生じた[3]。そのためインサイダー取引規制は、その後の改正で幾度も改正されることになり、重要事実の連結ベース化や罰則の強化、内部者の定義の拡大など、不備の修正が続くこととなった[4]。それでも当初の形式犯的な枠組みは残ったままであり、学説の批判を受けている[5]。

二　インサイダー取引規制の趣旨・目的

インサイダー取引は何故悪いことなのか。何故それを禁止するのか。

素朴に考えると、未公表の重要事実を知っている者が、それを知らない者を相手方として取引を行って利益を上げるとすれば、それは詐欺的な行為であって正義に反する、といえそうである。しかし金商法が禁止しているインサイダー取引は、内部者等が「特別な地位」に基づいて重要事実を取得した場合だけである。重要事実を知っている者すべてに取引を禁止しているわけではない。これはどうしてか。市場で多数の投資家が投資を行う以上、すべての投資家が同じ情報を保有しているということはあり得ない。投資家の中には、いろいろな情報を生産、獲得するよう努める者もあれば、何も努力しない者もいる。情報

---

[3] 竹内昭夫「インサイダー取引規制の在り方」ジュリスト964号43頁、芝原邦爾「経済刑法研究下」668頁

[4] 変遷の内容について、松井秀樹「インサイダー取引規制の変遷と現行制度の概要」旬刊商事法務1679号4頁

[5] 上村達男「インサイダー取引規制の内規事例」別冊商事法務195号2、180頁以下参照

V インサイダー取引規制

にアクセスする機会が均等であれば、結果として情報の保有状況に差が生じても、それだけで情報を持つ者と持たない者の間の取引が不公正な取引であるとはいえない[6]。

しかしその情報を取得した理由が、その者の特別な地位に由来している場合はどうか。例えば会社の合併の情報を、その会社の役員が知って取引をしたとしたらどうか。これは一般の投資家との間で機会の不平等があるのであって、それは不公正である[7]。スタートラインが同じであれば、情報をいち早く入手した者が利益を得て、遅くなった者が利益を獲得し損ねても、それは公平である。もともと競争市場なのであるから、努力をして情報を入手し、利益を上げることは当然である。その投資家の努力によって、市場の価格形成機能も有効に発揮される。しかし特別な地位によるのであれば公平ではない。

したがって、まず金商法は、情報の偏在自体が問題なのではなく、特別な地位に基づく情報の入手だけを問題としている。

特別な地位にある者による取引を禁止する趣旨であるとして、それは何故か。取引の相手方に損失を与える行為だから禁止されるのであろうか。通常、インサイダー取引をすれば、した者は儲かり、取引の相手方は損をする。しかしよく考えると疑問もある。例えば今市場で1株1000円の株があるとする。実はこの会社は有力な新製品を開発したため、その事実が公表されれば、市場価格は1300円くらいに上昇するとする。その重要事実を知ったその会社の役員が1000円で株を買い、その後その事実を公表したら案の定1300円に上昇したとする。そのときその役員は300円を儲けている。同時に1000円で売ってしまった者は300円儲け損なってしまっている。それではその役員が取引をしなけれ

---

6) 横畠裕介「逐条解説インサイダー取引規制と罰則」10頁
7) 龍田節「インサイダー取引の禁止」法学教室159号65頁

ば相手方は損をしなかったのだろうか。その役員が取引をしなくても、市場価格は1000円だったのであるから、取引の相手方は売るとすれば1000円で売っていたのであってやはり300円儲け損なったことに変わりはない。損をするのは内部者取引があったからではなく、重要事実が公表されていないため、それが市場価格に反映されていないことが原因である[8]。むしろ内部者取引があると、1000円が安いとわかっている内部者から買いが入るわけであり、その買いによって価格は上昇方向に調整されるから、適正価格との乖離は縮小し、重要事実を知らない者の損失は減少する方向に働く[9]。以上の通りであり、相対取引ならば相手方が損をしたというのは理解しやすいのであるが、市場取引を前提にすると必ずしもそうとはいえないのである。

　それならば、すべての重要事実に開示義務を設け、市場価格に即座に反映する体制をとれば、不測の損害を被る投資家はいなくなる。しかし金商法はそのような体制をとっていない。積極的な臨時の情報開示を義務づけているのは臨時報告書の提出事由だけである。それは何故か。重要事実の中には、企業秘密もあり、それを開示することで企業が損失を被ることも十分ありうる。例えば、有望な鉱脈を発見した鉱山会社が、その土地を購入する前にその事実を公表してしまったら、その土地を安い価格で手に入れることはできなくなる。したがって、すべての重要事実を即座に開示しなければならないという義務づけは、企業価値を損ねる可能性がある。結局発行会社に求められるのは、情報開示をするか、それとも株等の取引を断念するか、というところまでである。すべての重要事実の即時開示を求めることはできない[10]。

---

8)　神山敏雄・中山研一・神山敏雄・斉藤豊治「経済刑法入門」第3版（成文堂、1999）164頁、神山敏雄「新版日本の経済犯罪」（日本評論社、2001）98頁以下
9)　上村・前掲182頁
10)　なお、伊藤邦雄「インサイダー取引とディスクロージャー（上）」旬刊商事法務1167号14頁参照

V インサイダー取引規制

　このように考えると、取引の相手方が損失を被ることは、必ずしもインサイダー取引のせいではないということである。

　それでは何故、インサイダー取引を禁止するのか。多数の学説は、証券市場の公正性及び健全性を確保するためであるとしている。特別な地位にある者が、それによって重要事実を知って取引をすることが認められているとすれば、そのような地位にない投資家は不公平であると感じ、証券市場からいなくなってしまうであろう。それでは証券市場の健全な発展は望めない。そのようなある意味では道徳的、政策的な理由を挙げている。

　最近このような考え方に対して、インサイダー取引を禁止した方がよいのか、それとも禁止しない方がよいのか、ということを市場に与える影響の観点から検討する考え方も提唱されている[11]。「法と経済学」の立場である。

　例えば、インサイダー取引を容認すべきであるという意見がある。インサイダー取引を容認すれば、それによって情報開示が進み、公正な価格形成も期待できるという。上記の例で、株価が1000円のときに、その会社の内部者が買いに入れば、それがシグナルとなって価格は適正な価格に調整される。内部者による取引が、情報開示と価格調整の機能を果たすということである。そうすれば効率的な市場が実現できるという[12]。ただし、これに対しては、内部者が取引をするときに、内部者が取引をしていると市場に公表しながら取引をするわけではないから、正確な情報が伝わるわけではないともいえる。

　反対に、内部者取引が行われると、市場の流動性が低下し、場合によっては市場が成立しなくなるおそれがあるという指摘もある。一般投資家は、インサ

---

[11]　藤田友敬「内部者取引規制」大蔵省財政金融研究所フィナンシャル・レビュー49号1頁、黒沼悦郎「インサイダー取引と情報の流通」現代企業と法（名古屋大学出版会、1991）353頁以下
[12]　伊藤・前掲15頁

イダー取引がまったく規制されていないとすると、いつ自分がそれによって損失を被るかわからないと懸念する。市場価格で取引をしていても、その価格は不当な価格であるリスクがあるということになる（ある意味で情報の非対称性）。そうすると、その市場価格で取引をしたのでは自分は損をしてしまうかも知れないから、買うのであれば市場価格よりそのリスクの分だけ安く買わないと割に合わない。売るのであれば市場価格より高く売らないと割に合わない。そのように考え始めると、売りと買いの注文価格は乖離し、市場での取引は成立しにくくなる。一種の逆選択のようなものである。これは発行会社から見ても問題であり、適切な適時情報開示を行っている発行会社からすれば、そのようないわれのないディスカウントをされるのであれば、資金調達市場から撤収するかも知れないし、逆に公正な適時情報開示をしない発行会社ばかり集まることになりかねない。また逆に、市場価格が上昇し始めると、それは何か有力な重要事実によるものではないかと推測し、買い注文（ちょうちん）が入り始めるかも知れない。つまり価格が上がると需要が増加するという関係になるかも知れない。その逆もあり、価格が下がり始めるとみんなが売り始めて更に供給が増加するということになりかねない。このような需要・供給曲線になると、価格非弾力的となり、取引が成立しなくなる可能性がある（需要曲線と供給曲線が交わらなくなる）[13]。

　このように市場の効率性の観点からは、インサイダー取引を禁止した方がいいのか、容認した方がいいのか、意見が分かれるが、どちらかというと市場から投資家が去っていくという意味で流動性が低下していくという考え方の方が有力である[14]。

　インサイダー取引規制が要請されるのは、何より一般投資家の「ずるい」と

---

[13]　太田亘「インサイダー取引規制」法と経済学 357 頁、360 頁
[14]　藤田・前掲 11 頁

V インサイダー取引規制

いう素朴な不公平感である。単純にどちらの政策がより市場の効率性を高めるかという議論だけでは、社会に対して説得力を持たない。しかしその素朴な不公平感は、上記の通り、市場の流動性の低下に繋がるのであり、インサイダー取引規制の目的は、市場機能の維持にあることになる。結局法と経済学の立場からも支持される[15]。

インサイダー取引を禁止する場合、それが何故いけないのかということを説明する法的理由も、世界的に統一されていない。

例えばアメリカでは、信認理論や情報の不正流用理論などというものが主流である。これは会社の役員などは株主に対して信認義務を負担しており、内部情報を利用して取引を行うことは、その信認義務に違反するから違法になるのだ、と考える。しかしこれだけでは、公開買付け関係のインサイダー取引を規制できないから（彼らは会社の役員等ではない）、そこでこれに追加して、情報の入手元との契約関係に基づき、その情報を受領した者がその情報を利用して取引を行うことは不正な流用行為であるから禁止されるというのが不正流用理論である。このようにアメリカでは、契約に基づく義務の違反が違法性の根拠と考えられている。契約的アプローチなどといわれている。

しかし日本では役員らが株主に対して直接信認義務を負担しているわけではない（会社に対して負担している）。そこで上記の通り、証券市場の公正性と健全性の確保ということが保護法益ということになっている[16]。市場的アプローチといわれている。ヨーロッパ諸国も同様である。

---

15) ただし、市場機能の維持が目的であれば、何故相対取引や公開買付け取引にも適用があるのか説明困難になる。川口恭弘・前田雅弘・川濱昇・洲崎博史・山田純子・黒沼悦郎「インサイダー取引規制の比較法研究」民商法雑誌125巻4・5巻507頁
16) 井田良「インサイダー取引」法学教室240号12頁、上村・前掲180頁は、インサイダー取引が公正な価格形成を阻害する点に処罰の根拠が求められるとする。

公的に犯罪として禁止しようというときに、その根拠が契約違反であるというのは、わが国にはあまり馴染みがない発想である。契約違反であれば契約違反として当事者間で処理すればよいし、またそれでは当事者がいいといえば適法になってしまうではないか、などという疑問も湧く。しかし契約論的アプローチの考え方は、インサイダー取引は発見が困難であるから、捜査権を持つ公的機関がそれをチェックするシステムというのは合理的であるなどと説明する。

　以上の次第で、何故インサイダー取引はいけないのか、処罰されるのかという理由は統一されていない。しかもそれらの考え方によって内部者の範囲、情報の範囲等、規制の範囲も異なってくる。この制度はまだまだ流動的である[17]。

三　要件

　インサイダー取引規制は、会社関係者等が、その地位に基づいて重要事実を知り、それが公表される前に、特定有価証券の売買等をすることを禁止するものである。

　実務においてインサイダー取引規制に抵触するかどうかを判断する場合は、まず①発行会社を特定し、②重要事実をピックアップし、③取引者を特定し、④その者が会社関係者等であることを確認し、かつ⑤その者が情報を入手した経路を特定し、⑥公表前であること、⑦特定有価証券等であること、⑧売買等であること、⑨除外事由に該当しないこと、をチェックする。

　①は、複数の上場会社が関係するM&Aなどでは、個別発行会社ごとにチェックしていく。②については、決定事実、発生事実、決算情報の分類ごとに、当該発行会社又はその子会社の重要事実とならないか、また個々の列挙事由に該

---

17)　品谷篤哉「証券取引法166条2項4号の解釈」ジュリスト1154号90頁

V　インサイダー取引規制

当しなくても、バスケット条項に該当しないか、を検討する。その際、決定事実であれば、その決定機関は何か、その決定の事実は何か、その決定の時期はいつか、ということをチェックする。複数の重要事実があれば、その事実ごとにインサイダー取引に抵触しないかをチェックする。④については、契約締結者・交渉者の場合、その契約が何かを特定する。情報受領者であれば、誰が情報提供者であり、その者が会社関係者に該当しているか、情報受領者はそれらの事実を知っているか（故意）を確認する。⑤については、例えば「職務に関して」入手したといえるかを確認する。

□インサイダー取引規制抵触のチェック手順

　　　発行会社の特定
　　　　　↓
　　　重要事実のピックアップ
　　　　　①個別の事実ごとにチェック
　　　　　②決定事実、発生事実、決算情報の仕訳
　　　　　③決定事実であれば、決定機関、決定事実、決定時期を確認
　　　　　④当該会社又は子会社の重要事実該当性
　　　　　⑤軽微基準のチェック
　　　　　⑥バスケット条項（個別の事実ごと又は合わせ一本で）の該当性
　　　　　　チェック
　　　　　↓
　　　取引者の特定
　　　　　①複数の取引が行われる案件であれば個別にチェック
　　　　　↓

| 取引者は会社関係者等であるか |

　　　①会社関係者等であるか
　　　②第1次情報受領者であるか（情報提供者は誰か、その者は会社
　　　　関係者か、情報受領者の故意はあるか）
　　　③契約締結者・交渉者の場合は契約の特定
　　↓
| 情報の入手ルートのチェック |

　　　①役員等であれば「職務に関して」か
　　　②契約締結者等であれば「契約の締結・交渉・履行に関して」
　　　　か
　　　③法人内部の伝達であれば、イ．株主、ロ．契約締結者等、ハ．
　　　　情報受領者である法人内部の「職務に関する」伝達か
　　↓
| 未公表か |
　　↓
| 特定有価証券等か |
　　↓
| 売買等か |
　　↓
| 除外事由があるか |

1　主体と情報入手方法

　インサイダー取引の罪は、あくまで個人の故意犯である[18]。実行するのは自然人である。法人は自然人の行為の結果、両罰規定にかかることはあるが、

---

18)　河本一郎「担保株の処分とインサイダー取引」銀行法務21　598号8頁

V　インサイダー取引規制

法人自らがインサイダー取引をするのではない。法人の中で、重要事実を知っている者がいたとしても、それだけでその法人が行った取引がインサイダー取引に抵触するものではない。あくまでもその法人のために取引を行った担当者が重要事実を知っていたかどうかということになる。

インサイダー取引の主体は、会社関係者（役員等、株主、法令による権限者、契約締結者等、株主または契約締結者等が法人の場合その法人の役員等）と、会社関係者から情報を受領した者（第1次情報受領者）である。

(1)　役員等

まず「役員等」とは、当該上場会社等並びにその親会社及び子会社の役員、代理人、使用人その他の従業者をいう（法166条1項1号）。親会社と子会社も含まれることが留意点である。

「上場会社等」とは、株券、新株予約権証券、社債券又は優先出資証券で、上場されているもの、店頭売買有価証券又は取扱有価証券（グリーンシートのこと。法67条の18第4号）に該当するものその他の政令で定める有価証券の発行者をいう（法163条1項）。政令ではそのほかに、株券等を受託有価証券とする有価証券信託受益権と、外国の者が発行するこれらと同じ性質の有価証券（預託証券を含む）で上場等されているものが定められている（政令27条の2）。なお、有価証券からは、資産流動化法に基づく一定の社債券は除外される（政令27条、不公正府令25条）。

ここでは、当然ながら有価証券の内、国債などの発行者は含まれていない。また社債券の発行者が含まれているが、社債の価格の変動要因となる事実は限られているから、社債券の売買等については原則適用除外とし、いわゆるデフォルト事由の場合だけ禁止されている（法166条6項6号、不公正府令58条）。なお、いわゆるリート（投資証券）の発行者は含まれていない。

「役員」は、取締役、会計参与、監査役及び執行役をいう[19]。

「親会社」とは、他の会社を支配するものとして政令で定めるものである（政令29条の3。他の会社の有価証券報告書等（公衆縦覧された直近のもの）に親会社として記載されたもの）。「子会社」は、他の会社が提出した有価証券報告書等（公衆縦覧されたもので直近のもの）で、他の会社の属する企業集団に属する会社として記載されたものをいう（法166条5項）。基本的には連結子会社を指すことになるが、固有名詞で記載されず「その他○○社」と記載された場合や持分法適用子会社の扱いなど、不明確な点がある[20]。なお、子会社の役員等の場合には、処罰される重要事実の範囲が子会社に係る重要事実に限定されている（法166条1項）。

「その他の従業者」とは、その会社の業務に従事する者であって、契約関係の有無などは問わない。アルバイトや派遣社員も含まれる。

役員等の場合には、重要事実を、「その者の職務に関して知ったとき」であることが要件である。特別な地位に基づいて重要事実を入手した場合に、取引を行うことが不公正であると判断されるためである。

「その者の職務に関し」とは[21]、まずその者の職務行為そのものによって重要事実を知った場合、例えば、財務担当役員が新株の発行の決定を知った場合などがあたる。また職務行為と密接に関連する行為により知った場合、例え

---

[19] 松本真輔「最新インサイダー取引規制」（商事法務、2006）44頁参照
[20] 経営法友会「新インサイダー取引規制ガイドブック」（商事法務、2001）27頁、黒沼悦郎「インサイダー取引規制に関する証券取引法の改正と問題点」月刊監査役436号19頁、中村直人「インサイダー取引規制に関する改正と実務対応」旬刊商事法務1568号77頁
[21] 横畠・前掲36頁、座談会「証券をめぐる不公正取引の検討（第1回）」旬刊商事法務1160号17頁、神崎克郎「インサイダー取引の禁止(2)」金融法務事情1195号14頁、西田典之「金融業務と刑事法」（有斐閣、1997）225頁以下、永野義一「企業犯罪と捜査」（警察時報社、1992）265頁等

Ⅴ　インサイダー取引規制

ば、研究開発部門の担当者が、その研究のために使用する資金を新株の発行で調達することを知った場合等があたるとされている。この要件に関しては、立法当初さまざまなケースが論じられたが、実務においては会社の役職員が会社で情報を入手すればほとんどの場合この要件は満たしているであろうから、裁判例でもこの点が問題となったケースは見あたらない[22]。

(2)　株主等

　当該上場会社に対して、会社法433条1項に定める会計帳簿等閲覧謄写請求権を有する株主（同条3項による親会社株主を含む）も、会社関係者にあたる。その者が、当該権利の行使に関して重要事実を知ったときは、インサイダー取引規制の対象となる。優先出資証券についても同様である（不公正府令48条）。

　これらの権利を有する株主等が法人である場合には、その役員等を含み、法人等でない場合には代理人又は使用人を含む。

(3)　法令に基づく権限を有する者等

　当該上場会社に対して法令に基づく権限を有する者も、会社関係者にあたる（法166条1項3号）。この者が、当該権限の行使に関して重要事実を知ったときは、インサイダー取引規制の対象となる。例えば、監督官庁の公務員などである。

(4)　契約締結者・交渉者

　当該上場会社と契約を締結している者又は締結の交渉をしている者も会社関係者にあたる（法166条1項4号）。その者が法人であるときはその役員等を含み、法人以外であるときはその代理人又は使用人を含む。

---

[22]　なお、野村證券事件参照（日本経済新聞平成20年6月3日）

これらの者が、当該契約の締結若しくはその交渉又は履行に関して知ったときは、インサイダー取引規制の対象となる。

　ここにいう「契約」は、特に重要事実を知るべき内容の契約である必要はなく、何でもよい[23]。「交渉をしている者」は、平成10年の改正で追加されたものである。M&A等、現実には交渉段階で重要事実を了知することが多く、それをカバーするためである。

　「契約の締結若しくはその交渉又は履行に関して」知るというのは、それと密接に関連する行為により知った場合も含む。かなり広範になるものと解される[24]。

(5)　法人の他の役員等

　法166条1項2号の株主等又は同項4号の契約締結者等であって法人である者の役員等（他の役員等が各号に定めるところにより重要事実を知った場合に限る）も、会社関係者となる（同項5号）。例えば、上場会社等と契約をしているX社があり、そのX社のある取締役Aがその契約の締結に関して重要事実を知ったとき、そのX社の他の取締役Bがその重要事実をその者の職務に関して知ったときは、Bもインサイダー取引規制の対象となりうる。2号、4号は、権利の行使又は契約の締結等に関して知った場合であり、5号は、その者が会社に戻ってきて会社内部で他の役員等に情報を伝達した場合を指している。重要事実の知り方が違っている。5号の者は、情報受領者ではなく、会社関係者となる。

---

[23]　横畠・前掲41頁、最高裁平成15年12月3日決定判例時報1845号147頁、反対：
　　野村證券「事例インサイダー取引新版」（金融財政事情研究会、1990）165頁
[24]　参考・東京地裁平成15年5月19日判決

Ⅴ　インサイダー取引規制

(6)　元会社関係者

以上のほか、上記各号の会社関係者であった者が、上記各号に定めるところにより重要事実を知った後、会社関係者でなくなったとしても、会社関係者でなくなった後1年間は、同様にインサイダー取引規制を適用される（法166条1項後段）。

実務的にはこの規定があるため、役員等が退職した後も、1年間はインサイダー取引に留意しなければならないとされている。

(7)　第一次情報受領者

会社関係者から、当該会社関係者が法166条1項各号に定めるところに従って知った重要事実の伝達を受けた者（第1次情報受領者）は、インサイダー取引規制の対象となる。

その者が職務上伝達を受けた場合には、その者が属する法人の他の役員等であって、その者の職務に関し当該重要事実を知った者も、インサイダー取引規制の対象となる。

「伝達」というのは、伝える側に伝達する意図が必要である[25]。盗み聞きとか、たまたま飲食店等で隣の人の会話を聞いてしまったなどというのは、伝達にあたらない。

情報受領者から更に情報の伝達を受けた者は、処罰の対象とならない。その理由は、第2次以降の情報受領者の場合、処罰の範囲が不明確になるからとされている[26]。国際的には第1次情報受領者に限定しない法制もある。

ただし、例えばAがBに情報を伝達しようとして、Bの秘書であるCを介して伝達した場合には、Bは第1次情報受領者である[27]。ちなみにCも第1

---

[25]　井田・前掲13頁
[26]　横畠・前掲122頁
[27]　芝原邦爾「インサイダー取引の処罰」法学教室166号95頁

次情報受領者である[28]。会社関係者から、ある会社 X に対して伝達しようとしたものと判断される場合には、X の伝達部署の関係者はみな第 1 次情報受領者となろう[29]。つまり情報の伝達者が誰に対して伝達しようとしたものかということが重要である[30]。

　第 1 次情報受領者として処罰がなされるためには、受領者が、①伝達した者が会社関係者であり、②その者がその職務に関して知った情報であること、③当該事実の認識（法律上「重要事実」に該当するという認識は不要）、④当該事実が未公表であること、の認識が必要である[31]。

2　重要事実

(1)　総論

　重要事実には、決定事実、発生事実、決算情報及びバスケット条項がある。また親会社に係る重要事実と子会社に係る重要事実がある。処罰範囲の明確化のため、項目を列挙し、詳細な軽微基準を定めるなどしているが、立件された事案を見るとバスケット条項を適用したものも多い。そのため実務的には、少しでも株価変動要因と思われる場合、広汎に取引を断念することになる。

　重要事実は、「上場会社等に係る業務等に関する重要事実」とされている。またバスケット条項では、「当該上場会社等の運営、業務又は財産に関する重要な事実であって投資者の投資判断に著しい影響を及ぼすもの」とされている。そのためその会社に関する情報でないものは含まれない。例えば、国の貿易の収支の状況、為替相場の状況、公定歩合、国民の消費動向等の経済全般に関連

---

28)　西田・前掲 229 頁
29)　芝原・前掲 93 頁
30)　三國谷勝範「インサイダー取引規制詳解」（資本市場研究会、1990）25 頁
31)　芝原邦爾「インサイダー取引の処罰」法学教室 166 号 95 頁

Ⅴ インサイダー取引規制

する事実、証券投資信託の運用方針、仕手筋の動き、有力アナリストの推奨[32]などは含まれない[33]。

決定事実は、当該会社が何らかの意思決定を行うことによって重要事実となる。発生事実は当該会社の意思とは関係なく生じる。決定事実は、いわば会社の内部で発生するものであるから、その情報の流通に関してある程度のコントロールを及ぼすことも可能であるが、発生事実は会社外で発生するので、その伝搬をコントロールするのは困難である。インサイダー取引防止の最善策は情報の早期開示であり、特に発生事実の場合にはそれが不可欠である。

(2) 決定事実

決定事実とは、①当該上場会社等の業務執行を決定する機関が、②別表に掲げる事項を行うことについての決定をしたこと、又は当該決定に係る事項（公表したもの）を行わないことを決定したことである（法166条2項1号）。

まず決定機関が何であるかが問題となる。例えば新株発行であれば、公開会社の場合、会社法上は取締役会の決議事項である。合併であれば、取締役会で承認した上、株主総会で承認するのが原則である。しかしここでいう決定機関とは、会社法に定める決定機関のことを指しているのではない[34]。その実質的な決定権を有する者であり、取締役会のほか、常務会、取締役会の委任を受けた取締役等、個別の状況に応じて判断される[35]。取締役に対して取締役会

---

32) 神崎克郎「インサイダー取引の禁止(1)」金法1194号14頁、黒沼悦郎「インサイダー取引規制における重要事実の定義の問題点」旬刊商事法務1687号43頁、横畠・前掲12頁

33) この点についても批判がある。黒沼悦郎「内部者取引規制の立法論的課題」商事法の展望―新しい企業法を求めて（商事法務、1998）317頁

34) 「当該上場会社等の」とあるから商法上の決定機関のことではないとする。河本一郎発言「証券をめぐる不公正取引の検討（第1回）」旬刊商事法務1160号21頁

35) 横畠・前掲52頁、日新汽船事件・東京簡裁平成2年9月26日資料版商事法務81号35頁

が委任する場合も明示の委任である必要はない[36]。その者が提案すれば、誰も反対しないような状況であれば決定機関と認められる。最高裁も、会社法「所定の決定権限のある機関に限らず、実質的に会社の意思決定と同視されるような意思決定を行うことのできる機関であれば足りる」と解している[37]。会社法上の正式な決定機関の決定まで重要事実にならないとすると、その一番重要な時期に取引が自由にできることになってしまい、インサイダー取引規制は空文化してしまうからである。

また決定事実とは、例えば合併について、「合併を実行する」という決定も含まれるが、それに限られるわけではない。「合併を行うことについての」決定であればよく、例えば具体的な合併に向けた調査や準備、交渉等の諸活動を会社の業務として行うことの決定でよい[38]。合併に関する一般的な調査では、まだ決定事実には至らないが、具体的な合併、例えば相手方が特定された合併の調査等であれば該当する[39]。最判も、「株式の発行それ自体や株式の発行に向けた作業等を会社の業務として行う旨を決定したことをいう」としている[40]。

決定の内容を、具体的な案件の調査という程度にまで拡大すると、決定機関についても一考が必要である。調査等を行う権限であれば、担当部署の担当役員や担当部長、場合によっては課長にもそのような権限はあるかも知れない。そこまで決定機関も拡大してしまうのか。この決定の内容を拡大して解することと「決定機関」との関係を論じた文献や判例は未見である。上記最判の最高裁調査官の解説では、金商法は「機関」という用語を用いていることから、会社の意思決定に事実上の影響を及ぼすに過ぎない者又はその集団であるにとど

---

36) 日本織物加工事件・最高裁平成 11 年 6 月 10 日判決資料版商事法務 183 号 52 頁
37) 日本織物加工事件・最高裁平成 11 年 6 月 10 日判決資料版商事法務 183 号 52 頁
38) 日本織物加工事件・最高裁平成 11 年 6 月 10 日判決資料版商事法務 183 号 52 頁
39) 横畠・前掲 53 頁、土持ほか・前掲 221 頁
40) 日本織物加工事件・最高裁平成 11 年 6 月 10 日判決資料版商事法務 183 号 52 頁

まる限り、それを「機関」とはいえないとする[41]。その結果、会社内のプロジェクトチームや専門チームの決定で役員ではない者の決定などは、機関による決定とはいえないとしている。社長同士が会談して合併交渉に入った場合には決定となるとする学説もある[42]。これらの例示では、単に調査をしているだけではなく、ある程度成熟した段階を想定しているようにも見える。

当該会社が他の会社の子会社、関連会社等である場合、実体としては、親会社が当該会社の決定事実を決定していることがある。場合によっては情報管理の観点から、子会社はその事実を知らないことすらありうる。そのような場合、「決定機関」は誰であるか。本来は親会社の決定機関がそれであるとするのが事実に合致しているが、金商法は、「当該上場会社等の」としている以上、親会社を決定機関と見ることはできない[43]。その事実を子会社である当該会社の決定事実としてみると、子会社が決定しないうちは決定事実は生じていないことになる。しかしその事実が子会社にとって重要事実にならないとは言い切れないであろう[44]。

「決定」をこのように調査等にまで広く解する場合、当該事実が実現するかどうかの確実性が必要であるかということが問題となる。多数説は、実現可能

---

[41] 池田修・三好幹夫「証券取引法166条2項1号にいう「業務執行を決定する機関」の意義」ジュリスト1164号133頁
[42] 藤永幸治ほか「証券・金融犯罪」（東京法令出版、1997）139頁
[43] 池田・三好・前掲134頁、近藤光男「インサイダー取引における重要事実」商事法務1521号9頁
[44] 黒沼悦郎「インサイダー取引規制に関する証券取引法の改正と問題点」月刊監査役436頁23頁。バスケット条項の該当可能性がある。ただしその場合情報の入手ルートの問題は残る。

性があることを積極的な要件としていない[45]。判例も同様である[46]。それは、法文が「決定」のみをもって要件としているからである。金商法は、決定があれば株価変動要因となると考えているということであり、それに付け加えてその決定の実現可能性まで要件とすることは法文と適合しない[47]。

決定機関が実質的に決定する者であればよいということになると、それは会議体ではなく、社長等の特定の個人であることもありうる。その場合、「決定」というのはその決定者の内心の決定ということになる[48]。しかしそれでは外部から認識できないので、外部に発現したときに決定がなされたものと扱われる[49]。

「決定」の内容及び機関をこのように緩やかに解するため、本罪の立証にあたっては、いつ誰によっていかなる事実の決定があったのかの点が最も重要なポイントとなる[50]。それが決定事実の特徴になる。

重要事実には、軽微基準が定められているものがある。その中には、純資産

---

45) 池田・三好・前掲135頁、井田・前掲15頁、関俊彦「証券取引法166条2項にいう『業務執行を決定する機関』及び新株を発行することの『決定』の意義」ジュリスト1179号114頁、反対：黒沼悦郎「インサイダー取引における『決定に係る重要事実』の意義」商事法務1609号27頁
46) 日本織物加工事件・最高裁平成11年6月10日判決資料版商事法務183号52頁は「当該株式の発行が確実に実行されるとの予測が成り立つことは要しない」としている。村上ファンド事件・東京地裁判決平成19年7月19日判決。太田洋「村上ファンド事件東京地裁判決の意義と実務への影響」旬刊商事法務1830号20頁
47) 前掲・日本織物加工事件も、そのように解することが「決定それ自体を重要事実として明示した法の趣旨に沿う」としている。
48) 三國谷・前掲30頁
49) 前掲・日本織物加工事件最判も、「X社長は、同社の方針として第三者割当増資を行う旨の決定をし、これをY常務に言明することによって外部的に明らかにしたものであるから、……株式の発行を行うことについて決定したというに妨げな」いと判示している。
50) 永野・前掲274頁）

の額に対する割合で軽微基準を定めているものがある。例えば固定資産の取得又は譲渡などである。仮に当該上場会社の業績が悪化して純資産の額が僅少になったり、債務超過となった場合、軽微基準が有効に機能せず、極めて広汎に重要事実に該当してしまうおそれがある[51]。

なお子会社の決定事実である「子会社の解散」は、軽微基準がないことから、いかなる状況の子会社であっても重要事実に該当してしまう[52]。すでに実体のなくなっている子会社の解散であっても重要事実になるので、注意が必要である。

軽微基準では、例えば「売上高の増加額が最近事業年度の10％未満であると見込まれること」などとされることがある。売上高の増加額が10％未満であるかどうかわからない場合には、この軽微基準に該当しないことになり、原則通り重要事実に該当することになる（重要事実に該当するかどうかわからなくなるというのではない）。軽微基準は、これに該当すれば、重要事実から除外されるという構成とされているからである（法166条2項）[53]。見込みを立てなかった場合も、除外事由にあたらないので、原則通り重要事実に該当することになる。この「見込み」は、通常は当該会社が合理的に予測したものとなる[54]。「最近事業年度」というのは、重要事実が発生する日の属する事業年度の前事業年度をいう。決算期末を超えてまだ決算が確定していない場合の取扱いについては学説が分かれている[55]。

当該事実について「行わないことの決定」が重要事実になる場合は、当初行うことの決定があり、その決定が公表されている場合である。行うことの決定

---

[51] 川濱 昇「平成10年証券取引法の改正について(7)」インベストメント53巻2号（2000.4）83頁

[52] 小松製作所事件・旬刊商事法務1797号56頁

[53] 三國谷・前掲38頁

[54] 藤永・前掲137頁。会社が合理的に予測した数値が軽微基準に合致していれば、その事実を認識して売買等を行ったとしても、重要事実該当性の故意も欠けることになろう。

[55] 服部秀一「インサイダー取引規制のすべて」（商事法務、2001）91頁

が公表されていない場合には、それが行わないこととされた場合には、特段の手続を要せず重要事実ではなくなる。ここにいう「公表」は、法166条4項に定める公表をいう。それ以外の方法で情報が漏れるなどしていた場合、当該事実を行わないことを決定したとしても、それは重要事実にはならない。

　最近実務では、受領した取引先の重要事実などを管理部署に登録して集中的に有価証券取引をコントロールする会社もある。その場合、重要事実は安全サイドをとって前広に登録することが多いが、それが実施されずそのままとなった場合、どこで「行わないことの決定」があったことになるのか、判断に迷うことがある。何らかの理由により中断しているときなども同様である。実務では、わざわざ「行わないことの決定」というものを明示的に行わないケースも多いように思われる。その場合、半永久的に重要事実として登録しておくわけにもいかない。そうすると明示的に行わないことの決定をしていない場合でも、合理的に考えて行わないこととなったと判断できれば、重要事実ではなくなると解すべきであろう。

　重要事実が複合的な事実である場合もある。例えば、Xが子会社Aの株式をYに譲渡しながら、子会社AはYと業務提携契約を締結し、かつYに新株を割り当てる、などということが考えられる。AにとってXからYの株式譲渡は所有株主の異動又は親会社の異動という発生事実に該当している可能性がある。またYとの業務提携契約の締結は重要事実に該当しうるし、新株の発行も同様である。その調達資金で固定資産を取得すればそれも重要事実に該当することがある。このような場合、本来は全体として一つの取引であれば、それは全体として一つの重要事実と構成するのが望ましいであろうが、そのような規定はないから、個別の重要事実に分解してそれぞれインサイダー取引に抵触しないかどうかをチェックすることになる。逆に、個別にインサイダー取引に抵触しないとしても、さらに以上の重要事実が全体として一つの重要事実

Ⅴ　インサイダー取引規制

（バスケット条項）になっていると構成される可能性はありうるから[56]、その観点からもチェックする必要がある。

(3)　発生事実

発生事実の項目は、別表の通りである。

発生事実は、それが現実に発生したときに重要事実になる（法166条2項2号6号）。例えば、「主要株主の異動」については、10％以上の議決権に相当する株式について売り主と買い主の間で売買の協議が行われているとしても、実際に株式が移転して初めて「主要株主の異動」という発生事実が発生したことになる。それ以前は発生事実は生じていない。したがって、当該売り主と買い主の間の売買は、重要事実の発生前の行為であるから、インサイダー取引規制に抵触することはない[57]。また例えば売買を2度に分け、20％の株式を譲渡した後、しばらくして10％の株式を譲渡したとする。最初の取引の時には重要事実は発生していない。2度目の取引の時は重要事実は発生しているが（1度目の取引）、その買い主及び売り主は、自らの行為によって当該事実を知ったのであって、会社関係者からその事実を伝達されたわけではない。したがって、売り主も買い主も会社関係者として当該事実を知ったものでないし、情報受領者にも該当しない。そこで1度目の取引による主要株主の異動の事実が会社によって公表されていなかったとしても、2度目の取引もインサイダー取引には抵触しない[58]。買い主が合計30％の株式を取得すると決定した事実は、公開買付者等の公開買付け等の実施に関する事実に該当するが、公開買付者による売買は禁止の対象外であるし、売り主が売却する行為も禁止の対象外である（「買

---

56)　日本商事事件・最高裁平成11年2月16日判決金商1067号22頁参照
57)　河本一郎「主要株主の異動とインサイダー取引」会社法・金融取引法の理論と実務（商事法務、2002）159頁
58)　河本・前掲167頁。ただし売主が会社関係者でもある場合について、河本・前掲168頁

付け等」ではない)。よって、いずれの点からもインサイダー取引には抵触しない。

　以上のように、発生事実の場合、その事実が会社関係者以外の者の意思決定により発生することがあるし、会社関係者以外の者が先に知ることもある。しかし発生事実の場合も、あくまでも会社関係者によるインサイダー取引規制と位置づけられ（法166条）、会社関係者及び第 1 次情報受領者による売買等だけを禁止しており、それら会社関係者や第 1 次情報受領者ではない者の取引は禁止していない。それは公表の権限が会社にのみあることとのバランスである[59]。公表は、禁止の解除であるから、会社関係者等については「公表か取引の断念」を要求するのは合理的であるが、それ以外の者は公表の権限を有していないのであるから、そこまで規制を及ぼすことは適切でない。

　したがって、特に発生事実の場合、その事実を誰から、どのようにして知ったか、その者は会社関係者か、ということが重要になる。

　発生事実の場合、会社関係者が「その者の職務に関して知った」に該当する場合はどういう場合かということが問題となりうる。例えば、大震災で工場が倒壊し、会社に損害が発生したとする（法166条 2 項 2 号イ）。その事実を当該会社の役員が工場長からの報告で知れば、報告を受ける行為はまさにその者の職務であるから、「その者の職務に関して知った」といえる。しかしその役員がテレビのニュースで工場が倒壊したことを知った場合はどうか。立法担当官の解説では、報道等によって知った場合にも、自己の職務上の立場ゆえにそれが重要事実にあたる規模のものであることを知ることができたとすれば、その職務に関して重要事実を知ったということができるとしている[60]。この考え方によっても、重要事実に該当するという評価に係る事実を別途知っていたことが要件とされる（ニュースで知っただけでは該当しない）。またこの考え方に対しては、評価の問題であって、事実を「職務に関して知った」とはいえないと

---

[59]　三國谷・前掲 83 頁
[60]　横畠前掲 37 頁

Ⅴ　インサイダー取引規制

いう批判がある[61]。そうすると、会社関係者であっても、その情報の入手ルートによって、取引が禁止される者とされない者が生じることになる。

(4)　決算情報

決算情報に係る重要事実は、当該上場会社等の売上高、経常利益もしくは純利益（以上を「売上高等」という）もしくは剰余金の配当又は当該上場会社等が属する企業集団の売上高等について、公表された直近の予想値に比較して、当該上場会社が新たに算出した予想値又は当事業年度の決算において、次の通りの差異が生じたことである。

①売上高については、新予想値又は当事業年度決算を、直近予想値また実績値で除した数値が 1.1 以上又は 0.9 以下、

②経常利益については、新予想値又は当事業年度決算を、直近予想値又は実績値で除した数値が 1.3 以上又は 0.7 以下、かつ、

新予想値又は当事業年度決算と、直近予想値又は実績値のいずれか少なくない数値から他方を減じたものを（要するに差額）、前事業年度の末日における純資産額と資本金の額とのいずれか少なくない金額で除した数値が 100 分の 5 以上であること、

③純利益については、新予想値又は当事業年度決算を、直近予想値または実績値で除した数値が 1．3 以上又は 0．7 以下、かつ、

新予想値又は当事業年度決算と直近予想値又は実績値のいずれか少なくない数値から他方を減じたものを、前事業年度の末日における純資産額と資本金の額とのいずれか少なくない金額で除した数値が 100 分の 5 以上であること、

④剰余金の配当については、新予想値又は当事業年度決算を、直近予想値ま

---

61)　西田典之編「金融業務と刑事法」227 頁

たは実績値で除した数値が 1.2 以上又は 0.8 以下、である（法 166 条 2 項 3 号、不公正府令 51 条。正確な文言は同条参照のこと）。

要するに、売上高は 1 割以上、経常利益と純利益は 3 割以上、配当は 2 割以上の変動である。

単体と連結のいずれも重要事実となる。利益の場合には、資本金か純資産額の多い額の 5％以下の変動の場合には、除外される。

決算値は、通期のもののことである。

予想値については、当該上場会社等が算出したことが必要であるが、現に修正される予想値が取締役会で確定される必要まではなく、予想値の修正・公表が避けられない事態の報告がなされ、承認されれば足りるとされている[62]。

また予想値を算出する機関はいずれであるかについて説が分かれ、業務執行機関において報告・承認された場合とする説、実質的な責任者に報告・承認された場合とする説、経理担当者の算出したものも含むとする説、などがある[63]。実務的には、決算期末後、決算発表までの期間は、重要事実があると見られる可能性があるものとして対応している。

売上高の「1 割以上の変動」等というとき、それは決定事実等の軽微基準の場合と異なり、それを満たすことが重要事実となるための積極的な要件である。法文上も、除外事由ではなく、「投資者の投資判断に及ぼす影響が重要なものとして内閣府令で定める基準に該当するものに限る」という規定の仕方となっている。

(5)　バスケット条項

以上のほか、バスケット条項が定められている。

---

62)　マクロス事件・東京地裁平成 4 年 9 月 25 日判決旬刊商事法務 1306 号 30 頁
63)　服部・前掲 138 頁

V　インサイダー取引規制

　バスケット条項は、「前3号に掲げる事実を除き、当該上場会社等の運営、業務又は財務に関する重要な事実であって投資者の投資判断に著しい影響を及ぼすもの」とされている（法166条2項4号）。

　バスケット条項に関しては、同項1号から3号に掲げる項目については、当該項目の軽微基準等に該当して重要事実とならなかった場合、さらにバスケット条項の適用可能性があるのかどうかということが議論されている[64]。最高裁判決は、前3号に包摂・評価されない面がある場合には、別途バスケット条項に該当しうるとする[65]。前3号の事由が包摂・評価する面がどれであるかを確定し、それと異なる面があること、それが重要な事実であること等を判断することになる。

　このバスケット条項があるため、前述の公定歩合の変動等の外部情報を除き、およそ株価の変動要因となりうる事実は重要事実となる可能性がある。

⑹　子会社情報

　子会社に係る重要事実は、同様に、決定事実、発生事実、決算情報及びバスケット条項である。

　子会社に係る会社関係者が、親会社の特定有価証券等について行う売買等について会社関係者として規制されるのは、子会社に係る重要事実についてのみである（法166条1項）。

　子会社が株券等を上場している場合は、子会社株式についてもインサイダー

---

[64]　神崎克郎「日本商事事件の法的検討」旬刊商事法務1444号10頁、仮屋広郷「新薬に関する副作用症例の発生が証券取引法166条2項4号の重要事実にあたるとして上記副作用症例発生の情報を伝えられて同新薬の製造会社の株券を売りつけた投資家にインサイダー取引の罪の成立が認められた事例」金商1136号60頁

[65]　前掲・日本商事事件金商1067号22頁。前掲・マクロス事件判決もバスケット条項に該当するものとしている。

取引が行われうる。したがって、親会社、子会社、両方の特定有価証券等について、インサイダー取引とならないよう留意する必要がある。

□重要事実
　なお、厳密な文言は、原文を参照されたい。
１．決定事実（親会社）

	項　　目	軽微基準
1	会社法199条の募集株式又は同法238条の募集新株予約権の募集	優先出資の場合は出資の割合が1.1未満。株式等の場合は払込金額が1億円未満。
2	資本金の額の減少	なし
3	資本準備金又は利益準備金の額の減少	なし
4	会社法156条の自己株式の取得	なし
5	株式無償割当て	割当比率が0.1未満
6	株式の分割	分割比率が1：1.1未満
7	剰余金の配当	前年比20%未満の変動
8	株式交換	①完全親会社となる場合は、子会社の総資産が親会社の純資産の30%未満、かつ子会社の売上高が10%未満 ②子会社との間の株式交換
9	株式移転	なし
10	合併	①存続会社となる場合は、資産の増加額が純資産の30%未満で、かつ売上高の増加額が10%未満 ②完全子会社の吸収合併
11	会社の分割	①分割会社となる場合は、分割資産が純資産の30%未満、かつ売上高の減少額が10%未満 ②承継会社となる場合は、資産の増加額が純資産の30%未満、かつ売上高の増加額が10%未満

Ⅴ　インサイダー取引規制

12	事業の全部又は一部の譲渡又は譲受け	①譲渡会社となる場合は、譲渡資産が純資産の30％未満、かつ売上高の減少額が10％未満 ②譲受け会社となる場合は、資産の増加額が純資産の30％未満、かつ売上高の増加額が10％未満
13	解散（合併以外）	なし
14	新製品又は新技術の企業化	3年間売上高の増加額が10％未満、かつ特別支出額が固定資産の簿価の10％未満
15	業務上の提携その他の1から14に掲げる事項に準じる事項（以下に記載）	
15-1	業務上の提携又はその解消	①相手方の株式を取得する場合は、3年間提携による売上高の増加額が10％未満、かつ取得する株式の取得価額が純資産又は資本金額のいずれか少なくない額の10％未満 ②相手方の株式を取得される場合は、3年間提携による売上高の増加額が10％未満、かつ取得される株式数が発行済の5％以下 ③共同して新会社を設立する場合は、3年間提携による売上高の増加額が10％未満、かつ、3年間新会社の総資産に出資比率を乗じた金額が純資産の30％未満、かつ、新会社の売上高に出資比率を乗じた額が売上高の10％未満 ④その他の場合は、3年間売上高の増加額が10％未満 ⑤提携の解消の場合は、減少額において同様に考える
15-2	子会社の異動を伴う株式又は持分の譲渡又は取得	①既存の会社の異動の場合は、子会社の総資産が親会社の純資産の30％未満、かつ子会社の売上高が会社の売上高の10％未満 ②子会社設立の場合は、3年以内子会社の総資産が純資産の30％未満、かつ売上高が10％未満
15-3	固定資産の譲渡又は取得	純資産額の30％未満
15-4	事業の全部又は一部の休止又は廃止	3年間売上高の減少が10％未満

15-5	株券の上場廃止に係る申請	なし
15-6	株券登録取消に係る申請	なし
15-7	取扱有価証券の指定の取消に係る申請	なし
15-8	破産、民事再生又は会社更生	なし
15-9	新たな事業の開始（新商品の販売又は新たな役務の提供の企業化を含む）	3年間売上高の増加額が10％未満、かつ特別支出額が固定資産の簿価の10％未満
15-10	法166条6項4号又は167条5項5号に規定する要請（防戦買い）	なし
15-11	預金保険法74条5項の申出（金融機関の支払不能等）	なし

２．発生事実（親会社）

	項　　　　目	軽微基準
1	災害に起因する損害又は業務遂行の過程で生じた損害	損害額が純資産額の3％未満
2	主要株主の異動	なし
3	上場廃止の原因となる事実	社債、優先株の上場廃止原因
4	1から3に準じる事項	
4-1	財産権上の訴えの提起又は判決もしくは判決によらない完結	①訴え提起の場合は、訴額が純資産額の15％未満、かつ敗訴による売上高の減少額が3年間10％未満 ②判決・完結の場合は、給付額が純資産の3％未満、かつ売上高の減少額が10％未満
4-2	事業の差止等仮処分の申立又は裁判もしくは裁判によらない完結	①仮処分申立の場合、敗訴した場合の売上高の減少額が3年間10％未満 ②裁判・完結の場合、3年間売上高の減少額が10％未満
4-3	免許の取消し、事業の停止等の行政庁の処分	3年間売上高の減少額が10％未満

Ⅴ　インサイダー取引規制

4-4	親会社の異動	なし
4-5	破産、民事再生、会社更生又は企業担保権の実行の申立又は通告	なし
4-6	手形、小切手の不渡り又は手形交換所の取引停止処分	なし
4-7	親会社に係る破産の申立等	なし
4-8	債務者又は保証債務に係る主債務者の不渡り等又は破産申立等その他の事実による債務不履行のおそれ	債務不履行のおそれのある額が純資産額の3％未満
4-9	主要取引先（10％以上）との取引の停止	3年間売上高の減少額が10％未満
4-10	債務の免除又は第三者による債務引受等	債務免除等の額が債務総額の10％未満
4-11	資源の発見	3年間売上高の増加額が10％未満
4-12	取扱有価証券としての指定の取消の原因となる事実	優先株に係る指定取消原因

1．決定事実（子会社）

	項　目	軽微基準
1	株式交換	企業集団の資産の増減額が純資産額の30％未満、かつ売上高の増減額が10％未満
2	株式移転	企業集団の資産の増減額が純資産額の30％未満、かつ売上高の増減額が10％未満
3	合併	企業集団の資産の増減額が純資産額の30％未満、かつ売上高の増減額が10％未満
4	会社の分割	①承継会社となる場合、企業集団の資産の増加額が純資産額の30％未満、かつ売上高の増加額が10％未満 ②分割会社となる場合、企業集団の資産の減少額が純資産額の30％未満、かつ売上高の減少額が10％未満

5	事業の全部又は一部の譲渡又は譲受け	①譲受会社となる場合、企業集団の資産の増加額が純資産額の30％未満、かつ売上高の増加額が10％未満 ②譲渡会社となる場合、企業集団の資産の減少額が純資産額の30％未満、かつ売上高の減少額が10％未満
6	解散（合併以外）	なし
7	新製品又は新技術の企業化	3年間の売上高の増加額が10％未満、かつ特別支出額が企業集団の固定資産の簿価の10％未満
8	業務上の提携その他の1から14に掲げる事項に準じる事項（以下に記載）	
8-1	業務上の提携又はその解消	①相手方の株式を取得する場合は、3年間提携による企業集団の売上高の増加額が10％未満、かつ取得する株式の取得価額が企業集団の純資産又は資本金額いずれか少なくない額の10％未満 ②相手方に株式を取得される場合は、3年間提携による企業集団の売上高の増加額が10％未満、かつ取得される株式数が子会社の発行済の5％以下 ③共同して新会社を設立する場合は、3年間提携による企業集団の売上高の増加額が10％未満、かつ、3年間新会社の総資産に出資比率を乗じた金額が企業集団の純資産額の30％未満、かつ、新会社の売上高に出資比率を乗じた額が企業集団の売上高の10％未満 ④その他の場合は、3年間企業集団の売上高の増加額が10％未満 ⑤提携の解消の場合は、減少額において同様に考える
8-2	孫会社の異動を伴う株式又は持分の譲渡又は取得	①既存の会社の異動の場合は、孫会社の総資産が企業集団の純資産の30％未満、かつ孫会社の売上高が企業集団の売上高の10％未満 ②孫会社設立の場合は、3年間子会社の総資産が企業集団の純資産の30％未満、かつ売上高が企業集団の売上高の10％未満

Ⅴ　インサイダー取引規制

8-3	固定資産の譲渡又は取得	企業集団の資産の増減額が純資産の30％未満
8-4	事業の全部又は一部の休止又は廃止	3年間企業集団の売上高の減少額が10％未満
8-5	破産、民事再生又は会社更生	なし
8-6	新たな事業の開始（新商品の販売又は新たな役務の提供の企業化を含む）	3年間企業集団の売上高の増加額が10％未満、かつ特別支出額が企業集団の固定資産の簿価の10％未満
8-7	預金保険法74条5項の申出（金融機関の支払不能等）	なし
8-8	連動子会社における剰余金の配当	子会社連動株式以外の場合

2．発生事実（子会社）

	項目	軽微基準
1	災害に起因する損害又は業務遂行の過程で生じた損害	損害額が企業集団の純資産額の3％未満
2	1に準じる事項	
2-1	財産権上の訴えの提起又は判決もしくは判決によらない完結	①訴え提起の場合は、訴額が企業集団の純資産額の15％未満、かつ敗訴による企業集団の売上高の減少額が3年間10％未満 ②判決・完結の場合は、給付額が企業集団の純資産の3％未満、かつ企業集団の売上高の減少額が10％未満
2-2	事業の差止等仮処分の申立又は裁判もしくは裁判によらない完結	①仮処分申立の場合、敗訴した場合の企業集団の売上高の減少額が3年間10％未満 ②裁判・完結の場合、3年間企業集団の売上高の減少額が10％未満
2-3	免許の取消し、事業の停止等の行政庁の処分	3年間企業集団の売上高の減少額が10％未満

2-4	破産、民事再生、会社更生又は企業担保権の実行の申立又は通告	なし
2-5	手形、小切手の不渡り又は手形交換所の取引停止処分	なし
2-6	孫会社に係る破産の申立等	なし
2-7	債務者又は保証債務に係る主債務者の不渡り等又は破産申立等その他の事実による債務不履行のおそれ	債務不履行のおそれのある額が企業集団の純資産額の3%未満
2-8	主要取引先（10％以上）との取引の停止	3年間企業集団の売上高の減少額が10%未満
2-9	債務の免除又は第三者による債務引受等	債務免除等の額が企業集団の債務総額の10%未満
2-10	資源の発見	3年間企業集団の売上高の増加額が10%未満

3　禁止される行為

(1)　特定有価証券等

　インサイダー取引規制において取引が規制される対象は、「特定有価証券等」である。特定有価証券等には、「特定有価証券」と「関連有価証券」がある。

　特定有価証券は、

　　①社債券、優先出資証券、株券又は新株予約権証券

　　②外国の者が発行する証券又は証書で①の有価証券の性質を有するもので、金融商品取引所に上場されているもの（店頭売買有価証券、取扱有価証券を含む）

　　③外国の者が発行する証券又は証書で①有価証券の性質を有するもので、当該有価証券を受託有価証券とする有価証券信託受益証券が金融商品取引所に上場されているもの（店頭売買有価証券、取扱有価証券を含む）

　　④外国の者が発行する証券又は証書で①有価証券の性質を有するもので、これに係る権利の預託証券が金融商品取引所に上場されているもの（店

頭売買有価証券、取扱有価証券を含む）である（政令27条の3）。ただし、「社債券」については、規制される範囲が大幅に縮小されている（法166条6項6号）。

関連有価証券は、
　①投信法上の投資信託の受益証券で、当該上場会社等の特定有価証券のみに対する投資として運用することを信託約款に定めたもの
　②投信法上の投資証券、投資法人債券又は外国投資証券で、当該上場会社等の特定有価証券のみに対する投資として運用することを規約に定めた投資法人の発行するもの
　③当該上場会社等の特定有価証券に係るオプションを表示する証券又は証書（カバードワラント）
　④当該上場会社等の特定有価証券に係るオプションを表示する預託証券
　⑤有価証券信託受益証券で当該上場会社等の特定有価証券を受託有価証券とするもの
　⑥当該上場会社等以外の会社の発行する社債券で、当該上場会社等の特定有価証券により償還することができる旨の特約が付されているもの（社債権者が行使権者であるものに限る）
　⑦外国の者の発行する証券又は証書で⑥の有価証券の性質を有するもの
である（政令27条の4）。①と②はいわゆる自社株投信である。

(2) 売買等

　規制される行為は、「売買等」であり、それは「売買その他の有償の譲渡若しくは譲受け又はデリバティブ取引」とされる（法166条1項）。譲渡又は譲受けとは、有償で所有権を移転する行為をいう。売買の外、交換、代物弁済、現物出資等が含まれる。市場取引、相対取引、公開買付け等を問わない。質権又は譲渡担保権の設定は含まれないが、その実行は処分、帰属清算とも該当しう

る[66]。転質等の担保権の処分もあたらない。無償の移転行為は含まれない。相続も含まれない。「売買等」には、自己が契約の当事者となる場合だけでなく、他人のために売買等を行う場合や、他人に売買等の委託、指図を行う場合も含む。投資顧問会社の担当者が、一任勘定口座において売買等を行う場合も含まれる。

新株発行に際してその引受けをする場合など、原始取得の場合はあたらない[67]。

貸株・借株は、消費貸借の場合には株式の所有権が移転するが、該当しないとする説が有力である[68]。

「デリバティブ取引」とは、市場デリバティブ取引、店頭デリバティブ取引、又は外国市場デリバティブ取引をいう（法2条20項）。「市場デリバティブ取引」は、取引所が定めた標準的な取引を取引所においてするものである（同条21項）。例えば、東証の株券オプション、株価指数等先物取引などがある。インサイダー取引においては特定有価証券等に係るデリバティブ取引が対象であるから、株券オプションなどが該当することになろう。「店頭デリバティブ取引」は、取引所外で相対で行われる取引である。デリバティブ取引には、先物取引、先渡取引、オプション取引、スワップその他の取引類型がある。

「主要株主の異動」は、重要事実であるが、主要株主の異動を生じる当該売買契約そのものは、規制の対象にはならない。インサイダー取引規制は、重要事実に該当する取引そのものを規制するものではないからである[69]。

X会社の営業部門のAが重要事実を知ったが、そのことを知らずにX社の自己売買部門の担当者Bが取引を行った場合、あくまでも取引を行った者は

---

66) 河本・前掲銀行法務21　598号7頁
67) 横畠・前掲45頁
68) 松本・前掲180頁
69) 河本・前掲「主要株主の異動とインサイダー取引」162頁

Ｖ　インサイダー取引規制

Ｂである。Ｂについて、重要事実を知っていたかどうかなどの要件を判断する。Ｂに対して取引を指図した上司がいれば、その者も売買を行った者となりうる。社内の部門間でチャイニーズ・ウォールをひいていたとしても、レポーティング・ラインを遡ればいずれも社長にたどり着くのであって、社長が重要事実を知っていればインサイダー取引とならないかとの疑念が残る[70]。

　故意の要件としては、会社関係者の場合は、①自分が会社関係者であること、②その職務等に関し重要事実を知ったこと、③当該事実が公表されていないこと、についての認識が必要である。ただし、例えば軽微基準に該当しているかどうか等の法的な評価についての認識は必要がない。第１次情報受領者の場合は、①その伝達をした者が会社関係者であること、②その伝達者がその職務等に関して知ったこと、③重要事実にあたること（例えば決定事実であれば、その会社の機関によって決定されていること）、④当該事実が公表されていないこと、である。これらに加えて、当然売買等を行うことについての認識も必要である。

(3)　公表

　インサイダー取引規制において「公表」とは、特別な概念である。世の中が周知の事実であっても「公表」の手続がとられていなければ、未公表の重要事実となる。

　「公表」とは、重要事実を、当該上場会社等又は当該上場会社等の子会社（ただし、子会社に係る重要事実のみ）により、①多数の者が知りうる状態に置く措置として政令で定める措置がとられたこと、又は②当該上場会社等又はその子会社の提出した有価証券届出書、発行登録書、発行登録追補書類、有価証券報告書、半期報告書、臨時報告書並びにこれらの書類の訂正報告書等に当該重要事実が記載されており、それが公衆縦覧に供されたことである。

---

[70]　河本・前掲銀行法務21　598号12頁

①の措置としては、
ⅰ．当該上場会社又はその子会社の代表取締役等又はその者から委任をされた者が、当該重要事実を2以上の報道機関に対して公開し、12時間が経過した場合
ⅱ．当該上場会社等が金融商品取引所の規則に従い、当該重要事実を金融商品取引所に通知し、かつ金融商品取引所において公衆の縦覧に供されたとき（TDnetなど）

が定められている（政令30条）。ⅱ．の場合には、12時間を経過する必要がなく、開示の時に公表となる。現在は、ほとんどⅱ．の方法によっている。

②については、EDINETの画面に表示されたときに公衆の縦覧に供されたことになる。

4　適用除外

インサイダー取引規制は、次の各場合には適用されない（法166条6項各号）。

(1)　株式の割当てを受ける権利を有する場合

まず、会社法202条1項1号に規定する権利を有する者が当該権利を行使することにより株券を取得する場合は、適用除外である。優先出資証券の割当ての場合も同様である。これは株主割当増資の場合である。株主割当によるのであれば、重要事実の不正な利用でないことが明らかであるし、引受けができないこととなると多大な不利益を被る可能性がある。会社が重要事実を公表しない結果、引受けができないこととなるのは不当である。なお、新株の発行であれば原始取得であるから、そもそもその引受けは売買等には該当しない。当然ながら、取得した株券の売買は、適用除外ではない。

(2)　新株予約権の行使

新株予約権の行使により株券を取得する場合は、適用除外である。

新株予約権の行使による場合、会社が重要事実を公表しないと権利行使がで

V　インサイダー取引規制

きないというのでは不当だからである。この場合も、新株を交付されるときには原始取得であって、そもそも売買等に該当しない。

(3)　オプションの行使

特定有価証券についてのオプションを取得している者が、当該オプションを行使して特定有価証券等に係る売買等をする場合は、適用除外である。

(4)　会社法の買取請求権の行使があった場合

会社法116条1項（譲渡制限を設ける定款変更、全部取得条項を設ける定款変更、種類株式がある場合の株式の併合・分割・無償割当て・単元株式数の変更・株主割当募集）、469条1項（事業譲渡等）、785条1項（吸収合併等）、797条1項（吸収合併等）、806条1項（新設合併等）の規定による株式の買取請求又は法令上の義務に基づく売買等は、適用除外である。

これらの場合は、買取請求をする株主においても、また会社においても、インサイダー取引規制の適用はない。少数株主権の保護のためとされる。もともと取引価額が公正な価格とされているので、不当な結果とはなりにくいであろう。

法令上の義務に基づく売買等としては、単元未満株式の買取り・売渡請求の場合、独占禁止法違反となった所有株式の売却（同法10条、11条）、子会社による親会社株式の売却（会社法135条3項）などが考えられる。

(5)　防戦買い

次に、当該上場会社等の株券等に係る公開買付け又はこれに準ずる行為に対抗するため、当該上場会社等の取締役会が決定した要請に基づいて、当該上場会社等の特定有価証券等又は特定有価証券等の売買に係るオプションの買付けその他の有償の譲受けをする場合は、適用除外である。

これは一定の要件の下、防戦買いについてはインサイダー取引規制を適用しないものであるが、その趣旨は、会社に未公表の重要事実がある場合、防戦買いを行う者は多くの場合会社関係者等として取引ができないことになり、著し

く不利になることから適用除外とされたものである。未公表の重要事実が何であるかは問わない。

「株券等」は、公開買付け規制（法27条の2）における株券等をいう。株券、新株予約権証券、新株予約権付社債券、預託証券などである。

「公開買付けに準ずる行為」とは、共同して買い集める者との合計で議決権総数の5％以上にあたる株券等を買い集める行為をいう（政令31条）。5％というのは、買い集めようとする株券等の数であって、買付け後の議決権保有比率ではない。ただし、公開買付者の保有する議決権比率が5％未満であるときは、5％を超えたところから適用除外となる。「買い集め」には、新規に発行される株式の取得は含まれない。実務的には、買い集めようとしている議決権数が5％以上であることを確認する必要があろう。

適用除外となるためには、当該上場会社等の取締役会の決定による要請に基づく必要がある。なお、この取締役会の防戦買いの要請の決定は、重要事実に該当する（政令28条10号）。したがって、要請に基づいて買付けを行う者以外は、防戦買いの要請の決定が行われたことを知って公表前に取引をすれば、インサイダー取引規制に抵触することとなる。

また、防戦買いの趣旨から、適用除外とされるのは、買付け（取得）だけである。売付けは除外されない。

(6)　自己株式の取得

自己株式の取得に関しては、会社法156条1項、同163条、165条3項の規定による株主総会又は取締役会の決議があり、それが公表された後、当該決議に基づいて株券等を買い付けする場合には、適用除外となる（外国会社はこれに相当する法令による場合）。ただし、当該自己株式取得以外の未公表の重要事実がある場合は、適用除外とならない。

自己株式の取得の場合、おおもととなる取得の決定の後に、実際に取得することの決定がなされる。この実施する際の決定については、それを事前に開示

しなければならないものとすると、円滑な自己株式の取得ができなくなる。そこでこの適用除外が定められている。

個別具体的な取得の決定も重要事実であるから、それが公表されないと、会社による自己株式の取得はできても、会社関係者による取引はできない。そのため、実務的には個別具体的な自己株式の取得が完了した時には、完了したことの開示（未公表の重要事実が存在しないことの開示）を行っている。

この規定で適用除外とされるのは、自己株式の取得をする発行会社側だけであるから、売り方となる株主が自己株式取得の決定を知っていれば、その者はインサイダー取引となってしまう。そのため、事前公表型と言われる方式では、前日の取引所の取引が終わった後、会社が自己株式取得の重要事実を公表し、その上で翌日トストネット取引などを行うこととしている。

(7) 安定操作取引

次に、法159条3項の政令に基づいて取引を行う場合は、適用除外とされる。

安定操作取引は、有価証券の募集、売出しに際して、価格を安定させるための取引である。安定操作取引の場合には、インサイダー取引規制より優先されたということである。

(8) 普通社債券等の売買等

次に、普通社債券等の売買等に関しては、内閣府令で定める場合だけがインサイダー取引規制の対象となる。

これは普通社債の場合には、その価格に影響を与える重要事実の範囲が株券等と異なっていることから、インサイダー取引規制の範囲を限定するものである。

この適用がある特定有価証券等は、普通社債券、普通社債券のみを対象とする投資信託の受益証券、普通社債券のみを対象とする投資証券等、投資法人債券等、普通社債券を受託有価証券とする有価証券信託受益証券である（政令32条の2）。

普通社債券等の売買等においてインサイダー取引規制が適用となるのは、重要事実が、①解散、②破産、再生手続開始、会社更生手続開始の申立、③債権者による破産、再生手続開始、会社更生手続開始、企業担保権の実行の申立又は通告、④手形・小切手の不渡り又は手形交換所の取引停止処分の場合である（不公正府令58条）。

(9)　知る者同士の取引

会社関係者又は情報受領者の間において、取引所取引によらないでする取引は、適用除外である（店頭売買も同様）。インサイダーの重要事実を知っている者同士が、市場外で取引をする場合には、市場に対する信頼を損ねることはないからである。

ただし、当該売買等に係る特定有価証券等について、さらに法166条1項又は3項に違反する取引が行われることを当該売買等をする者の双方が知っている場合は、適用除外とならない。

(10)　知る前契約等

重要事実を知る前に締結された特定有価証券等に係る売買等に関する契約の履行又は重要事実を知る前に決定された特定有価証券等に係る売買等の計画の実行として売買等をする場合（内閣府令に定める場合に限る）は、適用除外である。

不公正府令59条では、次の各場合を定めている。

①重要事実を知る前に上場会社等との間で当該上場会社等の発行する特定有価証券等に係る売買等に関し書面による契約をした者が、当該契約の履行として所定の条件下で行う売買等

これは、発行会社と書面で契約した場合に、その履行として売買等を行うケースである。この除外規定が設けられたのは、発行会社との間で一定期間まとまった単位の政策投資を行うことを合意することが多いことに着目したものと説明されている。

Ⅴ　インサイダー取引規制

②重要事実を知る前に金融商品取引業者と信用取引の契約を締結した者が当該契約の履行として金融商品取引所等で所定の条件下で反対売買を行う場合

③重要事実を知る前に特定有価証券等に係る法 2 条 21 項 5 号又は同条 22 項 6 号に掲げる取引（クレジット・デリバティブ取引）に関し、各号に定める事由が生じて当該契約の履行として当該特定有価証券等を移転する行為

④役員・従業員持株会等

証券会社方式又は信託方式により、上場会社等の役員又は従業員（支配会社のそれを含む）が共同して当該上場会社等の株券等の買付けを行う場合で、買付けが一定の計画に従い、個別の投資判断に基づかず、継続的に行われる場合（1 回の拠出金額が 100 万円に満たない場合に限る）

同様に上場会社等の関係会社の役員・従業員の持株会、取引関係者の持株会についても適用除外とされている。

⑤累積投資契約により上場会社等の株券の買付けが金融商品取引業者に委託して行われる場合であって、当該買付けが一定の計画に従い、個別の投資判断に基づかず、継続的に行われる場合（各顧客の 1 銘柄に対する 1 ヶ月あたりの拠出金額が 100 万円に満たない場合に限る）

⑥重要事実を知る前に公開買付開始公告を行った場合の公開買付けによって買付け等を行う場合（発行者による公開買付けの場合には重要事実を知る前に公開買付け届出書を提出した場合）

⑦重要事実を知る前に発行者の同意を得た売出しに係る計画に基づく売出し（金融商品取引業者が売出しの取扱をするものに限る）

⑾　その他特別の事情に基づく売買等

その他これに準じる特別の事情に基づく売買等であることが明らかな売買等をする場合。ただし、内閣府令ではこれに該当するケースは定められていない。定められていないことから、同号の適用除外はされないという説と、客観的に明らかなものは内閣府令がなくても適用除外となるとする説がある。立法時に

後者の説を採ることが関係者で了解されているとのことである[71]。この説も、極めて限られたものとしている。現物と先物の裁定取引などが例示されている。

四　公開買付け等関係者によるインサイダー取引規制

1　趣旨

　インサイダー取引が規制される理由が統一されていないことは冒頭に述べた。公開買付け関係者等によるインサイダー取引規制は、さらにその趣旨が不明確である。公開買付けのみならず、会社外部の者の行為によってある会社の株価が変動することはしばしばある。その中で、何故公開買付けだけ取り上げて、その関係者による取引を規制するのか。その理由は何か。証券市場の公正性、健全性に対する投資家の信頼の確保とされるが、それだけでは説明が足りないのであろう。

　もともとアメリカで企業買収にかかわる内部情報を利用した取引が問題となったが、発行会社の役員等でない者が何故取引を規制されなければならないのかその根拠が議論され、最終的に不正流用理論（情報の持ち主の意思に反してそれを利用する行為がいけないという考え方。これであれば公開買付けの関係者による取引も情報の不正な流用ということができる。）が採用されるようになり、会社関係者による取引の禁止と、公開買付け関係者による取引の禁止という2本立てのルールとなっていった。

　日本では、その当時のアメリカ法等を参照して立法されたので、会社関係者と公開買付け関係者という2本立てのまま受け入れたものと考えられる。日本では、当時はM&Aが少なかったので、本条はあまり注目されていなかった。しかし最近日本においてもM&Aが増加し、本条に違反する事例の摘発も増

71）　三國谷・前掲 125 頁

加している。特にM＆Aにおいてプレミアムが支払われる事例が急速に増加しており、その情報を事前に入手して公表前の安値で買い、行われるM＆Aに際してプレミアムのついた高値で売る（あるいは市場で売る）ことによって、裁定取引を行えるケースが増えてきた。こうなると、より本条は存在意義が高まってくる。

　また最近の村上ファンド事件でも見られるように、本条は、まとまった株式の転売目的の買集めなどの場合にも適用されており、重要な条文となっている。

　公開買付者等関係者によるインサイダー取引規制は、公開買付者等の関係者による取引を規制するものである。公開買付者の行う公開買付け等を制限するものではない。

　構造は会社関係者によるインサイダー取引規制と類似しており、公開買付者等の関係者が、その職務等に関してその事実を知り、それが公表される前に当該株券等について買付けを行うことを禁止するものである。

2　主体

　まず規制される主体であるが、①公開買付者等関係者と、②公開買付者等から情報を受領した者、及び③元公開買付者等関係者である。

　公開買付者等というのは、公開買付け等をする者である。「公開買付け等」というのは、①上場等株券等につき、金商法27条の2第1項に定める公開買付け、②「公開買付けに準ずる行為」として、共同して買い集める者との合計で議決権総数の5％以上にあたる株券等を買い集める行為（政令31条）、③金商法27条の22の2に規定する公開買付け（自社株公開買付け）をいう。

　②については、5％というのは、買い集めようとする株券等の数であって、買付け後の議決権保有比率ではない。ただし、公開買付者の保有する議決権比率が5％未満であるときは、5％を超えたところから該当する。「買い集め」には、新規に発行される株式の取得は含まれない。共同して買い集める者は、公

開買付者等にあたる。

　公開買付者等関係者には、以下の者がある。それらの者がそれぞれの方法で重要事実を知った場合に取引が規制される。

　①公開買付者等（親会社を含む）の役員等（法人以外の場合には代理人又は使用人）が、その者の職務に関し知ったとき

　②公開買付者等の会計帳簿閲覧請求権を有する株主・社員（法人であるときはその役員等、法人でないときは代理人・使用人を含む）が、当該権利の行使に関し知ったとき。

　③当該公開買付者等に対する法令に基づく権限を有する者が、当該権限の行使に関し知ったとき。

　④当該公開買付者等と契約を締結している者又は契約締結交渉をしている者（法人であるときはその役員等、法人でないときは代理人・使用人を含む）が、当該契約の締結若しくはその交渉又は履行に関し知ったとき。

　⑤②または④に掲げる者が法人であり、その役員等が②または④によって知った場合に、その他の役員等がその者の職務に関し知ったとき。

　情報受領者とは、公開買付者等関係者からその者が上記の各方法により知った公開買付けに係る事実の伝達を受けた者である。その者が職務上伝達を受けた場合、その者が属する法人の他の役員等も職務に関し知れば、規制の対象となる。

　元公開買付者等関係者とは、公開買付者等関係者であった者で公開買付者等関係者でなくなって１年以内の者である。

３　公開買付け等

　重要事実となるのは、公開買付け等の実施に関する事実又は公開買付け等の中止に関する事実である。公開買付者等が法人であるときは、その機関が決定することが必要である。「実施に関する事実」又は「中止に関する事実」とは、

「公開買付け等を行うことについての決定をしたこと」又は「公開買付者等が当該決定（公表されたものに限る）に係る公開買付け等を行わないことを決定したこと」をいう。「行うことについての決定」は、まさに公開買付け等を行うことそのものの決定に限られず、その調査、検討を会社の業務として行う旨の決定も含まれる。その実現可能性の高低は問わない。

　なお、軽微基準があり、各年において買い集める株券等の数が、議決権総数の2.5％未満である場合は、重要事実に該当しない（府令62条）。

4　禁止行為

本条により禁止される行為であるが、重要事実が公開買付け等の決定に係る事実である場合には「買付け」が禁止され、重要事実が公開買付け等の中止である場合には「売付け」が禁止される。

「公表」は、①2以上の報道機関に公開して12時間が経過した場合、②公開買付開始公告・撤回公告、公開買付届出書・撤回届出書の公衆縦覧がある。また自社株公開買付けの場合には、電磁的方法（TDnet）による開示も公表になる。

本条の適用除外としては、以下のものがある（法167条5項、不公正府令63条）。

①株式の割当てを受ける権利を有する者がその権利の行使により取得する場合
②新株予約権の行使により取得する場合
③株券等に係るオプションの行使により取得する場合
④買取請求権または法令上の義務により買付け等・売付け等を行う場合
⑤公開買付者等の要請により買付け等をする場合（応援買い）
⑥発行会社の取締役会等の要請に基づく場合（防戦買い）
⑦安定操作による場合

⑧重要事実を知る者同士で取引する場合

⑨知る前契約の場合

⑩信用取引による反対売買の場合

⑪役員・従業員、関係会社役員・従業員、取引先の各持株会による場合

⑫累積投資契約による場合

⑬知る前に公開買付開始公告を行った公開買付けにより取得する場合

⑭知る前に発行会社の同意を得た計画等により売出しの場合

五　罰則・課徴金・没収

インサイダー取引規制違反への罰則は、5年以下の懲役もしくは500万円以下の罰金又はこれらの併科である（法197条の2第13号）。法人の代表者、代理人、使用人その他の従業者がその法人の業務、財産に関し違反行為をしたときは、その法人も5億円以下の罰金に処せられることになる（法207条）。

またインサイダー取引違反の罪の犯罪行為により得た財産については、没収の対象となる（法198条の2第1項1号）。ただし、その取得の状況、損害賠償の履行の状況その他の事情に照らし相当でないときは没収しないことができる。

インサイダー取引規制に違反して自己の計算で売買等を行った者があるときは、課徴金の納付を命ぜられる（同法175条1項2項）。

その金額は、会社関係者等による違反の場合には、公表の前6ヶ月以内に取引をしているときは、①売付け等をした場合には、売付け等の価格にその数量を乗じて得た額から、重要事実が公表された後における価格にその数量を乗じて得た額を控除した額、②買付け等をした場合には、重要事実が公表された後の価格に買い付けた数量を乗じた額から、買付け等をした価格にその数量を乗

じて得た額を控除した額である（同条1項）[72]。公表後の価格とは、公表日の翌日の最終価格である（同条5項）。

　公開買付者等関係者による場合も同様の計算をする（同条2項）。

　なお、没収と課徴金の間の調整は行われる（同法185条の7、同185条の8）。

---

[72]　平成20年改正で強化される。現行法では、重要事実公表日翌日の終値を基準としているが、改正法では、公表後2週間における最高値又は最安値を基準とすることとしている。これにより金額は従来の2倍程度になると見込まれている。

Ⅵ　その他の不公正な取引の規制

一　不公正な取引方法（法 157 条）

　金商法では、第 6 章が「有価証券の取引に関する規制」を定めており、第 6 章の 2 で課徴金、第 8 章で罰則を定めている。そのため不公正な取引に関する禁止規定は第 6 章の 157 条から 171 条に、罰則規定は第 8 章の 197 条以下に置かれている。197 条以下の罰則規定は、罰則の重い順に並んでいる。

　法 157 条は、不公正な行為の禁止として、包括的な禁止規定を定めている。本条を筆頭として、続く 158 条以下で具体的な行為類型ごとの禁止規定が置かれている。法 157 条は、具体的な行為類型に該当しない、不正な行為を罰するための網羅的な規定である。法 157 条は、包括的な規定であるため、捜査当局としては立件しにくいことから、本条が適用された事件は那須硫黄礦業事件のみであるとされている。同事件の最高裁決定は、本条の規定は明確であって、憲法 31 条に違反するものではないと判示している[1]。

　本条が禁止している行為は次の三つである。

①有価証券の売買その他の取引又はデリバティブ取引等について、不正の手段、計画又は技巧をすること。

②有価証券の売買その他の取引又はデリバティブ取引等について、重要な事項について虚偽の表示があり、又は誤解を生じさせないために必要な重要な事実の表示が欠けている文書その他の表示を使用して金銭その他の財産を取得すること。

---

1)　最高裁昭和 40 年 5 月 25 日決定裁判集刑事 155 号 831 頁

Ⅵ　その他の不公正な取引の規制

　③有価証券の売買その他の取引又はデリバティブ取引等を誘引する目的をもつて、虚偽の相場を利用すること。

　これらの禁止は「何人」も禁止されている。したがって、どのような者であっても本条の禁止の対象となる。対象となる有価証券も上場、非上場を問わない。

　1号の「不正の手段、計画又は技巧」は、不正の行為一般を指しており、社会通念上不正な行為の一切を含む。したがって、手段、計画又は技巧という言葉の解釈は重要でないとされている。学説では不正の行為を、他人を錯誤に陥れる詐欺的な行為に限定する解釈が有力であるが、前掲最高裁決定は限定をしていない。「有価証券の売買その他の取引」は、売買などの契約行為に限られない。募集、売出しも対象となるし、新株予約権の行使などの行為も含まれる。「について」というのはそれに関連してという程度の趣旨であり、行為者が証券取引をしたことは要しない。

　2号の虚偽文書による財産取得については、「文書その他の表示」というのは、文書、言動、動作、その他他人にある事柄を知らせるように表すことはすべて含まれる。「虚偽」とは真実に合致しないことである。「重要な」というのは、合理的な投資者の投資判断に影響を及ぼす事項である。例えば、優先株式の内容、発行会社の業務・財産状況、商品の需給状況、設備投資の状況、公定歩合などの金融市場にかかわる事項、特定の国での内乱などの情報等、およそ広汎に該当しうる。将来の予測に関する事項であっても、根拠のないものであれば虚偽に該当しうる。本号の場合、その表示により、金銭その他の財産を取得することが要件となっている。有価証券の売買、新株の発行などの外、公開買付けや合併により消滅会社の資産を取得するようなケースも含まれる。

　3号については、「誘引する目的」というのは、第三者を有価証券の売買等の取引に誘い込む目的をいう。「虚偽の相場」というのは、価格や出来高など偽りの表示をすることである。ただし、情報伝達手段が発達した現在の社会で

は、情報はすぐに周知されるから、虚偽の相場を利用するということは考えにくい。

本条に違反した場合は、最も重い法定刑である、10年以下の懲役もしくは1000万円以下の罰金又はその併科となる（法197条1項5号）。

二　相場操縦等

1　相場操縦罪の趣旨

相場操縦等の罪は、①仮装取引等による相場操縦、②現実取引による相場操縦、③表示による相場操縦の三つの類型に分けられる。

相場操縦が何故違法な行為なのか、その保護法益は実は明らかでない。相場操縦がしてはいけないことであることは、誰でも直感的に感じることであるが、よく考えてみるとわからないことが多い。例えば、相場操縦によって一般投資家が損失を被る事態を想定すると、一般投資家の損失を回避することが保護法益であるように思われる。確かに操作された価格を元に取引をさせようというのは詐欺的でもある。しかし相場操縦の罪において一般投資家が損失を被ったことは構成要件とされていない。そもそも相場操縦の罪は、個人の財産の保護という個人的法益を守るべき規定なのだろうか。投資家個人の損失を回避するのが直接の目的ではないとすると、何が目的なのか。

市場の価格が公正な価格ではなく、操作された価格であるかも知れないとすると、一般投資家はいつそのような価格に騙されて不慮の損失を被るかも知れないから、有価証券投資を止めようと思うかも知れない。そうなっては市場から投資家がいなくなってしまう。そこで市場の公正性を高めて、市場に対する信頼を確保しなければ市場が成立しない。そのように考えれば、市場の公正性や、信頼が保護法益であるということになりそうである。しかし「公正性」とか「信頼」などというものは、一定の行為を犯罪とするには、やや漠然としすぎている感もある。

Ⅵ　その他の不公正な取引の規制

　金商法は、市場法であり、その目的が市場を構築し、その機能を守ることにある。その市場の本質は「価格形成機能」であり、その価格形成機能を通じて資金の効率的で適正な配分が実現することになる。それが国の経済の根幹となる。そのような資金の流れの最も重要な仕組みを担っているのが市場であり、すなわち価格形成機能である。そのように考えれば、この価格形成機能を直接的に損ねる行為が相場操縦なのであるから、厳しく処罰されることも当然と思われる。

　金商法159条は、1項で仮装取引による相場操縦の罪を定め、2項で現実取引による相場操縦の罪及び表示による相場操縦の罪を定めている。3項には安定操作の罪が定められてる。

　実務的には、仮装取引と現実取引でかなり異なる扱いがなされていることを理解しておくことが重要である。仮装取引であれば、それが相場操縦の目的であることは明らかであり、その行為に経済的な合理性もないから、非常に犯罪の成立が明確である。しかし現実の取引の場合には、市場取引である以上、売り買いの注文を入れれば、相場が変動することはことの当然であり、それが悪い行為であるとは直ちにはいえない。そのため、現実取引の場合には、良い行為と悪い行為の線引きが非常に難しい。そこで解釈も分かれているし、立件も容易でないことになる。

2　仮装取引による相場操縦の罪

　仮装取引は、何人も、有価証券の売買、市場デリバティブ取引又は店頭デリバティブ取引のうちいずれかの取引が繁盛に行われていると他人に誤解させる等これらの取引の状況に関し他人に誤解を生じさせる目的をもって、次に掲げる行為をしてはならない。

　①権利の移転を目的としない仮装の有価証券の売買、市場デリバティブ取引

（法2条21項1号に掲げる取引に限る）又は店頭デリバティブ取引（同条22項1号に掲げる取引に限る）をすること。

②金銭の授受を目的としない仮装の市場デリバティブ取引（法2条21項2号、4号及び5号に掲げる取引に限る）又は店頭デリバティブ取引（同条22項2号、5号及び6号に掲げる取引に限る）をすること。

③オプションの付与又は取得を目的としない仮装の市場デリバティブ取引（法2条21項3号に掲げる取引に限る）又は店頭デリバティブ取引（同条22項3号及び4号に掲げる取引に限る）をすること。

④自己のする売付け（有価証券以外の金融商品にあっては、法2条21項1号又は22項1号に掲げる取引による売付けに限る）と同時期に、それと同価格において、他人が当該金融商品を買い付けること（有価証券以外の金融商品にあっては、同条21項1号又は22項1号に掲げる取引により買い付けることに限る）をあらかじめその者と通謀の上、当該売付けをすること。

⑤自己のする買付け（有価証券以外の金融商品にあっては、法2条21項1号又は22項1号に掲げる取引による買付けに限る）と同時期に、それと同価格において、他人が当該金融商品を売り付けること（有価証券以外の金融商品にあっては、同条21項1号又は22項1号に掲げる取引により売り付けることに限る）をあらかじめその者と通謀の上、当該買付けをすること。

⑥市場デリバティブ取引（法2条21項2号に掲げる取引に限る）又は店頭デリバティブ取引（同条22項2号に掲げる取引に限る）の申込みと同時期に、当該取引の約定数値と同一の約定数値において、他人が当該取引の相手方となることをあらかじめその者と通謀の上、当該取引の申込みをすること。

⑦市場デリバティブ取引（法2条21項3号に掲げる取引に限る）又は店頭デリバティブ取引（同条22項3号及び4号に掲げる取引に限る）の申込みと同時期に、当該取引の対価の額と同一の対価の額において、他人が当該取引の相手方となることをあらかじめその者と通謀の上、当該取引の申込みを

Ⅵ その他の不公正な取引の規制

すること。
⑧市場デリバティブ取引（法2条21項4号及び5号に掲げる取引に限る）又は店頭デリバティブ取引（同条22項5号及び6号に掲げる取引に限る）の申込みと同時期に、当該取引の条件と同一の条件において、他人が当該取引の相手方となることをあらかじめその者と通謀の上、当該取引の申込みをすること。
⑨前各号に掲げる行為の委託等又は受託等をすること。

1号から3号は仮装の取引であり、4号から8号は馴れ合いの取引である。3号のオプションの付与又は取得を目的としない取引には、オプションの自己両建て取引も含まれる[2]。有価証券の売買は、金融商品取引所が上場する有価証券、店頭売買有価証券又は取扱有価証券の売買に限られる。デリバティブ取引も、金融商品取引所が上場する金融商品、店頭売買有価証券、取扱有価証券（これらの価格又は利率等に基づき算出される金融指標を含む）又は金融商品取引所が上場する金融指標に係るものに限られる。

これらは、現実の権利の移転や金銭の授受を目的とせず、又は通謀による取引である。したがって、真実の需給によらない相場を公示させるだけのものであって、それをする経済的な正当性、合理性はない。

仮装取引の場合には、「取引が繁盛に行われていると他人に誤解させる等これらの取引の状況に関し他人に誤解を生じさせる目的」が要件となる。実際には、仮装取引、馴れ合い取引であれば、この目的があるものと推認される。この目的は、価格の操作に関するものだけでなく、出来高に関して他人に誤解を生じさせる目的も含まれる[3]。

---

2) 最高裁平成19年7月12日決定判例時報1981号161頁
3) 前掲・最高裁決定

市場の価格形成機能を保護する目的であれば、市場における価格や出来高を不正に操作する取引を行うだけで違法性が生じるともいえそうである。しかし、本条では他人を誤解させる目的が必要とされている。投資者の投資判断を誤らせることも違法性の根拠とみているようである。

3　現実取引による相場操縦の罪

次に現実取引による相場操縦の罪については、法159条2項は、何人も、有価証券の売買、市場デリバティブ取引又は店頭デリバティブ取引のうちいずれかの取引を誘引する目的をもって、有価証券売買等が繁盛であると誤解させ、又は取引所金融商品市場における上場金融商品等もしくは店頭売買有価証券市場における店頭売買有価証券の相場を変動させるべき一連の有価証券売買等又はその申込み、委託等もしくは受託等をしてはならない、と定めている。要件は、①誘引目的と、②繁盛と誤解させ又は相場を変動させるべき一連の有価証券売買等である。

本条の解釈は大きく議論が分かれている。その理由は正当な取引と違法な取引の線引きの仕方が難しいことにある。

例えば、大口の買いであれば、どんどん市場で買っていけば、価格は当然上昇する。その買い主も、それだけの大口の注文を入れれば価格が上昇するであろうことは当然認識できるし、価格が上がればちょうちん筋がついて他の投資家が買いに入ることも当然予想される。そのため単純に「相場を変動させるべき一連の取引」の意味を価格が変動しうる取引のことと解してしまえば、このような取引もそれに該当してしまうし、誘引目的の意味を他の投資家が取引をする可能性の認識でよいとしてしまうとそれにも該当してしまう。その結果、大口の取引はすべて違法となりかねない。それではもちろん困るわけであるから、何が違法な取引なのか、その範囲を適切に限定しなければならないことになる。これが仮装取引による相場操縦と異なるところである。

Ⅵ　その他の不公正な取引の規制

　考え方は二つある。一つは、「誘引目的」を重視し、この誘引目的があるからこそその行為が違法になるのだと考え、例えば誘引目的の意義を、「第三者の判断を誤らせてこれらの者を売買取引に誘い込む目的」であるとしたり、「人為的に有価証券の相場を操作しようとする目的」などと解してそれで対処しようとする立場[4]である。この立場の場合、「一連の取引」には特段の限定を加えない。

　もう一つは、「一連の取引」の方の要件を限定的に解して、例えば「相場を支配する意思をもってする、相場が変動する可能性がある取引」などと解する立場[5]である。この立場の場合は、誘引目的は特に限定を加えず「売買取引をするように第三者を誘い込む意図」とする。これは主観的要件である「目的」の立証が困難であることに鑑み、なるべく客観的な要件で判断することを意図したものである。

　最高裁は、前者の立場をとり、誘引目的とは、「人為的な操作を加えて相場を変動させるにもかかわらず、投資者にその相場が自然の需給関係により形成されるものであると誤認させて有価証券市場における売買取引に誘い込む目的」であるとした[6]。

　このように理論構成は大きく対立しているのであるが、実務的には何が違法な行為になるかはそれほど大きな差があるわけではないと考えられる。協同飼料事件の高裁判決は、以下のような事実関係を認定して、それが違法であると判断している。

　①寄り付き前から前日の終値より高い指値で買い注文を出すこと
　②ザラバの気配を見て、直近の値段より高い指値買いの注文を出すこと

4）　協同飼料事件・東京地裁昭和59年7月31日判決判例時報1138号25頁、藤田観光事件・東京地裁平成5年5月19日判決判例タイムズ817号221頁
5）　協同飼料事件・東京高裁昭和63年7月26日判例時報1305号52頁
6）　協同飼料事件・最高裁平成6年7月20日決定判例時報1507号51頁

③買い注文の残りの指値を高く変更すること
④時間を追って順次指値を一円刻みに高くした買い注文を出すこと
⑤比較的高い価格で仮装の売買をすること
⑥前日の終値と同じ又は若干安い指値で寄り付き前に買い注文を出し、ザラバの気配を見て前日の終値又は直近の値段より若干安い指値の買い注文を出したり買い注文の残りの指値を若干安く変更したりするなどの方法で、下降気味になった株価の値下がりを食い止めること

これらの注文状況を見れば、意図的な株価操作であることは明らかである。これを誘引目的で把握するとしても、客観的な一連の取引の属性として把握するとしても、同じ結果となろう。実務的には、現実取引による株価操縦の規制に抵触しないようにするためには、このような意図的な取引を行わないことである[7]。

なお、自己株式取得が解禁されたことに伴い、自己株式の取得が相場操縦規制に抵触しないようルールが定められている（法162条の2、取引規制府令16条以下）。これはいわゆるセーフハーバールールであり、株価操縦に抵触しないための一つの指針として参考になる。①1日に2以上の証券会社に委託しないこと、②金融商品取引所の取引終了時間の直前30分間の取引はしないこと、③買付け価格は、指値でかつ直近価格を上回る注文が継続反復しないこと、ただし、注文時の高値を上回る注文を行ってはならない寄り付きの注文は、前日の終値以下で行うこと、④買付け数量は、直前4週間の1日平均売買単位数の25％以内又は直前6ヶ月の所定の計算方法による売買株数以内であることなどである。

いわゆる「見せ玉」については、顧客がその発注を行う場合には、「委託等」

---

[7] 参照：平成4年1月20日証券取引審議会不公正取引部会中間報告「相場操縦的行為禁止規定等のあり方の検討について」旬刊商事法務1275号35頁

Ⅵ　その他の不公正な取引の規制

として、法159条2項1号又は3項に違反することになる。また証券会社が行う場合には、「申込み」として、同条2項1号又は3項に違反することとなる[8]。

4　表示による相場操縦の罪

　何人も、有価証券の売買、市場デリバティブ取引又は店頭デリバティブ取引のうちいずれかの取引を誘引する目的をもって、取引所金融商品市場における上場金融商品等又は店頭売買有価証券市場における店頭売買有価証券の相場が自己又は他人の操作によって変動するべき旨を流布し、又は有価証券売買等を行うにつき、重要な事項について虚偽であり、又は誤解を生じさせるべき表示を故意にしてはならない（法159条2項2号3号）。

　「流布」というのは、不特定又は多数の者に伝播させることである。「操作」というのは、自然の需給関係に反して人為的に相場に手を加える行為を指す。単に自分が大量の株を買うから株価が高騰するというようなことはあたらない。

　重要な事項について虚偽の表示というのは、例えば増資とか、M＆Aとか、石油の試掘に成功したとか等、投資判断に影響を与える事項をいう。

5　罰則

　　本条の違反行為に対しては、10年以下の懲役もしくは1000万円以下の罰金又はその併科に処される（法197条1項5号）。財産上の利益を得る目的で、相場を変動させるなどし、有価証券の売買等をした場合には、10年以下の懲役及び3000万円以下の罰金に処される（同条2項）。本条に違反して得た財産については、没収・追徴の対象となる（法198条の2第1項第1号）。法人については7億円以下の罰金とする両罰規定もある（法207条1項1号）。

　また課徴金も課される（法174条の2）。

---

[8]　岡田大「不公正取引等への対応」旬刊商事法務1781号32頁

三　風説の流布

　何人も、有価証券の募集、売出しもしくは売買その他の取引もしくはデリバティブ取引等のため、又は有価証券等の相場の変動を図る目的をもって、風説を流布し、偽計を用い、又は暴行若しくは脅迫をしてはならない（法158条）。

　本条は、不公正な取引の類型として、風説の流布等を禁止するものである。法157条や159条のようなアメリカ法の系譜ではなく、旧取引所法（32条の4）の規定を引き継いだものである。

　本条では、有価証券の募集、売出しもしくは売買その他の取引もしくはデリバティブ取引等のため、又は有価証券等の相場の変動を図る目的が必要である。取引「のため」というのは、取引を有利に行うためという趣旨である。相場の変動を図る目的で足り、誘引目的までは必要としない。

　「風説」というのは、「虚偽」とは限定されていない。しかし、合理的な根拠がないことの認識は必要とされる。流布というのは不特定又は多数のものに伝播することをいう。

　「偽計」というのは、他人に錯誤を生じさせるような詐欺的な手段をいう。

　本条違反事例としては、テーエスデー事件[9]、ギャンぶる大帝事件[10]などがある。

　本条の違反行為に対しては、10年以下の懲役もしくは1000万円以下の罰金又はその併科に処される（法197条1項5号）。財産上の利益を得る目的で、相場を変動させるなどし、有価証券の売買等をした場合には、10年以下の懲役及び3000万円以下の罰金に処される（同条2項）。本条に違反して得た財産については、没収・追徴の対象となる（法198条の2第1項第1号）。法人につい

9）　東京地裁平成8年3月22日判決判例時報1566号143頁
10）　東京簡裁平成9年2月4日

Ⅵ　その他の不公正な取引の規制

ては7億円以下の罰金とする両罰規定もある（法207条1項1号）。
　また課徴金も課される（法173条）。

四　その他の不公正な取引規制

1　空売り等の規制

　金商法162条は、何人も政令で定めるところに違反して次の行為をしてはならないと定めている。
　①有価証券を有しないでもしくは有価証券を借り入れて（これらに準ずる場合として政令で定める場合を含む）その売付けをすること又は当該売付けの委託等若しくは受託等をすること。
　②有価証券の相場が委託当時の相場より騰貴して自己の指値以上となったときには直ちにその買付けをし、又は有価証券の相場が委託当時の相場より下落して自己の指値以下となったときには直ちにその売付けをすべき旨の委託等をすること。
　を禁止している。

　①の空売りは、市場の価格形成機能を高めることもあるが、無制限に認めれば価格の下落傾向を加速し、相場操縦に繋がる危険もある。バブル崩壊後の株価の下落原因にもなったとして、平成10年の金融システム改革法では、有価証券の借入による売却も禁止の対象に追加された。

　本条を受け、政令26条の2から26条の4がそのルールを定めている。

　まず金融商品取引所の会員等は、取引所金融商品市場においてする自己の計算においてする売付けもしくは売付けの受託をした有価証券の売付け又は有価証券等清算取次ぎの委託について、金融商品取引所に対し、空売りであるか否かの別を明らかにしなければならない（政令26条の3第1項）。会員等は、顧客である委託者に対しても、空売りか否かの確認をしなければならず、その委託者もそれを明らかにしなければならない。ただし、不公正府令10条に定め

る場合には、この限りでない。同条は、有価証券先物取引や発行日取引等が定められている。

　また金融商品取引所の会員等は、空売りを行う場合には、原則として、直近の公表価格以下の価格で空売りを行ってはならない。ただし、府令14条に定める場合は、この限りでない。適用除外としては、有価証券先物取引や裁定取引による場合などが定められている。

　②の金商法162条1項2号の逆指値注文の禁止については、政令が定められておらず、法的規制は存在しないことになる。

　本条に違反した場合には、30万円以下の罰金に処される（法208条の2第2号）。

2　虚偽の相場の公示等の禁止（法168条）

　金商法168条1項は、何人も、有価証券等の相場を偽って公示し、又は公示しもしくは頒布する目的をもって有価証券等の相場を偽って記載した文書を作成し、もしくは頒布してはならないと定めている。発行者等からの請託に基づき、重要な事項について虚偽を記載した文書の作成、頒布も禁止され（同条2項）、その請託も禁止される（同条3項）。

　本条に違反した場合には、1年以下の懲役もしくは100万円以下の罰金又はその併科とされる（法200条20号）。

3　意見表示の制限

　何人も、発行者、有価証券の売出しをする者、引受人、金融商品取引業者又は公開買付者等から対価を受け、又は受けるべき約束をして、有価証券、発行者又は公開買付者に関し投資についての判断を提供すべき意見を新聞紙若しくは雑誌に掲載し、又は文書、放送、映画その他の方法を用いて一般に表示する場合には、当該対価を受け、又は対価を受けるべき約束をして行う旨の表示を

併せてしなければならない（法 169 条）。ただし、広告料を受ける場合はこの限りでない。

　本条は、これらの意見表示が、客観的な立場に立ってなされているかのごとき外観を他呈する場合には、投資家の投資判断を誤らせる危険があるので、対価を受けることについて明示させることとしたものである。

　本条に違反した場合には、6ヶ月以下の懲役もしくは 50 万円以下の罰金又はその併科とされる（法 205 条 20 号）。

4　有利買付け等の表示の禁止

　何人も、新たに発行される有価証券の取得の申込みの勧誘又は既に発行された有価証券の売付けの申込みもしくはその買付けの申込みの勧誘のうち、不特定かつ多数の者に対するものを行うに際し、不特定かつ多数の者に対して、これらの者の取得する当該有価証券を、自己又は他人が、あらかじめ特定した価格もしくはこれを超える価格により買い付け、又は売り付けのあっせんをする旨の表示をし、又はそれと誤認されるおそれがある表示をしてはならない（法 170 条）。ただし、当該有価証券が、法 2 条 1 項 1 号から 6 号までに掲げる有価証券その他内閣府令で定める有価証券である場合は、この限りでない。具体的には、国債証券、地方債証券、特殊債、特定社債券、社債券、出資証券等である（不公正府令 64 条）。

　本条は、株式等、価格の変動が大きな投資商品については、あらかじめ特定した価格で買付け等をすることを保証してもそれを実現することは困難である。そこでそのような行為をすることは詐欺的な行為として禁止されている。

　本条に違反した場合には、1 年以下の懲役もしくは 100 万円以下の罰金又はその併科とされる（法 200 条 21 号）。

5　一定の配当等の表示の禁止

　前項と同様に、有価証券の不特定多数者向け勧誘等をする者又はこれらの者の役員、相談役、顧問その他これらに準ずる地位にある者もしくは代理人、使用人その他の従業者は、当該有価証券の不特定多数者向け勧誘等に際し、不特定かつ多数の者に対して、当該有価証券に関し一定の期間につき、利益の配当、収益の分配その他いかなる名称をもってするかを問わず、一定の額又はこれを超える額の金銭等の供与が行われる旨の表示又はそれと誤認されるおそれがある表示をしてはならない（法171条）。ただし、当該表示の内容が予想に基づくものである旨が明示されている場合は、この限りでない。

　本条も、法2条1項1号から6号までに掲げる有価証券その他内閣府令（不公正府令65条）で定める有価証券に係るものは除かれる。

　本条に違反した場合には、1年以下の懲役もしくは100万円以下の罰金又はその併科とされる（法200条21号）。

索　引

あ

相対取引 …………………………64,72
アデランス事件 …………………194
安定操作取引 ……………………248
安定株主 …………………………193
安定株主工作………………………26
按分比例……………………………60
意見表示の制限 …………………269
意見表明義務 ……………………162
意見表明報告書 ……162,165,166,167,186
いちごの乱 ………………………194
一任勘定口座 ……………………243
一定の配当等の表示の禁止 ………271
一般報告制度………………………12
委任状勧誘規制 ……………………5
委任状勧誘規則 …………………192
委任状勧誘行為の法律構成 ……197
委任状勧誘府令 …………………192
委任状争奪戦 ……………………193
委任状用紙 ………………………201
委任状を勧誘者に返送した者………26
違約金 ……………………………156
インサイダー取引違反の罪 ……255
インサイダー取引規制 …………207
ウィリアムズ法……………………57
売上高 ……………………………232
売上高等 …………………………232
売付等の機会………………………60
延長請求……………………………89
エンフォースメント ………………3
行わないことの決定 ……………228
オプション ……………16,18,79,80,242

か

オプション取引 …………………243
オプションの行使 ………………246
親会社 ……………………………219
親会社による子会社の非公開化 ……117
親会社の決定機関 ………………226
親法人等……………………………86

外形基準……………………………13
会計帳簿閲覧請求権 ……………253
会計帳簿等閲覧謄写請求権 ……220
外国市場デリバティブ取引 ……243
外資による公開買付け……………59
会社関係者 ………………………218
会社は誰のものか …………………4
会社法………………………………5
買付価格の引下げ…………………92
買い付け条件等の変更……………90
買い付け等 ……………………66,79,230
買い付け等の価格に準じるもの……91
買い付け等の期間 …………………88
買い付け等の期間の短縮……………89
買い付け等の目的 …………………117
買付予定の下限……………………94
買付予定の株券等の数……………93
買付予定の上限……………………94
買取請求権 ………………………246
価格形成機能 ……………3,11,210,260
価格非弾力的 ……………………213
貸株 ………………………………243
貸付信託……………………………22
仮設人………………………………17
仮装取引等による相場操縦 ……259

273

索引

仮装取引による相場操縦の罪 ……… 260
仮装の取引 ……………………………… 262
課徴金 ……………………… 56,189,255,266
カバードワラント …………………… 16,242
株価指数等先物取引 ……………………… 243
株価操縦 ……………………………………… 92
株価変動要因 ………………………………… 10
株券オプション ………………………… 243
株券関連有価証券 …………………… 13,14
株券等 ………………………………… 15,77
株券等所有割合 …………………… 81,93
株券等の発行者 …………………………… 28
株券等保有割合 …………………………… 22
株式等の大量の保有状況に関する情報開示制度の在り方について ………… 9
株式又は出資口の分割 …………………… 92
株主提案権 …………………………… 193,201
株主による応募の解除 ………………… 154
株主平等 …………………………………… 59
株主平等原則 …………………………… 204
株主割当増資 …………………………… 245
空売り ……………………………………… 268
借株 ………………………………………… 243
関係法人等 ………………………… 86,88
監督官庁 ……………………………………… 6
勧誘 …………………………………… 195,199
勧誘ルール …………………………………… 64
関連有価証券 ……………………… 241,242
期間延長義務 ……………………………… 90
機関投資家 …………………………………… 47
企業価値研究会 ………………………… 186
偽計 ……………………………………… 267
議決権 ……………………………………… 19
議決権が復活する定めがある無議決権株式 …………………………………… 17
議決権行使書制度 ……………………… 193
議決権のある株券 ………………………… 13

議決権の代理行使の勧誘 …………… 191
議決権のない株式 ……………………… 15,78
技巧 ………………………………………… 257
基準日 ……………………………………… 52
義務的公開買付制度 ……………………… 58
逆指値注文の禁止 ……………………… 269
逆選択 ……………………………………… 213
ギャンぶる大帝事件 …………………… 267
急速な買付け ……………………… 65,70,76
旧取引所法 ……………………………… 267
業者規制 ……………………………………… 5
行政機関の休日 …………………………… 88
強制的公開買付制度 …………………… 5,62
兄弟会社 …………………………………… 25
協同飼料事件 …………………………… 264
共同保有者 ………………………… 22,25
脅迫 ……………………………………… 267
業務執行組合員 …………………………… 21
共有持分 …………………………………… 21
虚偽 ……………………………………… 258
虚偽の相場 ……………………………… 258
虚偽の相場の公示等の禁止 ………… 269
虚偽の大量保有報告書 …………………… 56
均一の条件 ………………………………… 91
銀行の名称 ………………………………… 28
金銭の信託契約 ………………………… 18,80
金融システム改革法 …………………… 268
金融商品取引所 …………………………… 28
金融審議会 …………………………………… 1
金融庁 ………………………………………… 6
金融庁告示 ………………………………… 65
金融ビッグバン …………………………… 3
クーリングオフ ………………………… 155
組合 ………………………………………… 25
グリーンメーラー …………………………… 9
クレジット・デリバティブ取引 …… 250
経営支配 …………………………………… 10

274

経営者支配	196
経営者支配	193
経営プラン	168
計画	257
形式基準	83
形式基準による特別関係者	68
形式犯	208
経常利益	232
継続開示会社	13
競売買の方法以外の方法	70
軽微基準	227
契約的アプローチ	214
契約の解除	157
契約の束	168
契約を締結している者	220
決議取消事由	195
決算情報	232
決定	226
決定機関	224,225
決定事実	224
原券	15
原始取得	66,243
現実取引による相場操縦	259
現実取引による相場操縦の罪	263
公開買付開始公告	95
公開買付開始公告前に締結している契約	153
公開買付価格の適正性	168
公開買付け関係者等	251
公開買付期間	88
公開買付期間延長請求権	165
公開買付規制の目的	58
公開買付者等	153
公開買付制度	57
公開買付け代理人	153
公開買付代理人	156
公開買付撤回届出書	162
公開買付け等	252
公開買付け等の価格	90
公開買付届出書	95,186
公開買付けに係る契約	155,156
公開買付けに準ずる行為	247,252
公開買付けの実施を決定するに至った意思決定の過程	118
公開買付の事務を取り扱う者	156
公開買付の撤回等	161
公開買付報告書	187
公衆縦覧	54
公衆の縦覧	28
合同運用指定金銭信託	22
公表	229,244,254
公表の権限	231
公法	5
効力法規	5
コーポレート・ガバナンス	4,6,193,197
コーポレート・デストロイヤー	164
子会社	219
子会社情報	234
子会社の解散	228
護送船団方式	2
5％ルール	9
コントロールプレミアム	5

さ

最終の取引	27
裁定取引	252
先物取引	243
先渡取引	243
参考書類	201
参考書類請求権	202
参考書類の制度	193
算出	233
算定の基礎	117
算定の経緯	117

索引

3分の1ルール …………………58,60,68	従業員持株会………………………22
事業活動を支配する目的 …………18,19	従業員持株信託………………………21
事業の全部又は一部の譲受け…………87	終身雇用制……………………………4
仕組み法………………………………7	重要事実……………………………223
自己株公開買付け……………………92	重要提案行為等………18,28,47,49,53
自己株式………………………………17	重要な………………………………258
自己株式取得………………………265	重要な契約の変更……………………46
自己株式の取得……………………247	重要な事項の変更……………………46
自己株式の処分………………………66	縦覧書類………………………………54
市場外取引……………………………64	取得……………………………………66
市場価格より低い価格での公開買付け	取得条項付き株式 ………………82,87
…………………………………………92	取得条項付株式………………………16
市場原理 ………………………………2	取得請求権付き株式 ……………82,87
市場的アプローチ …………………214	取得請求権付株式……………………15
市場デリバティブ取引 ……………243	主要株主の異動 …………………230,243
市場の効率性 ………………………213	純利益………………………………232
市場法…………………………………5	承継取得………………………………66
市場ルール……………………………5	証券投資信託…………………………85
事前警告型買収防衛策 ……………185	証券取引委員会 …………………192,203
事前公表型 …………………………248	証券取引審議会 …………………9,207
事前審査制度 ………………………193	証券取引審議会報告書 …………28,47
実現可能性 …………………………226	上場会社等…………………………218
実質基準………………………………83	上場等…………………………………15
実質犯………………………………207	上場廃止…………………………62,94
質問権………………………………165	少数投資家保護………………………62
シティ・コード………………………57	譲渡担保………………………………24
シティ・ノート………………………57	消費貸借………………………………24
自動延長………………………………90	情報の非対称性 ……………………213
シナジー効果…………………………61	情報の不正流用理論 ………………214
支配株主等……………………………25	情報の偏在 …………………………185
支配株主に対する買取請求権………62	剰余金の配当………………………232
支配株主の信認義務…………………63	職務行為と密接に関連する行為 ……219
支配プレミアム………………………60	職務に関し …………………………219
支配力基準……………………………26	書面投票……………………………193
私法……………………………………5	所有 ……………………………19,80
資本政策に関する重要な変更………50	知る前契約…………………………249
社債券………………………………218	知る者同士の取引…………………249

新株予約権の行使	85,245	他社株転換債	16
新規発行取得	65,66,71	他社株転換社債	79,80
信託財産	21,22,82	他社株等転換株券	17
信認理論	214	多数の者からの買付け等	67
新聞広告	200	立会外取引	65
信用取引	22,24	立会取引等	64
スクイーズ・アウト	5	タテホ事件	207
ステーク・ホールダー	164	縦割り行政	2
スワップ	243	短期消滅時効	189
セーフハーバールール	265	短期大量譲渡	46
潜在株式	25	担保	24
潜在株式等	81	担保契約等	28
選択制	91	担保権の実行	86
先着順	60	チャイニーズ・ウォール	244
全部買付義務	5,62,94	仲介契約	197
総会屋	193	中間整理	1
相互保有株式	17	貯蓄から投資へ	2
操作	266	賃貸借	24
相場操縦罪	259	提案	50
相場を変動させるべき一連の取引	263	締結の交渉をしている者	220
損害賠償責任	189	訂正届出書	90

た

		テーエスデー事件	267
		適格退職年金信託	22
第1次情報受領者	218	敵対的企業買収	4,193
第1種金融商品取引業者	48	敵対的な公開買付け	5
第一次情報受領者	222	撤回	156
対抗TOB	155	手残り株	68
対抗公開買付け	74,90	デフォルト事由	218
第三者の意見	117	テラメント事件	54
対質問回答報告書	166	デリバティブ取引	242,243
貸借取引	24	伝達	222
対象者の役員と利益を共通にする者	117	店頭デリバティブ取引	243
代理権の濫用防止	195	店頭売買有価証券	15
大量保有報告書及び変更報告書の不提出	55	東京鋼鉄事件	194
		投資一任契約	18,80
大量保有報告制度	9	投資権限	19
他社株転換株式	78	投資顧問会社	19

索引

投資サービス法 …………………………1
投資者保護 ………………………………10
投資証券 …………………………………242
投資証券等 ……………………14,16,20,77
投資信託 …………………………………242
東天紅事件 ………………………………56
特定買付け等 …………………… 68,86,88
特定金銭信託 …………………………19,21
特定売買等 ………………………64,65,72
特定売買等による3分の1ルール……69
特定有価証券 …………………………241
特定有価証券等 ………………………241
特別関係者 ……………………71,81,83,153
特別関係者からの買付け等……………85
特別支配関係……………………………86
特別支配関係者間の取引等……………68
特別資本関係……………………………84
特別の事情に基づく売買等 …………250
特別利害関係人 ………………………167
特例報告 …………………………………47
特例報告制度……………………………12
トストネット取引 …………………65,70
トストネット取引等……………………64
取締法規 …………………………………5
取引所金融商品市場外の買付け等……64
取引所金融商品市場における
　　買付け等………………………………64
取引ルール ………………………………5

な

内部者取引の規制の在り方について　207
内部統制システム ………………………6
内部統制報告書 …………………………6
流れ懇 ……………………………………1
那須硫黄礦業事件 ……………………257
馴れ合いの取引 ………………………262
2段階買収……………………164,168,185

日米構造協議……………………………58
ニッポン放送 ………………………1,65
ニューディール政策 …………………191

は

媒介契約 ………………………………197
売却圧力 …………………………………61
売却機会の確保…………………………62
配偶者 ……………………………………84
買収防衛策 ……………………10,162,167
売買等 …………………………………242
売買の一方の予約 ………………18,79,80
バスケット条項 ……………………51,233
発行者 ……………………………………13
発行済株式総数…………………………25
発生事実 ………………………………230
繁盛と誤解させ又は相場を変動させるべ
　　き一連の有価証券売買等 …………263
反対株主提案制度 ……………………193
反対株主の買取請求権 ………………164
非競争売買 ………………………………65
引渡請求権………………………………18
被支配会社………………………………25
被支配法人等……………………………84
表示による相場操縦 …………………259
表示による相場操縦の罪 ……………266
ファンド・トラスト …………………18,22
風説 ……………………………………267
風説の流布 ……………………………267
夫婦 ………………………………………26
武器対等 ………………………………194
複線型 ……………………………………3
不公正な取引方法 ……………………257
不正の手段 ……………………………257
不正流用理論 …………………………251
普通社債券 ……………………………248
フリーライド……………………………63

278

平成2年証取法改正	9
別途買付け	190
別途買付け禁止	59
別途買付けの禁止	91,153
変更報告書	46
ペンタックス・スパークス事件	194
暴行	267
法人実在説	168
法人の代表者	22
防戦買い	246
法と経済学	7,212
法務省	6
没収	255
没収・追徴	266
保有株券の内訳の変更	46
保有者	17
保有目的の変更	46
本源的な価値	168

ま

見せ玉	265
みなし共同保有者	25
民法上の組合	20
村上ファンド事件	252
申込みの撤回	157
持株会	87
元会社関係者	222
元公開買付者等関係者	252
モリテックス事件	197,205

や

役員	49,84,200
役員・従業員持株会	250
役員ではない者の決定	226
役員等	218
誘引する目的	258
誘引目的	263

有価証券関連業	48,82
有価証券信託受益証券	14,16,77,242
有価証券の借入による売却	268
有償の譲受け	66,79
優先株	78
有利買付け等の表示の禁止	270
予想値	233
予想値を算出する機関	233
預託証券	14,15,16,77,78

ら

ライブドア事件	64
リート	14,77,218
利益至上主義	4
利益相反	191
利益相反を回避する措置	118,186
利益の供与の約束	167
累積投資契約	250
流布	266
レポーティング・ライン	244

わ

ワーキング・プア	4

英字

DR	77
EB債	16,79
EDINET	28,245
ETF	86
LBO	168
MBO	61,91,118,163,167,185,186
MBO等	117
TDnet	245

〔著者紹介〕
中村 直人（なかむら　なおと）

〈経　歴〉
　1960年1月　　神奈川県生まれ
　1982年10月　　司法試験合格
　1983年3月　　一橋大学法学部卒業
　1985年4月　　司法研修所卒業
　　同　　　　　第二東京弁護士会登録、森綜合法律事務所所属
　1988年4月　　日比谷パーク法律事務所開設、パートナー
　2003年2月　　中村直人法律事務所開設（現中村・角田・松本法律事務所）

〈著　書〉
　「株主代表訴訟体系」共著　弘文堂
　「役員の責任──役員は何をすべきか──」商事法務研究会
　「会社分割の進め方」（日経文庫）　日本経済新聞社
　「平成14年　改正商法勉強会ノート」共著　株式会社商事法務
　「役員のための株主総会運営法」株式会社商事法務
　「新会社法〈第2版〉」株式会社商事法務
　「監査役ハンドブック」共著　株式会社商事法務

M＆A取引等のための金融商品取引法

2008年11月1日　初版第1刷発行

著　者　　中　村　直　人

発行者　　大　林　　　譲

発行所　　株式会社　商　事　法　務
　　　　　〒103-0025　東京都中央区日本橋茅場町 3-9-10
　　　　　TEL 03-5614-5643・FAX 03-3664-8844〔営業〕
　　　　　TEL 03-5614-5649〔書籍編集部〕
　　　　　http://www.shojihomu.co.jp/

落丁・乱丁本はお取り替えいたします。　　印刷／横山印刷
Ⓒ 2008 N. Nakamura　　　　　　　　　　　Printed in Japan
Shojihomu Co., Ltd.
ISBN978-4-7857-1595-3
＊定価はカバーに表示してあります。